낮은 자를 위한 지혜

일러두기

- 이 책의 맞춤법과 띄어쓰기는 국립국어원의 표준국어대사전을 기준으로 하였으나, 일부 복합명사와 단체 및 기구명, 법률명, 법조문, 행정 관련 용어, 인용문 등의 띄어쓰기는 예외로 하여 법조 관행을 준용하였다.

- 외래어 표기는 국립국어원의 외래어 표기법을 기준으로 하였으며, 인명은 현지어 발음을 우선으로 하였다.

- 정기간행물, 신문, 잡지, 방송 등은 「 」, 단행본, 논문, 보고서, 법률, 협약은 『 』, 단체, 기구, 회의는 〈 〉로 표시하였다. 단 때에 따라서는 예외적으로 표시하지 않았다.

- 주석은 모두 각주로 처리하였다.

- 이 책에 실린 글은 필자들이 「오마이뉴스」의 '낮은 자를 위한 지혜, 유현석 공익소송기금'에 연재했던 글들을 수정 및 증보한 것이다.

낮은 자를 위한 지혜

유현석 공익소송기금,
오늘의 소수가
내일의 다수를 꿈꾸다

천주교인권위원회 엮음

경계

목차

유현석 공익소송기금 소송 모음집을 발간하며

매년 수만 권의 책이 발행되지만, 그중에서도 이 책은 아주 많은 사연을 가진 책입니다. 평생을 인권변호사로 헌신하시다가 2004년 선종하신 故 유현석 변호사의 유족들이 천주교인권위원회에 기부금을 출연해 주셨습니다. 그리고 고인과 유족의 뜻을 이어받을 방법으로 '유현석 공익소송기금'을 조성하게 되었습니다.

고인의 뜻을 이어받는 것에 동참해 주신 수많은 변호사들과 인권활동가들이 있었기에 그 기금을 뜻깊은 방법으로 활용할 수 있었습니다. 15년 가까이 이 기금으로 수행된 공익소송은 무려 90건이 넘습니다. 공익소송기금 덕분에 묻힐 뻔했던 인간의 소중한 권리가 빛을 볼 수 있었고, 다양한 사연으로 고통받고 있던 소수자·약자들이 조금이나 힘을 낼 수 있었다고 생각합니다. 이 책은 그 사건들을 정리한 것입니다.

이 책의 발간은 공익소송기금의 역사를 기록한 것, 그 이상의 의미가 있습니다. 기금이 다뤘던 사건들은 지난 15년간 한국 사회에서 가장 뜨거웠던 문제들이었고, 우리 사회가 한 단계 더 나아가기 위해 해결해야 하는 숙제이기도 했습니다. 수형자, 피의자, 노동자, 양심적 병역거부자, 장애인, 트랜스젠더, 이주자 등 우리 사회의 소수자·약자들이 참정권, 집회의 자유, 통신의 자유, 사생활의 자유를 위해 목소리를 냈고, 법정의 안팎에서 뜨겁게 싸웠습니다. 이 책에 담긴 사건의 기록들 하나하나가 곧 한국 인권사의 뜻깊은 중요한 장면들이었다고 해도 과언이 아닐 것입니다.

소송에 참여했던 분들이 다시 한번 수고를 해주셨습니다. 소송을 맡아 수행하거나 지원하는 것도 힘든 일이지만, 그것을 정리하는 것 또한 많은 품이 드는 일입니다. 좋은 글을 기고해 주신 모든 분들께 다시 한번 감사드립니다. 여러 필자의 글을 모아 한 권의 책을 만드는 일은 〈천주교인권위원회〉 사무국에서 맡아주셨습니다. 덕분에 개성 강한 필자들이 이렇게 합심할 수 있었습니다. 아울러 책의 발간 취지에 동감하시고 기꺼이 출판을 해주신 도서출판 경계 관계자들께도 감사의 인사를 드립니다.

이 책에서 다루고 있는 사건들은 이미 해결된 것도 있지만, 아직 현재진행형인 것도 있고, 미완의 과제로 남은 것들도 있습니다. 아직 해결되지 않은 과제들은 이제 우리들의 몫입니다. 유현석 변호사님의 기부금 덕분에 여기까지 왔고, 우리는 더 나은 미래를 위해 한 걸음 한 걸음 나아갈 것입니다.

감사합니다.

2024년 11월
사단법인 천주교인권위원회 상임이사 **홍 성 수**

| 故 유현석 변호사가 걸어온 발자취

　　유현석 변호사는 1927년 9월 19일 충남 서산군 운산면 거성리에서 출생하였다. 1945년 경성대학 문과 을류(법학과)에 입학했으나, 1946년에 고향으로 돌아가 서산법원 서기로 일하면서 독학으로 1952년에 제1회 판사 및 검사 특별임용시험에 합격하였다. 대전지방법원 판사로 시작해 법무장교, 육군고등군법회의 검찰관, 서울고등법원 판사, 서울지방법원 부장판사 등을 지낸 후 1966년에 한국 최초의 로펌인 '제일합동법률사무소'를 열어 변호사의 길에 들어섰다. 1970년대 남민전 사건, 1980년대 광주 민주화 운동, 1990년대 강기훈 유서 대필 사건 등에서 굵직굵직한 변론으로 인권 옹호와 사회 정의 실천에 분투하였다.

　　1987년부터 1991년 2월까지 대한변호사협회 인권이사직을 역임했으며, 1991년 서울지방변호사회 법률실무연구회 운영위원장, 1999년 대한변호사협회 총회의장, 민주사회를 위한 변호사모임 원로 회원 등으로, 언제나 든든한 배경이 되어 후배 변호사들에게 큰 힘을 실어주었다.

1950년 서산성당에서 유봉운 신부로부터 세례(세례명 사도 요한)를 받은 이후, 교회 안에서도 많은 일을 하였다. 1982년부터 1986년까지는 한국 천주교정의평화위원회 회장, 1988년 천주교정의구현전국연합 상임대표직을 맡아 활동하였다. 그리고 천주교인권위원회를 창립해 후배를 키운 선각자로서 1992년 이후에도 고문으로 재직하면서 늘 천주교인권위원회에 각별한 애정을 쏟았다.

또한 1992년 한겨레신문 자문위원장을 비롯해 1997년 경제정의실천시민연합 공동대표, 1999년 민주화운동기념사업회 고문, 2002년 사단법인 언론인권센터 이사장 등 여러 사회단체의 좌장을 맡으며 신실한 신앙인이자 용기 있는 법조인으로, 지혜로운 예언자의 모습으로 한평생을 살았다.

1993년 국민훈장 무궁화장을 받았으며, 지난 2004년 3월 노무현 대통령 탄핵소추 사건의 대통령 대리인단 대표로 법정에 서신 것이 마지막 재판이 되었다.

유현석 변호사는 2004년 5월 25일 선종하여 하느님의 품으로 돌아가셨다.

1
장

존엄 을 향한 여정

수용자에 대한 편지 검열의
정당성을 따져 묻다

편지 검열 국가배상 청구 사건

송상교[1]

2014년 1월 무렵 〈천주교인권위원회〉로부터 한 수용자의 소송 진행에 관한 요청을 받았다. 건네받은 자료에는 사안의 경과와 함께 수용자가 〈천주교인권위원회〉로 보낸 몇 통의 편지가 동봉되어 있었는데, 발신인은 이병진, 주소는 전주교도소였다.

이병진은 교도소에 들어오기 전까지 인도 전문가로서 대학에서 연구와 교육을 하던 정치학자였다. 그러나 유학 시절 북한을 다녀왔다는 이유로 『국가보안법』 위반 등으로 8년의 실형을 선고받아 2010년부터 4년째 전주교도소에 갇혀 지내는, 이른바 '수형자'의 처지가 되어 있었다.[2] 편지에는 그가 교도소에서 알몸 검신을 당했고, 오래전부터 교도소 밖으로 오가는 편지들을 계속 검열받아 온 사실이 적혀 있었다. 그는 교도소 측에 정확한 검열의 근거와 검열 횟수에 대해 정보공개를 청구했다고 했다. 그리고 편

---

1) 변호사, 진실·화해를위한과거사정리위원회 사무처장
2) 교도소·구치소 등 교정시설에 수용된 사람을 '수용자'라 하고, 그중 형의 선고를 받아 확정되어 교정시설에 수용된 사람을 '수형자'라고 한다.

1장 존엄을 향한 여정 13

지에 대한 검열이 인간의 존엄성을 침해함에도 교정시설에서 검열을 계속하고 있기에 소송을 통해 맞서 싸울 것이며, 그를 위해 소송을 진행해 줄 변호사를 찾고 있다고 덧붙였다.

첫 변호사 접견부터 마주한
험난함

나는 그의 문제 제기에 공감했고, 소송을 통해 다퉈볼 필요가 있다고 판단했다. 그 전에 본인을 직접 만나 이야기를 나누고 위임장을 작성하기 위해 2014년 2월 전주교도소를 방문했다. 우선 교도소 담당자에게 변호사라는 신분과 소송 진행을 위한 목적이라는 점을 밝힌 뒤에 첫 변호사 접견을 신청하였다. 그러나 교도소 측은 형이 확정된 수형자에 대한 접견이라는 이유를 들어 일반 접견인과 마찬가지로 접촉차단시설[3]이 설치된 일반 접견실에서 10분 정도만 접견할 수 있다고 고집했다.

이는 명백히 잘못된 것이었다. 이미 2013년에 헌법재판소는 수용자로 하여금 접촉차단시설이 설치된 장소에서 변호사와 접견하도록 하는 것은 수용자의 재판청구권을 침해한다고 판단하고, 해당 시행령 조항에 대해 헌법불합치 결정을 하였다.[4] 이에 덧붙여 헌법재판소는 법령 조항이 개정되기

---

3) 수용자의 접견은 일반적으로 '접촉차단시설'이 설치된 접견실에서 녹음·녹화 및 교도관 참여가 가능한 상태로 이루어진다. 이는 스테인리스 창살을 사이에 두고 양면에 투명 강화 유리가 설치되어 있는 구조에서 수용자와 접견자가 마이크를 통하여 의사를 전달하는 방식으로, 만약 소송을 위한 변호사 접견도 그런 식으로 이뤄지게 되면 소송과 관련된 내밀한 대화를 나누거나 소송에 필요한 문서를 검토하면서 의사소통을 하기가 어렵게 된다.

4) 헌법재판소 2013. 8. 29. 선고 2011헌마122 결정

이전이더라도 재판청구권 행사와 관련하여 변호사와 접견할 때는 접촉차단시설이 없는 장소에서 접견이 시행되어야 한다고 밝힌 바 있다.

나는 헌법재판소 결정 등을 설명하며 변호인 접견실에서 시간제한 없이 자유롭게 변호사 접견을 할 수 있도록 조치해 달라고 거듭 요구하였다. 그러나 교도소 측은 변호인 접견실이 마련되지 않았다는 등의 이러저러한 이유를 들어 이를 받아들이지 않았다. 결국 1시간 가까이 실랑이를 거친 뒤에야 접촉차단시설이 설치된 일반 접견실에서 접견하되, 시간은 제한하지 않는 것으로 절충하고 접견을 진행할 수밖에 없었다. 첫 접견부터 마주한 교도소 측의 이런 민감한 태도는 교정 당국을 상대로 한 이번 소송의 험난한 앞길을 미리 보여주는 예고편이었다.

그렇게 수용자 이병진의 '서신 검열 국가배상 청구 소송'이 시작되었다. 지난날 교정시설에서는 수용자들이 주고받는 편지를 '서신書信'이라고 불렀는데, 2020년에 법을 개정하면서 '편지'로 명칭을 바꾸었으니 지금은 '편지 검열 소송'이라고 부르는 게 좋겠다.[5]

11개월 동안
115건의 편지를 검열당한 수용자

본격적으로 소송을 준비하면서 그가 꼼꼼하게 정리한 기록과 검열된 편지들을 하나하나 검토해 봤다. 그는 소송 이전부터 이미 오랜 기간을 싸우고 있었다. 교도소 측은 2010년 그가 교도소에 들어올 때부터 그의 편지를

---

5) 2020년 2월 4일 일부 개정된 『형의 집행 및 수용자의 처우에 관한 법률』(법률 제16925호)에 서 '서신'을 '편지'로 변경하였다.

검열하였다. 사실 교정 제도가 시작된 이래 오랫동안 교정시설 당국은 수용자가 편지를 써서 외부에 부칠 때는 편지봉투를 개봉한 채로 제출하도록 해왔고, 이러한 '편지 개봉 제출'은 시행령에도 명시되어 있었다. 따라서 편지 검열은 그간 전적으로 교도소 측의 권한으로 인식되어 왔다.

그런 가운데 2011년 9월 중순의 어느 날, 이병진은 전주교도소에서 열린 '가족 만남의 날' 행사에 참여하게 되었다. 그날 행사가 끝난 뒤 그는 외부 차단시설이 없는 곳에서 강제로 알몸 검신檢身을 당하게 되었고, 이는 그에게 커다란 수치심을 안겨 주었다. 그러나 당시는 모든 발송 편지를 개봉하여 제출하도록 요구받았기 때문에 그 사실을 누구에게도 털어놓을 수 없었다. 실제로 편지 개봉 제출의 문제점을 지적하는 목소리는 교정시설 안팎에서 계속 이어져 왔고, 결국 2012년에 그처럼 모든 편지를 개봉하여 제출하도록 강제하는 것은 위헌이라는 헌법재판소의 결정[6]이 내려졌다. 그러자 해당 결정이 나온 직후인 2012년 3월경에 이병진은 알몸 검신과 편지 검열 사실을 편지에 적어 외부의 지인에게 발송했고, 이러한 사실은 언론에도 보도되었다. 그 뒤로 교도소 측은 이를 문제 삼아 편지를 개봉하여 제출할 것을 요구하였고, 감시는 더욱 심해졌다. 심지어 그들은 교도소 내 실태를 외부에 알리는 편지는 아예 발송을 포기하도록 종용하기도 했다.

그러던 2013년 가을 그는 한 교도관에게서 자신의 편지를 검열하고 있다는 '통지'를 듣게 되었다. 사실 이전에도 자신에게 오는 편지들을 교도소 측에서 열어 본 흔적이 역력했고, 자신이 보내는 편지들을 그들이 계속 들

---

6) 헌법재판소 2012. 2. 23. 선고 2009헌마333 결정

여다보고 있다는 점을 어렴풋이 알고 있었지만, 교도관으로부터 직접 검열 사실을 전해 듣는 순간 커다란 충격에 휩싸일 수밖에 없었다. "마치 누군가 자신의 알몸을 들여다보는 것 같은" 수치심은 차마 견디기 힘들 정도였다. 도대체 어떤 이유, 어떤 근거로 자신의 편지를 검열하고 있는 것인지, 그동안 얼마나 많은 편지를 검열해 왔는지 이해할 수 없었고, 이제라도 제대로 된 진실을 알아야 했다.

결국 이병진은 혼자서 교도소를 상대로 편지 검열의 근거와 횟수에 대한 정보공개를 청구했다. 교도소 측은 대부분의 정보를 비공개하는 대신 2013년 1월부터 11월까지 총 115건의 편지를 검열했다는 사실에 대해서는 인정하는 회신을 하였다. 해당 기간 그가 주고받은 대부분의 편지가 검열된 셈이었다. 그는 이제 자기 혼자서 싸울 수 있는 상황을 넘어섰음을 직감했고, 오랫동안 수용자 인권 활동을 해온 〈천주교인권위원회〉에 편지를 써서 부당한 검열이 계속되고 있음을 알렸다.[7] 이는 오랜 기간 지속될 소송의 시작을 알리는 출발음이었다.

편지 검열,
어디까지 정당화될 수 있을까

내가 내밀하게 쓰는 일기나 누군가와 주고받는 편지를 국가가 일일이 들여다보고 판단한다고 상상해 보자. 도대체 무슨 말을 종이 위에 쓸 수 있을까. 그게 민주주의 사회에서 허용될 수 있는 일일까. 누구든 그럴 수는 없다

---

7) 물론 그 편지도 검열되었다.

고 답할 것이다. 여기서 첫 번째 질문을 해본다. 그 사람이 교도소에 수용된 사람이라면? 수용자니까 검열은 당연하다고 말할 수 있을까? 적지 않은 사람들이 수용자의 인권 문제에 대해서는 무관심하거나, 심지어 적대적인 태도를 보인다. 그렇다고 해서 감옥에 갇힌 사람의 인권은 일반인과 달리 제한될 수 있는가. 만약 그렇다면 그 제한은 어디까지 정당화될 수 있는가.

헌법 제17조는 "모든 국민은 사생활의 비밀과 자유를 침해받지 아니한다"라고 규정함으로써 사적인 생활 영역에 대한 국가의 간섭을 배제하고, 각자의 판단에 따른 사생활을 영위할 자유를 보호한다. 바로 다음에 오는 헌법 제18조는 "모든 국민은 통신의 비밀을 침해받지 아니한다"라고 규정하여 사생활 보호의 필수적 전제가 되는 개인의 의사소통과 그 비밀을 보호한다. 수용자의 편지를 지속적으로 검열하는 것은 헌법이 정한 기본권인 사생활의 비밀과 자유, 통신의 비밀과 자유를 본질적으로 건드리는 문제다.

다시 한번 질문으로 돌아가 보자. 이처럼 사생활의 자유, 통신의 자유는 인간이면 누구나 보편적으로 보장받아야 할 기본적 인권이며, 수용자도 예외는 아니다. 다만 교정시설의 성격상 '일정 부분' 제한이 필요할 수도 있을 터이다. 그러나 이때에도 기본권을 제한하는 것이기 때문에 반드시 제한되는 이유와 기준을 '법률'에 명확히 정해 놓아야 한다. 우리 헌법은 이 점을 확실히 명시해 두었다.[8] 따라서 제한의 기준, 방식과 정도 역시도 필요한 최소한의 범위로 엄격하게 제한되어야 한다.

---

8) 헌법 제37조 ②국민의 모든 자유와 권리는 국가안전보장·질서유지 또는 공공복리를 위하여 필요한 경우에 한하여 법률로써 제한할 수 있으며, 제한하는 경우에도 자유와 권리의 본질적인 내용을 침해할 수 없다.

교정시설에 갇힌 수용자, 나아가 형이 확정된 수형자에게도 기본적 인권이 보장되어야 하고, 그 제한과 차별적 처우가 최소한에 그쳐야 하는 이유는 뭘까. 인권은 누구에게도 차별 없이 보편적으로 보장되어야 한다는 명제외에도, 이들은 언젠가 형기를 마치고 사회에 복귀하여야 하는 사람이라는 점도 중요하다. 수용되는 동안에도 최소한의 개인적·사회적 삶의 기본 조건이 유지되어야 건강한 사회복귀가 가능하고, 이는 인간의 존엄성을 최고의 가치로 삼고 있는 우리 헌법하에서는 당연한 것이다. 나아가 편지는 상대방이 있는 것이라는 점도 중요하다. 수용자가 주고받는 편지를 검열하는 것은 필연적으로 수용자와 편지를 주고받는 일반 국민의 편지도 검열하는 결과가 된다. 즉 일반 국민의 통신의 자유, 사생활의 비밀까지도 아울러서 침해하게 되는 것이다.

'편지 무검열 원칙'을 선언한 법

편지 검열이 사생활의 비밀과 자유, 통신의 비밀과 자유의 본질을 건드린다면, 소송에서 가장 우선으로 밝혀져야 할 점은 원고(지금부터는 소송과 관련하여 "원고"라 칭한다)에 대한 지속적 검열의 이유와 방법이 법적으로 정당한가였다.

2014년 당시 형의 집행과 구금된 수용자에 대한 처우를 다루는 법률은 『형의 집행 및 수용자의 처우에 관한 법률』(이하 '형집행법')이었다. 그 이전에는 이른바 『행형법』이라는 이름으로 불렀는데, 2007년에 법의 내용을 전면 개정하면서 이름까지 바꾼 것이다. 당시의 개정 이유서는 개정 이유를 아래와 같이 기록하고 있다.

"교정관계 법령이 인권존중의 시대적 요구에 미흡하다는 비판이 각계
에서 제기됨에 따라, 수형자·미결수용자 등 교정시설 수용자에 대한 차
별금지 사유의 확대, 여성·노인·장애인 수용자에 대한 배려, 미결수용자
에 대한 처우 개선, 편지검열의 원칙적인 폐지 등으로 수용자의 기본적
인 인권 및 외부교통권이 보호될 수 있도록 하고 (⋯) 수용자의 인권 신장
과 수용관리의 과학화·효율화 및 교정행정의 선진화를 이루려는 것임."

이렇게 2007년 개정된 형집행법 제43조 제4항은 "수용자가 주고받는 서
신의 내용은 검열받지 아니한다. 다만⋯"이라고 규정하였다. 이른바 '서신
무검열 원칙'을 선언한 것이다. 반면 2007년 개정 전까지의 법에는 정반대
로 씌어 있었다. "소장은 수용자의 서신을 검열할 수 있다. 다만⋯." 다시 말
해 2007년 법 개정을 기점으로 원칙과 예외가 정반대로 뒤집힌 것이다.

행형법 (2006. 7. 1. 시행, 법률 제7849호)	형의 집행 및 수용자의 처우에 관한 법률 (2008. 12. 22. 시행, 법률 제8728호)
제18조의2 (서신) ③ 소장은 수용자의 서신을 검열할 수 있다. 다만, 제66조 제2항 각호외의 부분 본문의 규정에 의한 변호인과의 서신은 예외로 한다.	제43조 (서신수수) ④ 수용자가 주고받는 서신의 내용은 검열받지 아니한다. 다만, 다음 각 호의 어느 하나에 해당하는 사유가 있으면 그러하지 아니하다. 1. 서신의 상대방이 누구인지 확인할 수 없을 때 2. 『형사소송법』이나 그 밖의 법률에 따른 서신검열의 결정이 있는 때 3. 제1항 제2호 또는 제3호에 해당하는 내용이나 형사 법령에 저촉되는 내용이 기재되어 있다고 의심할 만한 상당한 이유가 있는 때 4. 대통령령으로 정하는 수용자 간의 서신인 때

이처럼 2007년에 전면 개정된 형집행법은 편지 검열을 원칙적으로 금지하였을 뿐 아니라 집필에 대한 사전 허가제를 폐지하고, 문서와 그림의 작성과 집필을 자유롭게 허용하는 방향으로 개정되었다(형집행법 제49조). 이는 앞서 보듯이 종래 수용자가 주고받는 편지에 대한 허가나 검열이 수용자의 인권을 침해할 요소가 컸다는 '반성적 고려' 때문이었다.

그뿐만 아니라 헌법재판소는 형이 확정되어 구금된 수형자의 경우에도 통신의 중요한 수단인 서신의 당사자나 내용은 본인의 의사에 반하여 공개되어서는 안 된다고 판단하였다. 헌법재판소는 형집행법이 서신 무검열 원칙으로 개정되었음에도 하위 규정인 형집행법 시행령[9] 제65조 제1항에서 "수용자는 보내려는 서신을 봉함하지 않은 상태로 교정시설에 제출하여야 한다"라고 규정해 온 것의 위헌 여부를 판단하면서, "수용자가 보내려는 모든 서신에 대해 무봉함 상태의 제출을 강제함으로써 수용자의 발송 서신 모두를 사실상 검열 가능한 상태에 놓이도록 하는 것은 기본권 제한의 최소 침해성 요건을 위반하여 수용자인 청구인의 통신비밀의 자유를 침해"하므로 위헌이라고 판단하였다.[10]

'원칙'을 잡아먹는
'예외'

소송이 시작되자, 교도소 측은 첫 답변서부터 변론이 끝날 때까지 자신들이 한 검열이 정당하다고 주장했다. 그것이 법이 검열을 허용한 '예외'에

---

9) 2008. 10. 29. 대통령령 21095호로 개정된 것
10) 헌법재판소 2012. 2. 23. 선고 2009헌마333 결정

해당한다는 이유에서였다. 앞서 살펴본 것처럼 형집행법 제43조 제4항은 "수용자가 주고받는 서신의 내용은 검열받지 아니한다"라는 원칙을 선언한 후, "다만…"이라는 단서를 달아 4가지 예외를 인정한다. 교도소 측은 바로 그 단서에 매달렸다.

4가지 예외 사유를 다시 들여다보면, 서신의 상대방이 누구인지 확인할 수 없는 때(1호), 『형사소송법』이나 그 밖의 법률에 따른 서신 검열의 결정이 있는 때(2호), 수형자의 교화 또는 건전한 사회복귀를 해칠 우려 또는 시설의 안전 또는 질서를 해칠 우려가 있는 내용이나 형사법령에 저촉되는 내용이 기재되어 있다고 의심할 만한 상당한 이유가 있는 때(3호), 조직폭력사범 등 대통령령으로 정하는 수용자 간에 서신을 주고받을 경우(4호)이다.

1, 2호, 그리고 4호의 사유는 원고에게 해당할 여지가 없었다. 문제는 3호였다. 이 조항은 법률에 적힌 단어 하나하나가 알 듯 말 듯한 추상적인 단어로 구성되어 있다. 교화, 건전한 사회복귀, 시설의 안전, 질서… 게다가 "해칠 우려"니 "의심할 만한 상당한 이유"라는 것들은 결국 교도소 측에게 전적으로 판단을 맡겨둔 것이었다. 여기서 해석의 기본은 위 조항이 무검열 원칙에 대한 예외로서 기본권을 제한하는 규정이며, 규정의 형식 역시 열거 조항이므로 예외를 인정할 수 있는 경우는 입법목적과 취지에 따라 엄격하게 해석되어야 한다는 것이었다. 나아가 당연히 따르는 법리로서 예외 사유에 해당한다는 점에 대한 입증 책임은 교정시설이 져야 하는 것이었다. 예외를 넓게 인정해 주면 서신 무검열 원칙은 사실상 무의미해지기 때문이다. 즉 교도소 측에서 자기 마음대로 "교화 또는 건전한 사회복귀"를 해칠 우려가 있다고 판단했다고 주장할 경우 결국 모든 편지 검열이 정당화되어 버리

는 결과를 낳게 된다. 그러나 현실은 원칙이 예외를 통제하지 못했고, 법 개정에도 불구하고 여전히 예외가 원칙을 잡아먹은 채 원칙인 양 행세하고 있었다.

소송 과정에서
추가로 밝혀진 실상

이처럼 '서신 무검열 원칙'으로 법이 개정되었고, 헌법재판소의 결정도 버젓이 그렇게 나와 있다. 그런데도 왜 원고는 수년간 100통이 넘는 편지를 지속적으로 검열당하고 있는가? 이 질문에 대한 답, 즉 교도소 측이 예외 사유에 해당하지도 않는데도 제멋대로 법을 해석하고 남용하였다는 점을 밝히는 것이 소송의 중요한 과제가 되었다. 원고에 대한 검열이 정당화된다면, 이는 단지 한 수용자만의 문제가 아니라 모든 수용자에게 언제든 일어날 수 있는 전례가 되기 때문이었다.

우선 교도소 측이 검열을 인정한 기간 외의 기간, 그리고 소송이 제기된 2014년 이후에도 검열이 계속되고 있는지 실상을 확인하기 위해 법원에 사실조회와 문서제출명령을 신청하였다. 그 결과 과거 교도소 측이 인정했던 2013년 1월부터 11월까지 11개월 동안의 115건의 편지 검열은 물론, 심지어 원고가 정보공개를 청구하는 등 공식적으로 문제를 제기한 2013년 11월 이후부터 소송이 제기되어 진행 중이던 2014년 9월까지의 기간에도 교도소 측이 원고의 편지 83건을 계속하여 검열하였음이 밝혀졌다.[11] 소송

---

11) 교도소 측은 2013년 1월 이전에 대해서는 기록이 남아 있지 않다면서 검열 내역을 밝히지 않았다.

중에도 여전히 원고가 보낸 것뿐 아니라 외부의 누군가가 그에게 보낸 대부분의 편지가 검열되고 있었다.

결국 동향 감시 수단이었던 편지 검열

교도소 측은 왜 그리 집요하게 1년 9개월간 198건이나 되는 편지를 검열했던 것일까? 소송을 통해 원고가 알고 싶었던 것도 바로 그 이유와 근거였다.

진짜 이유를 확인하기 위해 검열을 한 교도관을 증인으로 신청하였다. 법정에 증인으로 나온 교도관은 우선 "공안 사범이니까 서신 검열의 필요성이 충분히 있다"라는 점을 이유로 내세웠다. 실제로 원고는 이른바 '공안 사범'이었다. 형사재판 과정에서 그는 억울함을 적극 다투었으나, 인정되지 않았다. 하지만 '공안 사범'이라는 것이 편지 검열을 정당화할 이유가 된다면 그 법적 근거가 명확히 있어야 했고, 전국의 수많은 공안 사범들이 모두 검열의 대상이 되어야 했다. 여기서 중요한 사실은 법적으로 공안 사범은 검열의 근거가 될 수 없다는 점이었다. 법령상 마약 사범이나 조직폭력범의 경우 '관심 대상 수용자'로 지정할 수 있으나, 공안 사범은 법령 어디에도 편지 검열을 할 수 있는 대상으로 정해지지 않았다. 그런데도 공안 사범을 마약 사범이나 조직폭력범과 같이 취급하여 편지 검열을 계속하는 것은 아무런 법적 근거도 없는 것이었다.

그래서 증인 신문을 통해 공안 사범이라는 이유로 검열이 정당화될 수 없다는 점을 추궁하자, 교도관은 이번에는 다른 이유를 내세웠다. "단체에 편지를 많이 보낸다"라는 것과 "교도소 내의 일을 편지에 적었다"라는 것이 지속적 검열의 이유라고 진술한 것이다. 그러나 도대체 이런 주장으로 검열을 정당화할 수 있을까?

이 점을 확인하기 위해 원고의 서신을 검열한 내역과 수·발신 상대방의 이름을 기록한 문서 대장에 대해 교도소 측에 문서제출명령을 해줄 것을 재판부에 신청하였다. 그렇게 절차를 통해 교도소 측이 제출한 자료를 검토했더니, 그들은 편지의 상대방이 언론사, 기자, 출판사, 사회단체인 경우에는 거의 예외 없이 기계적으로 검열하였다. 이는 법정에 증인으로 출석한 교도관들도 인정한 사실이다. 그뿐만이 아니라 교도소 측은 원고가 부모님, 동생, 자녀 등의 가족은 물론 대학 선후배 등 지인과 주고받는 편지도 상당수 검열하였다. 심지어 원고의 행정소송을 대리하던 변호사에게 보내는 편지조차도 봉투에 수신인이 변호사라고 명확히 기재되어 있었음에도 검열을 하였다.

이런 식의 무차별적 검열 행태를 교도소 측의 주장대로 과연 "수형자의 교화 또는 건전한 사회복귀를 해칠 우려 또는 시설의 안전 또는 질서를 해칠 우려가 있는 내용이나 형사법령에 저촉되는 내용이 기재되어 있다고 의심할 만한 상당한 이유가 있는 때"에 해당한다고 정당화할 수 있을까? 우선 지적해야 할 문제는 위와 같은 우려나 이유 등으로 검열의 사유에 해당한다고 판단하는 시기는 검열이 이뤄지기 전이라는 점이다. 결국 교도소 측은 편지의 수·발신인 기재만 보고 검열 여부를 판단하는 셈이어서 당연히 자의적일 수밖에 없다.

그렇다면 검열을 한 후의 처리 결과를 살펴보면 교도소 측의 판단이 과연 정당한 이유에 따른 것이었는지 여부가 좀 더 명확해질 것이다. 이런 추론으로 소송 중에 교도소 측이 검열 사실을 인정한 위 198건의 편지들을 검열 후 어떻게 처리하였는지를 밝히고자 추궁하였는데, 그 결과는 큰 모순을 드러냈다. 교도소 측은 "검열 결과 특별히 서신 금지 사유에 해당되지 아니하여 모두 즉시 발송"하였다고 답변하였다. 이것은 무엇을 의미하는가. 198건이나 되는 편지를 끊임없이 검열했는데도 정작 편지의 내용이 문제 되어 발송 금지 사유에 해당할 만한 내용이 없었다는 것이다. 편지 검열을 담당한 교도관을 증인으로 신청하여 신문하는 과정에서도 검열한 수많은 편지 중에서 정말로 문제가 되어 발송을 금지한 편지는 없었다는 진술이 나왔다. 편지 검열을 계속해야 할 이유가 없음을 알면서도 계속 새로운 편지를 검열했다고 자인한 것이다.

- 교도관 A에 대한 증인 신문

문 : 검열을 한 서신 내역을 보면, 수신자가 언론사와 기자, 출판사, 사회단체로 기재되어 있는 서신은 거의 검열을 한 것이지요.

답 : 예.

(중략)

문 : 허위 사실일 가능성이 높아서 검열하였는데, 한 번도 허위 사실인 적이 없어서 발송을 불허한 적이 없다고 하였지요.

답 : 예.

- 교도관 B에 대한 증인 신문

문 : 오랜 기간 발송을 불허한 서신이 없었다면 문제가 없다고 판단

한 것인데, 그럼에도 불구하고 계속 검열한 이유는 무엇인가요.

답 : 원고의 경우는 다른 수용자와 다르게 압도적으로 사회단체나 언론사, 지인을 통해서 수용처우 불만 등에 대해서 보내고 있었기 때문에 경험칙상 검열을 계속하였습니다.

문 : 외부 단체에 계속 내부 사실을 알리는 글을 썼기 때문에 경험칙상 검열하였다는 것인가요.

답 : 수용처우 불만이나 형사법령에 저촉되는 경우 등의 내용을 담고 있어서 계속 검열하였습니다.

문 : 그런데 검열 결과 형사법령에 저촉되는 내용이 없어서 발송한 것이지요.

답 : 예.

– 교도관 증인 신문 중에서

결국 편지 검열의 주된 목적은 법이 정한 교화 또는 건전한 사회복귀를 위한 것이 아니라, 공안 사범인 데다가 비판 의식을 가져 신경이 쓰이는 원고의 동향을 파악하고 감시하기 위한 것에 불과했다는 사실이 점차 명확해지고 있었다. 여기서 원고에 대한 검열 목적이 법에 따른 것이 아니라 동향 감시를 위한 자의적인 것이었다는 사실을 좀 더 분명히 밝혀낼 방법이 무얼지 고민을 거듭한 끝에, 전주교도소에 같이 수용된 다른 수용자들의 검열 실태나 전국에 있는 다른 교도소에서의 검열 실태를 확인하여 이 사건과 비교 검토해 보기로 하였다. 그래서 우선 법원에 '2013년 전주교도소에서 검열한 전체 서신 수'에 대해 사실조회를 신청하였다. 그에 따라 전주교도소가 법원에 제출한 자료에 의하면 2013년에 전주교도소에서 검열한 편지 총수는 169건이었다. 이것이 어느 정도 수준인지 실감이 나지 않을 수도 있는데, 교도소 전체 편지 검열 건수 169건 중에서 원고에 대한 검열 건수가 118건으로 전체 편지 검열의 70%라는 압도적 비율을 차지했다는 사실에 비춰보면 원고에 대한 검열의 강도가 대략 가늠이 될 것이다. 원고는 전주교도소 다른 수용자 전부를 합한 것보다 2배 이상 많은 검열을 당한 것이다.

다음으로는 전주교도소 외 전국의 다른 교도소의 편지 검열 실태도 확인하기 위하여 '전국 11개 교도소별 편지 검열 현황(2012년~2015년)'에 대해서도 사실조회를 신청하였다. 법원에 회신한 대부분의 교도소에서 위 기간 동안 연간 편지 검열 횟수가 해당 교도소 모든 수용자를 통틀어 5건 이내였고, 특정 수용자에 대한 반복적 검열은 없다고 답하였다. 원고는 전국 교도소를 통틀어 편지 검열을 가장 많이, 그리고 가장 반복적으로 받는 수용자였다. 이처럼 상식으로 설명하기 어려운 상황이 도대체 어떻게 정당화될 수 있을까.

판도라의 상자, '서신 검열 대상자' 지정

소송이 진행되면서 새로운 이슈가 쟁점으로 떠올랐다. 교도소 측이 원고가 주고받는 개별 편지를 놓고서 그때마다 구체적으로 검열 여부를 판단한 것이 아니라 원고를 아예 '서신 검열 대상자'로 지정해 놓고서 그의 편지 전체를 원칙적으로 검열 대상으로 삼았음을 추정케 하는 증거가 나왔다. 즉 편지가 아니라 사람 자체를 검열과 감시 대상으로 삼았다는 의미다. 이와 관련해 소송 진행 중에 원고와 편지를 주고받으며 지원하던 한 시민으로부터 관련 진술과 녹음 파일을 확보하였다. 그가 공안 업무와 서신 수발 업무를 담당하던 교도관과 통화한 내용이었다. 그 통화에서 교도관은 시민에게 "교도관 회의에서 자체적으로 원고를 서신 검열 대상자로 지정"하였다고 반복해서 말하고 있었다.

특정인을 "서신 검열 대상자로 지정"하여 검열하는 것은 또 다른 심각한 문제였다. 특히 '공안 사범'이라는 이유만으로 그가 주고받는 편지에 수형자의 교화 또는 건전한 사회복귀를 해칠 우려가 있는 내용이 기재되어 있다고 의심할 만한 상당한 이유가 있다고 판단한다면, 그것은 공안 사범에 대해 무제한적인 검열을 허용하는 것일 뿐만 아니라 더 나아가 '정치적 의견'을 이유로 수용자를 차별하는 것으로서 헌법 제11조 및 형집행법 제5조에도 위반되는 것이었다.[12]

이에 교도소 측은 '서신 검열 대상자 지정' 제도 자체가 존재하지 않으며, 원고를 서신 검열 대상자로 지정했다는 사실도 부인했다. 그러나 기록과 증거는 다른 말을 하고 있었다. 그럼에도 증인으로 신청해 법정에 출석한 교도관 역시도 원고를 서신 검열 대상자로 지정한 적도 없고, 그러한 제도 자체가 없다고 주장했다. 그러다가 변호사가 녹취록을 제시하자, 뒤늦게 말을 바꾸어 "일반적인 얘기를 해준 것일 뿐"이라면서 얼버무렸다. 그러나 증인

---

12) 『형의 집행 및 수용자의 처우에 관한 법률』 제5조(차별금지) 수용자는 합리적인 이유 없이 성별, 종교, 장애, 나이, 사회적 신분, 출신지역, 출신국가, 출신민족, 용모 등 신체조건, 병력(病歷), 혼인 여부, 정치적 의견 및 성적(性的) 지향 등을 이유로 차별받지 아니한다.

으로 나온 다른 교도관은 2012년 2월 헌법재판소 결정 후에도 일정 기간 '서신 검열 대상자 지정' 제도가 있었다고 인정하였고, "교도관 회의에서 원고를 서신 검열 대상자로 지정할 것인지 논의했다"라고 진술하여 원고 측의 주장을 뒷받침하였다.

끝내 확인받지 못한 수용자의 인권

소송은 오랜 기간 진행되었고, 원고와 나는 편지 검열의 실태와 이유, 근거에 대해 매번 기일마다 치열하게 주장하고 다투었다. 우리는 이 소송이 단지 특정 개인에 대한 검열의 위법성을 다투는 것을 넘어, 모든 갇힌 자들의 인권과 처우를 묻는 소송이라고 서로 다짐하였다. 고립된 그가 세상과의 유일한 창구였던 편지를 계속 검열당하는 상태에서도 수년 간 인간의 존엄을 지키기 위해 시작한 물음을 세상에 널리 알리고 싶었다.

소송 과정에서 국가는 '서신 검열 대상자 지정' 제도의 존재를 부인하였고, 수용자의 사회복귀와 교정시설의 질서 유지를 위해서 편지 검열이 불가피했다고 강변했다. 그러나 소송 과정에서 확보한 많은 자료들과 담당 교도관의 진술을 통해 원고인 이병진을 '서신 검열 대상자'로 지정했다는 사실이 드러났고, 교도소 측이 수년간에 걸쳐 수많은 편지를 검열하는 과정에서 내용이 문제가 되어 발송이 불허된 편지가 없어 사실상 검열의 이유가 없었음에도 검열을 계속하였다는 교도관의 진술도 나왔다. 결국 그의 동향을 감시하기 위한 목적으로 편지 검열을 했다는 사실을 부인하기 어렵다고 우리는 확신했다.

그러나 1심과 2심 법원은 원고의 주장을 받아들이지 않았다. 편지 검열 행위가 법령에 따른 것으로 판단되고, 객관적 정당성을 결여하였다고 인정할 근거가 없다고 했다. 서신 검열 대상자 지정도 인정하기에 부족하다고 했다. 심지어 원고가 출판사에 보내던 집필문을 검열하여 발송을 불허한 행위가 다른 행정 소송을 통해 위법하다고 취소되었음에도 고의나 과실은 아니니 배상 책임이 없다고 하였다. 법원은 원고의 호소에 귀 기울이는 대신 교정기관의 변명을 채택하였다. 설상가상으로 그가 평소 많은 수의 편지를 지속적으로 주고받았다면서 마치 그것이 문제인 것처럼 편지 검열의 정당성 근거로 삼았다. 우리는 대법원에 상고하여 최고 법원의 다른 판단을 기다렸다. 그러나 결국 2016년 7월 대법원 상고가 기각되었다. 나는 판사들 역시 '교도소에 있는 수용자에 대해서는 검열은 필요하다'라는 일반적인 편견에서 벗어나지 못했다는 생각을 지울 수 없었다.

그것으로도 모자라 원고 이병진은 또 다른 고통을 경험해야 했다. 국가는 패소한 그에게 국가를 대리한 변호사 보수의 일부를 포함하여 국가의 소송비용 확정 청구까지 하였고, 결국 그는 추가로 6백여만 원의 소송비용까지 국가에 부담해야 했다. 공익 인권 소송을 제기했다가 패소한 경우 패소한 당사자에게 상대방의 소송비용까지 부담케 하는 현행 제도는 공익 인권 소송을 위축시키는 중요한 문제점으로 오랜 기간 지적되어 왔다. 이 소송은 처음부터 수용자의 인권을 성찰하고 제도를 개선하기 위한 '공익 인권 소송'이라는 의식을 명확히 하고 진행된 것이었지만 감당해야 할 대가는 적지 않았다. 인권 신장과 제도 개선을 위한 소금과 같은 역할을 해온 공익 인권 소송의 활성화를 위해 이 점 역시 반드시 개선되어야 한다.

이 소송 후에도 자의적인 수용자 편지 검열 문제는 계속 이어지고 있다. 〈국가인권위원회〉는 수용자의 인권위 진정 이력과 언론사에 보내는 편지라는 점을 이유로 한 수용자 편지 검열은 인권 침해라는 권고를 하였고,[13] 방송사에 보내는 편지를 검열하는 행위가 형집행법에 따른 검열 사유에 해당한다고 보기 어렵다는 결정을 하였다.[14] 그럼에도 최근까지 여전히 매년 1만 건이 넘는 수용자 편지 검열이 이루어지고, 그중 언론사 제보 등을 이유로 발신이 불허되는 사례 또한 적지 않게 발생하였다.[15] 한 수용자가 3년 가까운 기간 진행한 편지 검열 손해배상 소송은 끝내 패소로 마감되었고, 갇힌 자의 인권을 위한 소송은 아직 결실을 보지 못한 미완의 과제로 남았다. 그러나 그의 싸움은 분명 우리 사회의 편견에 맞선 의미 있는 분투였고, 현재에도 진행형인 싸움이다.

---

13) 국가인권위원회 2018. 6. 29.자 17진정0711700 결정

14) 국가인권위원회 2023. 2. 16.자 22진정0507300 결정

15) 2021년 국정감사 자료에 따르면, 2018년부터 2021년까지 교정시설 내 수용자의 발신 편지 중 45,524건에 대해 검열이 이뤄졌고, 약 10명의 '서신 검열 대상자'가 지정되어 있다. 해당 기간 총 69건이 "수용자의 처우 또는 교정시설의 운영에 관한 명백한 거짓 사실 포함"을 이유로 발신 불허되었는데, 검열 후 불허된 편지 대부분이 언론사로 향한 편지였다.("김영배 의원, 교도소 셀프 검열 통한 통신의 자유 침해 없어야". 이코노미뉴스. 2021년 10월 7일자 참조)

진실 감별사를 자처한
교도소에 대한 책임은?

교도소 서신 발송 불허 국가배상 청구 사건

허윤정[16]

교도소의 서신 검열과
발송 불허

"제가 지금 독방에 조사수용이 된 이유는, 한두 달 전에 저희 장애인 방에서 잠시 생활하다가 다른 교도소로 이감을 간 사람이 당시 저희 방에서 생활했을 때 긴 팔 티셔츠를 방 사람에게 입으라고 선물로 주고 갔는데 두 달이 지난 이제야 '그 옷을 갈취당했다'라고 이곳 교도소로 진정 서신을 보내와서…"

– 「목포 KBS」 보도국장에게 보낸 편지 중에서

"마약 사범들은 교도소나 구치소에 들어와서 마약 방의 사람들이나 운동 시간에 일반인들에게 접촉해서 마약을 투여해 보라는 권유

---

16) 법무법인 지엘 변호사, 천주교인권위원회 이사

를 하고, 이로 인해 마약 거래의 판로가 생기게 됩니다."

- 「광주 MBC」 보도국장에게 보낸 편지 중에서

2013년 9월로 시계를 돌려보려 한다. 당시 해남교도소 수용자 김 아무 개 씨는 광주교도소 수감 당시의 상황에 관한 편지 2통을 작성했다. 그 뒤 한 통은 「목포 KBS」 보도국장, 다른 한 통은 「광주 MBC」 보도국장을 상 대로 발송하기 위해 해남교도소에 제출했다.

해남교도소는 이후 김 씨가 제출한 각 편지를 개봉하여 검열한 뒤, 『형의 집행 및 수용자의 처우에 관한 법률』 제43조 제5항 제4호의 "수용자의 처 우 또는 교정시설의 운영에 관하여 명백한 거짓 사실을 포함하고 있는 때" 에 해당한다고 판단해 발송을 불허했다.

김 씨가 「목포 KBS」 보도국장을 상대로 작성한 편지는 '수용자가 국가인 권위원회 진정과 법무부 장관 청원 등을 해도 증거를 확보할 수 없어 흐지 부지하게 넘어가기가 다반사이고, 다른 교도소로 이송된 수용자가 자신으 로부터 티셔츠를 갈취당했다고 무고했으며, 이에 따른 보복성 검방 때문에 자신이 독방에 조사수용되었다'라는 내용이었다.[17]

그리고 김 씨가 「광주 MBC」 보도국장을 상대로 작성한 편지는 '마약 사 범이 일반 사범과 접촉할 수 없도록 분리 수용해야 한다'라는 취지의 내용 이었다. 실제로 당시 언론은 마약 사범이 일반 수용자를 이용해 필로폰을 반입한 사건, 정신과 의사가 수감 중인 마약 사범에게 향정신성 의약품을

---

17) 이후 김 씨는 티셔츠를 갈취당했다고 주장한 수용자를 무고죄로 고발했고, 검사로부터 해 당 수용자를 무고죄로 약식기소했다는 통지서를 받았다.

제공한 사건, 마약 사범이 형사재판을 받으면서 공범과 수학 문제 형식의 암호문을 주고받은 사건 등을 보도하기도 했다. 김 씨는 이런 기사를 바탕으로 수감 생활 경험과 생각을 정리하여, 마약 사범과 일반 사범 간의 접촉을 막고 분리 수용해야 한다는 의견을 피력한 것이었다.

고의·과실의 증거가 없다는 법원

약 1년 뒤인 2014년 4월 김 씨는 자신이 편지에 작성한 내용이 수용자의 처우 또는 교정시설의 운영에 관하여 "명백한 거짓 사실"을 포함하고 있지 않은데도 당시 해남교도소가 서신 발송을 불허한 조치는 위법이라면서 국가를 상대로 200만 원의 위자료를 청구하는 소송을 제기했다.

같은 해 12월 18일, 서울중앙지방법원 민사7단독(우광택 판사)은 김 씨가 「목포 KBS」 보도국장을 상대로 작성한 편지에 대해서는 명백한 거짓 사실이라고 볼 수 없으므로 해남교도소의 서신 발송 불허 조치는 위법하다고 인정, 위자료를 지급하라고 판결했다. 반면 김 씨가 「광주 MBC」 보도국장을 상대로 작성한 편지에 대해서는 "원고(김 씨)는 교도소 안에서 마약이 유통되고 있는 것이 현실이라고 기재하였으나, 이 부분은 명백한 거짓 사실에 해당한다고 할 것이고, 피고(교도소)가 이를 이유로 위 편지의 발송을 불허한 것은 정당하다"라고 판단했다.

그러나 위 사건 항소심에서 서울중앙지방법원 제5민사부(재판장 박이규)는 원심을 취소하고 김 씨의 청구를 기각했다. 재판부는 "편지들에 발송 금지 사유가 존재하는지를 판단하는 것은 쉽지 않은 듯하다"면서도, "발신

금지처분이 결과적으로 위법한 것으로 밝혀진다고 하더라도, 바로 그 처분 행위가 원고에 대한 불법 행위에 해당한다고 볼 수는 없다. 불법 행위가 성립하려면 그 처분 행위에 고의 또는 과실이 있다고 볼 사정까지 입증되어야 하기 때문"이라며 "서신 발송 불허 행위와 관련하여 그 고의, 과실을 인정할 증거가 없다"라고 판단했다.

김 씨는 이에 불복했다. "원심은 편지가 명백한 거짓 사실인지 여부에 대해 어떠한 판단도 하지 않았다", "아예 존재하지 않는 사실을 기재한 것이라면 명백하다고 할 수 있으나 기왕에 발생한 사실에 대하여 해남교도소와 그 수용자가 평가를 달리하는 것이라면, 이는 명백한 거짓 사실이라고 할 수 없다"라며 그는 상고했다.

그러나 2015년 12월, 대법원 제2부(주심 이상훈 대법관)는 그의 불복이 『소액사건심판법』에서 정한 상고 이유에 해당하지 않는다는 이유로 기각했다. 참고로, 소가가 3,000만 원(당시는 2,000만 원) 이하인 소액사건은 다른 사건과는 달리 "법률의 헌법위반 여부에 대한 판단이 부당한 때" 등에만 상고를 허용하고 있다.

김 씨의 편지에 다소 부정확하거나 감정적 또는 과장된 표현이 있었다고 하더라도, 김 씨의 주장이 사실인지 아닌지를 확인하는 주체는 해남교도소가 아니라 편지를 받은 방송국이 되는 것이 바람직하다. 방송국은 편지를 토대로 취재한 결과 '거짓'이면 아예 방송을 하지 않을 것이고, 김 씨의 편지는 그대로 묻히고 말 일이다.

자의적 해석에 따른 조치는
자유를 위협한다

그럼에도 해남교도소가 김 씨의 편지를 개봉하여 살펴본 후 '거짓'이라고 단정을 짓고 편지 발송 자체를 가로막은 것은 진실을 은폐하는 방법이 될 수 있다. 교정시설을 운영하는 자들이 외부에 밝히고 싶지 않은 사실이 있을 때 편의에 따라서 '거짓이 명백하다'라고 자의적으로 평가하고 발신을 불허할 수 있기 때문이다. 또 교도소 측의 자의적 해석에 따른 서신 발송 불허 조치는 수용자의 표현의 자유와 통신의 자유를 심각하게 침해하는 결과를 낳는다.

그런데도 법원이 내용상 발송 금지 사유가 명백하지 않은 편지 발송을 불허한 해남교도소에 대해 법적 책임을 부과하지 않고 문제가 없다고 본 것은 교정시설에 만연한 서신 발송 금지 조치에 면죄부를 부여한 것이나 마찬가지다.

김 씨는 포기하지 않았다. 그는 2015년 1월 해남교도소의 서신 발송 불허 조치의 근거가 된 『형의 집행 및 수용자의 처우에 관한 법률』제43조 제5항 제4호의 "수용자의 처우 또는 교정시설의 운영에 관하여 명백한 거짓 사실을 포함하고 있는 때"라는 조문이 위헌이라고 주장하면서 헌법소원을 청구했다. 법률 자체가 권리를 침해한다는 주장이었다.

그러나 헌법재판소는 각하했다. "청구인의 서신이 이 사건 법률조항에서 발신을 금지하는 서신에 해당한다면 해남교도소장은 단순히 이 사건 법률조항에 따라 서신의 발신을 금지한 것이어서 이에 관여한 공무원에게 고의 또는 과실이 있다 할 수 없으므로, 국가의 청구인에 대한 손해배상책임이 성립한다고 볼 수 없다", "위헌 여부에 따라 당해 사건 재판의 주문이 달라지거나 재판의 내용과 효력에 관한 법률적 의미가 달라지는 경우에 해당한다고 할 수 없"다며 재판의 전제성 요건을 갖추지 못했다는 이유였다.

헌법재판소는 해남교도소가 법률조항에 따라 서신 발신을 금지한 것이라면 자신이 그 법률조항을 위헌으로 판단하더라도 담당 공무원에게 책임을 물을 수 없다고 판단한 것이다.

'거짓 사실'인지 여부는 누가 판단하나

위 소송이 있기 전, 박대성이라는 인물이 '미네르바'라는 필명으로 2007년 10월 2일부터 2008년 11월 무렵까지 약 80개의 글을 다음 아고라에 남긴 사건이 있었다(이른바 '미네르바 사건'). 이 글들은 누적 조회수 730만여 건, 댓글 3만 3천여 개, 답변 2천여 개, 찬성 9만여 개, 반대 2천여 개라는 기록을 세웠다. 박대성은 주로 반이명박 정부, 반한나라당 정서를 기조로 한국 경제 위기론을 역설하였으며, 이 과정에서 정부 공문을 위조하여 허위 정보를 유포하였다는 혐의로 기소되었다. 그리고 박대성을 기소한 근거가 된 『전기통신기본법』상의 인터넷 허위글(허위통신) 처벌 조항에 대해 위헌 여부가 문제가 되었다. 이에 2010년 헌법재판소는 "공익을 해할 목적으로 전기통신설비에 의하여 공연히 허위의 통신을 한 자"를 처벌하는 『전기통신기본법』 제47조 제1항에 대한 위헌소원에서 "공익을 해할 목적" 부분이 죄형 법정주의의 명확성 원칙에 위배된다고 판단했다. 그리고 이 당시 재판관 5인은 "허위의 통신" 부분도 과잉금지 원칙에 위배된다는 보충의견을 냈다.

재판관들은 "어떤 표현이나 정보의 가치 유무, 해악성 유무가 국가에 의하여 일차적으로 재단되어서는 아니 되며, 이는 시민사회의 자기 교정 기능과 사상과 의견의 경쟁 메커니즘에 맡겨져야 한다. 세계적인 입법례를 살펴보아도 허위 사실의 유포를 그 자체만으로 처벌하는 민주국가의 사례는 현재 찾아보기 힘들다"라고 지적했다.[18]

김 씨 사건으로 돌아오면 결국 "명백한 거짓 사실" 여부를 누가 판단하느냐가 중요하다. '거짓'이라는 것은 누가 판단하는지에 따라 달라질 수 있는 매우 추상적인 개념이기 때문이다. 어떤 표현에서는 '의견'과 '사실'을 구별하는 것이 어렵고, 객관적인 '진실'과 '거짓'을 구별하는 것 역시 어렵다. 지금은 '거짓'으로 인식되지만, 시간이 지난 후에 그 판단이 뒤바뀌는 경우도 있을 수 있다.

더구나 "명백한 거짓 사실"이라는 추상적 규정과 그 법률에 근거한 발송 불허 조치는 책임을 물을 수 없다는 법원 논리가 합쳐지면, 서신 내용에 "수용자의 처우 또는 교정시설의 운영"에 관여하는 사람들이 외부로 알리고 싶지 않거나 불편한 내용이 있을 때마다 자의적으로 해석될 여지가 있다. 특히 수용자들은 처우 또는 교정시설 운영에 대한 언급만으로도 통신이 불허될 수 있다는 두려움 때문에 자기검열을 하고, 아예 언급하지 않게 된다. 이것이 심화되면, 외부와 단절되어 있는 교정시설 내에서 심각한 기본권 침해 상태가 방치될 가능성이 매우 높다.

---

18) 헌법재판소 2010. 12. 28. 선고 2008헌바157, 2009헌바88(병합) 결정

"언론사에 보냈단 이유로 검열하는 건 헌법 자유 침해"

2018년 8월 〈국가인권위원회〉는 "서신의 수신처가 언론사라는 이유로 교정시설이 서신을 검열해 발송을 불허하고, 서신 내용을 문제 삼아 징벌한 것은 헌법이 보장하는 신체의 자유와 통신의 자유를 침해하는 것"이라며 법무부 장관에게 재발 방지를 위해 서신 업무 담당자 등에게 사례를 전파하고 해당 구치소에는 징벌 의결을 취소할 것을 권고했다.[19]

또한 해당 편지에 '시설의 안전 또는 질서를 해칠 우려'가 있다는 구치소 측 주장에 대해서는 "서신이 언론사로 보내져서 기사화되는 등 수용시설 내부의 일이 외부로 알려지는 것 자체가 시설의 안전이나 질서를 해치는 행위라는 인식에 기반을 둔 것으로 판단된다. 그러나 언론사는 모든 제보를 무조건 기사화하는 것이 아니라 내용의 신빙성과 뉴스 가치를 판단하고, 사실 관계 등 취재 과정을 거쳐 기사화하는 것이므로, 그 취재 과정에서 (…) (구치소 측이) 사실 관계를 바로 잡는 것이 얼마든지 가능할 뿐 아니라, 그러한 대응 과정도 (구치소 측의) 직무상 필요한 업무로서 서신의 불허 사유가 될 수는 없다"라고 판단했다.

그런 의미에서 법원의 판단이 다소 아쉽다. 앞서 김 씨 사건에서 법원이 〈국가인권위원회〉와 같은 입장을 견지하면서 해남교도소의 서신 발송 불허 조치가 위법하다고 판단했다면 어땠을까. 그렇다면 법원 판결이 토대가 되어, 향후 서신을 검열하면서 "명백한 거짓 사실"을 판단하는 기준에 대해

---

19) 18-진정-0214100. 참고로, 이 사건은 내가 수임하거나 '유현석 공익소송기금'의 지원을 받은 사건은 아니다.

보다 활발한 논의가 이루어져 인권의 사각지대에 있을 수 있는 수용자들이 최소한의 기본권을 보장받을 수도 있었을 것이다. 더 나아가 "명백한 거짓 사실"이라는 다소 추상적 규정에 대한 개정 논의가 본격화되지 않았을까 하는 아쉬운 마음이 든다.

참고로, 헌법재판소는 교도소장이 수감자를 서신 검열 대상자로 지정한 뒤 2020년 2월 12일부터 그해 2월 19일까지 수감자가 청와대, 법무부 장관, 헌법재판소장, 법제처장, 언론사 기자 등에게 보내는 서신을 검열한 행위에 대하여, 수용자에 대한 서신 검열은 교도소 내의 규율과 질서를 유지하여 구금의 목적을 달성하기 위해서 불가피하므로 수용자의 서신에 대한 검열은 헌법에 위반된다고 할 수 없다는 취지의 과거 판시들[20]을 통해 이미 헌법적 해명이 이뤄진 바 있기에 그와 별도의 헌법적 해명이 필요한 것으로 보이지 않는다고 판시하여 헌법소원을 각하한 전례가 있다.[21]

또한 헌법재판소는 벌금을 납부하지 않아 노역장 유치명령을 받고 안동교도소에 수용됐다가 출소한 A씨가 "교도소장이 내게 발송된 서신을 개봉·열람한 것은 기본권 침해"라며 낸 헌법소원 사건을 재판관 전원일치 의견으로 기각하기도 했다. 이처럼 헌법재판소는 교도소장이 수용자에게 온 서신이나 문서를 개봉해 내용물을 확인하고 열람하는 것은 헌법에 어긋나지 않는다는 입장이다. 헌법재판소는 "서신개봉행위

---

20) 헌법재판소 1998. 8. 27. 96헌마398; 헌법재판소 2001. 11. 29. 99헌마713

21) 헌법재판소 2020. 3. 3. 2020헌마283 결정 [서신 검열 행위 위헌확인]

는 교정시설의 안전과 질서를 유지하고 수용자의 교화 및 사회복귀를 원활하게 하기 위한 것으로 그 목적이 정당하고, 서신을 개봉해 내용물을 확인하는 것은 이와 같은 목적을 달성하기에 적합한 수단"이라며 "수용시설의 안전과 질서 유지라는 공익은 매우 중대한 반면, 서신을 개봉하더라도 그 내용에 대한 검열은 원칙적으로 금지되어 사익 침해가 크지 않으므로 서신개봉행위는 법익의 균형성도 갖추었기에 청구인의 통신의 자유를 침해하지 않"고, "문서열람행위는 법원 등 관계기관에서 보내온 문서를 수용자에게 전달하는 업무에 정확성을 기하고 수용자의 편의를 도모하며 법령상의 기간 준수 여부 확인을 위한 공적 자료를 마련하기 위한 것으로서 그 목적의 정당성이 인정되고 수단의 적합성도 인정"되며, "법원 등 관계기관이 발송한 문서를 정확히 전달해 수용자들의 법률관계 등에 불이익이나 혼선이 발생하지 않도록 하는 것은 중대한 공익인 반면, 문서를 열람한 후에는 반드시 수용자 본인에게 신속하게 그대로 전달해야 하므로 사익 침해는 최소화되어 있기 때문에 문서열람행위도 청구인의 통신의 자유를 침해하지 않는다"라고 판단하였다.[22]

---

22) 헌법재판소 2021. 9. 30. 선고 2019헌마919 전원재판부 결정 [수용자 서신 개봉·열람 행위 위헌확인]

21세기 서프러제트,
모든 수형자에게 선거권을

수형자 선거권 박탈 헌법소원 청구 사건

남승한[23)]

제법 떠들썩했던 내부 고발자 사건을 맡은 적이 있다. 지금은 내부 고발자나 공익신고자를 보호하는 제도와 법령이 정비되어 사정이 좀 나아졌지만, 내가 사건을 맡았던 무렵에는 내부 고발자가 고발한 사건이 언론에 보도된다든지 해서 널리 알려지면 내부 고발자가 겪는 고초가 이만저만이 아니었다. 검찰이 소위 '사건이 좀 되겠다' 싶으면 내부 고발자 보호나 피고발자와의 분리 등을 이유로 고발자를 먼저 구속하는 경우가 비일비재했다.

당시 나의 의뢰인도 내부 고발 이후 일단 구속되었는데, 피고발자들에 대한 수사와 처벌이 이뤄진 후에야 비로소 집행유예로 석방될 수 있었다. 그러나 그는 석방된 뒤에도 피고발자 가운데 한 사람이 주인이자 자신의 전 직장이기도 한 기업에서 배신자로 찍혀 무수한 민사 소송과 형사 고소를 당하면서 갖은 곤욕을 겪었다.

2012년 19대 국회의원 선거가 치러지던 날의 일이었다. 투표를 하려고

---

23) 법률사무소 바로 변호사, 천주교인권위원회 이사

가족과 함께 투표장을 방문했는데 선거인 명부에서 자신의 이름을 찾을 수 없더란다. 그러자 한참 선거인 명부를 뒤적이던 선거 사무원이 조심스럽게 "혹시 가석방이나 집행유예 중 아니세요?"라고 물어오는 통에 얼굴이 화끈거려 아무 답도 못 하고 도망치듯 황급히 그 자리를 빠져나올 수밖에 없었단다. 내부 고발자로 이미 처벌까지 받았는데 가족들 앞에서 망신당하고, 투표도 제대로 못 하는 신세가 된 것이다.

그간 구속 기간을 거치면서 그 의뢰인이 홀로 감내해야 했던 이런저런 마음고생을 누구보다 잘 아는 나는 한달음에 달려와 내게 토로하는 그의 억울한 심경에 충분히 공감이 갔다. 그런데 정작 변호사인 나조차도 그의 한탄을 듣고서야 비로소 집행유예자도 투표를 할 수 없다는 것을 알았다. 집행유예자가 투표를 못 한다면 수형자는 더더욱 투표를 할 수 없을 거라는 것은 불을 보듯 뻔한 사실이었다. 집행유예 기간 중이라고, 또는 형기 중이라고 투표권을 박탈하는 것은 이상하다는 생각을 그때 처음 하게 되었다.

헌법소원의 쟁송사가 시작되다

당시는 때마침 〈천주교인권위원회〉 공익소송팀에서도 수형자 선거권 문제를 다시 공론화할 때가 되었다는 결론을 내리게 된 무렵이었다. 제주 해군기지 반대 농성을 벌여 해군기지 기공식 부지 정리 업무를 방해하고, 여러 차례에 걸쳐 신고하지 않은 옥외집회를 주최했다는 이유로 징역 1년 6월에 집행유예 3년이 확정된 제주 강정마을회장, 용산참사 진상 규명을 요구하는 집회를 했다는 이유로 일반교통방해죄로 징역 3년 1월에 집행유예 4

년, 징역 2년에 집행유예 3년이 확정된 분들, 4대강 사업의 진실을 알리기 위해 여주 이포보 기둥 상단에서 41일간 캠페인을 진행한 후 자진 철수했다가 업무방해죄로 징역 6월에 집행유예 1년이 확정된 분, 장애인 차별 철폐 등을 요구하는 여러 집회에 참여해 일반교통방해 등의 죄로 기소돼 징역 1년에 집행유예 2년이 확정된 분, 양심적 병역거부를 이유로 1년 6월의 실형이 선고된 분 등이 청구인이 되어 주었다. 이분들은 모두 2012년 4월 총선과 12월 대선에서 투표권을 행사하지 못했다.

그래서 2012년 4월과 2013년 2월에 각각 수형자의 선거권을 박탈하는 『공직선거법』 제18조 제1항 제2호에 대한 헌법소원 심판 청구서를 헌법재판소에 제출했다.[24] 그 당시 『공직선거법』은 "(선거일 현재) 금고 이상의 형의 선고를 받고 그 집행이 종료되지 아니하거나 그 집행을 받지 아니하기로 확정되지 아니한 자"의 선거권을 일체 박탈하고 있었다. 즉 실형을 선고받은 수형자는 물론 가석방자와 집행유예자도 선거를 할 수 없었다. 수형자 선거권에 관한 헌법소원 사건의 쟁송사는 바로 이렇게 시작되었다.

이 무렵까지 헌법재판소는 이미 2004년과 2009년 두 차례에 걸쳐 『공직선거법』상의 관련 조항이 합헌이라는 결정을 내놓은 바 있었다. 두 번의 합헌 결정례가 있으니 결코 쉬운 싸움이 될 리가 없었다. 2004년의 헌법재판소 결정은 2002년 지방선거에서 선거를 하지 못한 이들이 낸 헌법소원에 관한 것으로, 2004년에 7대1로 합헌결정이 내려졌다. 그에 비해 2007년

---

24) 이 헌법소원을 편의상 1차 헌법소원이라 부른다.

대선 투표권에 관한 2009년의 합헌결정 당시에는 위헌의견이 5명[25]으로 합헌의견 4명보다 더 많았으나, 위헌 정족수인 6명에 미치지 못했다는 차이가 있을 뿐이었다.

형사책임과 주권 행사는 다른 차원의 문제

『형법』에서 정하고 있는 자유형(징역, 금고 등)은 범죄자의 신체적 자유를 박탈하는 것이라서 결국 그 본질적인 내용은 '시설에 수용'하고 '신병을 구금하는 것'이다. 『공직선거법』은 여기서 더 나아가 징역형, 금고형을 선고받게 되면 사회 구성원의 권리 중 가장 중요한 권리인 선거권을 행사하지 못 하도록 하고 있었던 것이다.

수형자들에게서 '시민으로서의 자격'도 자동적으로 박탈하는 '시민법상 사망한 자civil death' 제도에 그 사상적 기원을 둔 것으로 보이는 이런 제도는 결국 수형자를 '사회 구성원으로서의 시민'으로 인정하지 않겠다는 생각에 터 잡은 것이다.

이런 포괄적인 시민 자격 박탈은 오늘날은 헌법상의 '인간의 존엄성 보장'과 '평등'의 이념에 전혀 합치되지 않는다고 평가된다. 아무리 실형을 선

---

25) 위헌의견이 과반수라 해도 6명이 위헌이라는 의견을 내지 않으면 해당 법률은 합헌이 된다. 『헌법재판소법』은 법률의 위헌결정, 탄핵의 결정, 정당해산의 결정 또는 헌법소원에 관한 인용결정(認容決定)을 하는 경우와 종전에 헌법재판소가 판시한 헌법 또는 법률의 해석 적용에 관한 의견을 변경하는 경우에는 재판관 6인의 찬성이 있어야 한다고 정하고 있기 때문이다. 참고로, 과거 헌법재판소 도입 초기에는 위헌의견이 5인으로 다수인 경우 과반수 재판관이 위헌이라는 의견을 가지고 있음에도 불구하고 합헌결정(청구 기각)을 해야 하는 상황이 되자, 헌법재판소가 "위헌불선언"이라는 결정(실질적인 합헌결정)을 했던 사례도 있었다.

고받은 수형자라고 하더라도 징역형이나 금고형을 통해 제한되는 신체의 자유 이외의 권리는 원칙적으로 일반 시민과 똑같이 향유할 수 있다고 보아야 하는 것이다.

이런 점에서 수형자의 선거권을 제한하는 『공직선거법』은 입법목적 자체가 정당한 것이 아니었다. 선거권 제한의 입법목적으로 흔히 범죄 예방과 준법의식의 함양이 거론되지만, 선거권 박탈이 범죄 억지력이 있다는 주장은 설득력이 없고, 오히려 수형자를 재사회화하여 사회에 복귀하도록 돕기 위해서는 가장 기본적인 권리인 선거권을 부여해서 사회 구성원으로서의 동질성을 유지할 수 있도록 해야 한다. 형사책임을 지는 것과 시민으로서 주권을 행사하는 것은 전혀 다른 차원의 문제이기 때문이다.

게다가 『공직선거법』은 실수로 범죄를 저지른 과실범, 일정한 형기를 경과한 후 〈가석방심사위원회〉로부터 범죄의 동기와 재범의 위험성 등에 관한 심사를 받고 석방된 가석방자, 집행유예를 선고받아 교정시설에 수용되지 않은 집행유예자, 경미한 범죄로 단기 자유형을 선고받은 자 등을 가리지 않고 일률적으로 선거권을 제한하는데, 이는 기본권 침해의 최소성 원칙을 위반하고 있었다.

집행유예자는 위헌, 수형자는 헌법불합치라는 헌법재판소

청구일로부터 약 2년. 헌재 결정일인 2014년 1월 28일 헌법재판소에 가서 선고를 직접 들었다. 그간 사형제도를 비롯한 각종 헌법소원 사건에서 거듭 합헌결정만 받던 터라, 수형자 부분에 대해서는 합헌결정이 나오더라도 집행유예자 부분만이라도 헌법불합치 결정 정도가 나오면 다행이라고 생각하고 있었다. 그런데 선고를 듣는 순간 귀를 의심하지 않을 수 없었다. 헌법재판소는 의외로 집행유예자에 대한 선거권 제한은 전원일치로 단순위헌, 수형자에 대해서는 2015년 말을 시한으로 헌법불합치 결정을 내렸다.

헌법재판소 선고를 듣고 나와 기자들에게 선고에 대한 소감을 밝히면서 나는 "믿기 어려운 결정"이었다고 말했다. 기대 이상의 결정이라고 생각해 다소 고취되어 있던 기분 그대로 말이 나와 버린 것인데, 곧 크게 후회했다. 사실 집행유예자에 대한 선거권 제한이 위헌결정이 난 것은 지극히 당연했다. 그런데 수형자도 집행유예자와 달리 볼 이유가 없으니, 그들의 선거권을 박탈하는 것도 당연히 단순위헌 결정이 나왔어야 했다. 수형자 선거권을 여전히 제한하는 결정을 받았으면서도 너무 기쁜 나머지 수형자에 대한 불합치결정이 얼마나 잘못된 것인지는 말하지 못한 것이다.

헌법불합치 결정은 본질적으로 위헌결정이다. 그런데 법률 조항을 무효로 해 즉시 위헌성을 제거하면 입법 공백이 생긴다. 규제를 해야 할 필요성은 있는데 법률이 없어져 버리는 것이니, 이를 어려운 말로 입법 공백이라고 한다. 그래서 헌법재판소는 이런 입법 공백을 피하고자 입법자(국회)에게 일정 시한까지 개선 입법을 하도록 하고, 그 시한까지는 위헌인 법률을 일단 그대로 적용하도록 하는 것이 헌법불합치 결정의 취지다. 만약 국회가 수형자의 선거권과 관련해 새로운 법을 2015년 말까지 만들지 못하면 수형자 선거권 제한 조항은 완전하게 위헌이 되어 효력이 상실되는 것이다.

결국 헌법재판소 결정의 취지는, 간단하게 말하면 집행유예자는 선거권을 제한해서는 안 되는데 제한했으니 즉시 위헌, 하지만 집행유예자와 달리 수형자는 선거권을 제한할 수는 있으나 『공직선거법』이 전면적이자 획일적으로 수형자의 선거권을 제한하고 있어서 위헌, 그러니 위헌성을 제거한 새 법률을 만들라는 것이었다.

공은 다시 국회로

그렇게 공은 다시 국회로 넘어갔다. 그리고 국회는 1년 미만의 선고형을 받은 수형자에게만 선거권을 부여하는 것으로 『공직선거법』을 개정했다. 결국 개정된 『공직선거법』에 의해서도 1년 이상의 형을 선고받은 수형자는 여전히 선거를 할 수 없게 됐다. 『공직선거법』을 개정할 무렵의 법무부 통계에 의하면, 1년 이상을 선고받은 수형자는 전체 수형자의 약 83%에 달했다. 결국 『공직선거법』이 개정되어도 수형자 10명 가운데 8명 이상은 여전히 선거를 할 수 없는 상태가 유지된 것이다.

참고로, 모든 수감자에 대해 선거권을 박탈하는 법률은 캐나다에도 있었다. 그러나 이 법률은 1992년에 캐나다의 최고재판소인 대법원에서 만장일치로 위헌이라고 선언되었다. 그 뒤 징역 2년 이상의 수감자에 대해서만 선거권을 제한하는 것으로 법률을 개정했는데, 이렇게 개정한 법률에 대해서도 캐나다 대법원은 2002년 또다시 위헌 결정을 했다. 결국 오늘날 캐나다는 수형자의 선거권을 전면적으로 인정하고 있다. 이처럼 캐나다와 단순히 비교해 보더라도 한국의 개정된 『공직선거법』이 얼마나 선거권 부여에 인색한 것인지 단적으로 알 수 있다.

따라서 2016년 4월에 치러진 총선에서도 인색하기 짝이 없는 개정 『공직선거법』 탓에 1년 이상의 징역형을 선고받은 수형자들은 여전히 선거권이 없었다. 하지만 여기서 포기하지 않고, 양심적 병역거부 등을 이유로 징역 1년 6월 등을 선고받은 청구인들과 함께 2016년 7월에 다시 『공직선거법』에 대해 헌법소원을 냈다.[26]

그리고 2017년 5월, 헌법재판소는 1년 이상 실형 선고를 받은 수형자와 가석방자의 선거권을 박탈하는 『공직선거법』에 대해 재판관 7대1의 의견으로 합헌결정을 했다. "선거권의 박탈은 범죄자에 대해 가해지는 형사적 제재의 연장으로서 범죄에 대한 응보적 기능을 갖는다"라는 것이 합헌의견의 중요한 요지 중 하나였다.

하지만 한번 생각해 보자. 범죄를 계획했던 사람이 처벌이 두려워 범죄를 저지르지 않을 수는 있다. 그러나 수감되어 있는 동안에 선거를 못 할 것이라는 생각 때문에 죄를 저지르지 않을 사람이 과연 있을까?

유엔까지 간
수형자 선거권

2012년에 낸 1차 헌법소원의 결과 집행유예자의 선거권이 2014년에 즉시 회복되었고, 수형자 중 1년 미만의 형을 선고받은 이들의 선거권은 『공직선거법』 개정을 통해 2016년 1월부터 회복되었다. 그러나 여전히 수형자의 대부분에 해당하는 이들의 선거권은 회복되지 않았고, 2차 헌법소원 결

---

26) 이것을 편의상 2차 헌법소원이라 부른다.

과도 마찬가지였다.

이에 2차 헌법소원에서 헌법재판소가 합헌결정을 한 뒤인 2019년 3월, 양심에 따른 병역거부(『병역법』 위반)로 1년 6월의 징역형을 선고받아 2016년 4월 총선에서 선거권을 박탈당한 4명은 『공직선거법』 제18조가 보통선거권을 보장한 『유엔 자유권규약』 제25조를 위반한 것이라는 이유로 〈유엔 자유권위원회〉에 개인 진정Individual Complaint을 제기했다. 개인 진정 제도는 규약상의 권리를 침해당한 피해자가 규약의 이행감시기구인 자유권위원회에 직접 진정하여 권리구제를 요청하고, 규약 당사국의 책임을 묻는 제도다. 이는 『시민적·정치적 권리에 관한 국제규약 선택 의정서Optional Protocol to the ICCPR』에 가입한 국가에 적용된다. 대한민국은 선택 의정서 가입을 통해 개인 진정에 대한 위원회의 심리 권한을 인정했고, 규약상의 권리 침해에 대하여 구제 조치를 취할 것을 약속했으므로 개인 진정에 따른 자유권위원회의 결정에 따를 국제법적 의무가 있다.

수형자의 선거권 보장은 전 세계적 추세다. 이미 2005년 유럽인권재판소는 수형자의 선거권을 일률적으로 제한하는 영국의 『국민대표법』에 대해 『유럽인권협약』에 위반된다고 결정한 바 있다. 앞서 살펴본 바와 같이 캐나다 대법원도 1992년 모든 수감자에 대해 선거권을 박탈하는 법 규정을 만장일치로 위헌이라 선언했고, 징역 2년 이상의 수감자에 대해서만 선거권을 제한한 개정 법률에 대해서도 2002년에 위헌결정을 해 이제는 모든 수형자에게 선거권을 부여하고 있다.

비단 캐나다뿐만 아니라 남아프리카 공화국, 이스라엘 등도 모든 수형자에게 선거권을 부여하고 있고, 독일, 오스트리아, 프랑스 등은 범죄 유형을 기준으로 개별적인 판결에 의해 선거권을 제한한다. 특히 독일은 선거권을 제한할 수 있는 범죄를 『형법』에서 별도로 정하고 있다. 그리고 개별적 판결에 의하지는 않지만, 적어도 범죄 유형을 기준으로 선거권을 제한하는 제도를 가진 국가도 있다. 이처럼 오늘날 세계 각국이 선거권 제한과 관련해 얼마나 진지하게 고민하고 있는지는 어렵지 않게 알 수 있다.

그에 비해 우리의 『공직선거법』은 선고 형량을 기준으로 획일적이고 일률적으로 선거권을 제한하는 것이니, 선거권 제한과 관련한 고민의 정도는 가장 낮은 수준이라고 할 수 있다. 이제는 달라져야 한다. 수형자에게 완전한 선거권을 부여하는 것이 가장 이상적이겠지만, 그것이 어렵다면 적어도 지금 같이 선고 형량을 기준으로 일률적이고 획일적으로 선거권을 제한하는 원시적 규정만이라도 개정해야 한다.

21세기 서프러제트의 결실은 언제쯤

양심적 병역거부로 징역 1년 6월 형을 선고받아 확정되어 수감 중이던 은 아무개 씨와 오 아무개 씨는 헌법재판소 합헌결정 이후인 2020년 7월과 2021년 5월에 각각 헌법소원을 청구했다.[27] 이에 대해 헌법재판소는 2023년 3월 23일 청구인들의 청구를 모두 각하했다. 징역형의 집행을 마쳐 청구인들에 대한 기본권 제한 상황이 종료되는 사정변경(헌법재판소 결정 전에 청구인들의 징역형 집행이 모두 마쳐진 사정을 일컫는다)이 발생하여 청구

---

27) 이른바 3차 헌법소원인 셈이다.

인들의 심판청구의 권리보호 이익은 소멸되었다는 것이었다. 또 기존에 헌법재판소가 선거권제한조항이 1년 이상의 징역형의 선고를 받고 그 집행이 종료되지 아니한 사람의 선거권을 침해하지 않는다고 결정하였는데, 이러한 선례를 변경할 만한 사정변경이 있다고 보기 어렵다는 것이 헌법재판소의 각하 결정의 요지였다.

우리는 선거권제한조항에 대한 추가적인 헌법적 해명의 필요성이 인정된다고 생각하였지만, 헌법재판소는 공직선거법상 선거에 대한 수형자의 선거권 제한이 선거권제한조항에 따라 결정되는 이상, 형법상 선거권정지조항으로 인하여 공직선거법상 선거에 대한 수형자의 선거권 제한이 반복될 위험이 있거나, 이 사건에서 형법상 선거권정지조항에 대한 헌법적 해명이 중요한 의미를 가진다고 보기 어렵다고 판단하였다.

참 아쉬운 결정이다. 앞으로 국회에서 새로 입법을 하지 않는 한 헌법재판소를 통한 위헌결정은 받아 내기가 더 어려워진 형국이 되었다. 헌법재판소가 다른 나라의 입법례를 살펴보고, 한국의 『공직선거법』이 얼마나 선거권에 관해 무관심한지 잘 파악하여 과거 캐나다 대법원이 그러했던 것처럼 1년 이상의 실형 선고 수형자의 선거권을 박탈하는 『공직선거법』이 위헌이라고 결정해 줄 것이라는 기대는 결국 헛된 기대가 되고 말았다.

선거의 계절이 돌아올 때마다 여야를 막론하고 무효표 처리 문제, 역선택 문제 등 복잡한 셈을 하고 있다. 그런데 그 셈법에 수형자들은 없다. 선거 참여는 독려하면서도 선거권을 늘리는 데에는 셈법이 모두 다르다. 선거 결과의 유불리를 따지느라 애초에 선거권이 부여되어 있지 않은 수형자들에 대해서는 생각할 이유가 없다.

지난날 여성 참정권 운동가들을 경멸해 부르던 서프러제트Suffragette라는 표현은 이제는 참정권 운동의 대명사가 되었다. 20세기 초에 시작한 서프러제트 운동은 1928년이 되어서야 완전한 결실을 보았다. 당연히 선거에 참여해야 할 수형자들에게 선거권이 부여되는 데에는 얼마의 시간이 더 필요할까.

누구를 뽑아야 하는가, 누구를 지지할 것인가, 왜 이 사람인가, 저 사람은 왜 안 되는가 하는 논의에서 유독 수형자들만 제쳐 둘 이유가 없다. 더 많은 사람들이 참여한 선거로 뽑힌 공직자가 더 정당한 공직자다. 수형자들까지 모두 아우르는 선거에서 선출된 사람이야말로 민주적 정당성에 터 잡은 정당한 공직자라 불릴 자격이 있다.

존엄한 인간으로서
국가의 책임을 묻다

서울구치소 과밀수용 헌법소원 청구 사건

서채완[28]

2024년 7월 18일 〈천주교인권위원회〉와 〈민주사회를 위한 변호사모임 공익인권변론센터〉는 교정시설 과밀수용에 대해 집단 국가배상 청구 소송을 제기했다. 소송이 제기된 7월 18일은 남아프리카 공화국에서 민주화 운동을 이유로 27년간 구금 생활을 했던 넬슨 만델라를 기리기 위해 유엔이 지정한 '국제 넬슨 만델라의 날'이었다. 유엔은 1955년 총회에서 채택하고, 2015년 총회에서 강화된 내용으로 개정한 『유엔 피구금자 처우에 관한 최저기준규칙』(이하 '유엔 최저기준규칙')을 '넬슨 만델라 규칙'이라 부르며 국제 표준으로 삼고 있다.

과밀수용은 오늘날 국제사회에서 절대적으로 금지하는 '고문 및 그 밖의 잔혹한·비인도적인, 또는 굴욕적인 대우나 처벌'에 해당한다. 유엔 국제인권조약 기구들은 지속적으로 과밀수용이 『고문 및 그 밖의 잔혹한·비인도적인, 또는 굴욕적인 대우나 처벌의 방지에 관한 협약』을 비롯한 국제인

---

28) 변호사, 민주사회를 위한 변호사모임 공익인권변론센터 부소장

권조약에 위배되는 중대한 인권 침해임을 확인하며 그 개선을 권고하고 있다. 가장 최근으로는 2024년 8월 16일 〈유엔 고문방지위원회Committee against Torture〉가 2024년 7월에 이뤄진 대한민국 제6차 정기보고서 심의 결과인 최종 견해Concluding observations를 발표하는 과정에서 과밀수용의 개선을 권고하기도 했다.

후술하듯이 국내에서는 헌법재판소가 2016년 12월에 과밀수용이 위헌임을 확인했고, 그 뒤를 이어 2022년에는 대법원이 과밀수용에 대한 국가의 배상책임을 처음으로 인정했다. 하지만 과밀수용이라는 문제는 여전히 현재진행형이고, 최근에까지 지속적인 문제 제기가 이어져 오고 있다. 특히 코로나19 시기에는 과밀수용으로 인해 교정시설 내 집단감염이 발생하기도 했으며, 그로 인해 사망하는 수용자도 있었다. 이에 지금부터는 과밀수용이 헌법과 법률에 위배되는 불법 행위라는 점이 확인되어 온 과정과 그 한계를 살펴본다. 더불어 사법적 판단에도 불구하고 현재에도 계속 벌어지고 있는 과밀수용의 문제를 근본적으로 해결하기 위해 남은 과제를 고찰하도록 한다.

과밀수용에 대한 사법적 문제 제기의 시작

"없는 사람이 살기는 겨울보다 여름이 낫다고 하지만 교도소의 우리들은 없이 살기는 더합니다만 차라리 겨울을 택합니다. (…) 여름 징역은 자기의 바로 옆 사람을 증오하게 한다는 사실 때문입니다. 모로 누워 칼잠을 자야 하는 좁은 잠자리는 옆 사람을 단지 37℃의 열덩어리로만 느끼게 합니다. 이것은 옆 사람의 체온으로 추위를 이겨나가는 겨울철의 원시적 우정과는 극명한 대조를 이루는 형벌 중의 형벌입니다. 자기의 가장 가까이에 있는 사람을 미워한다는 사실, 자기의 가장 가까이에 있는 사람으로부터 미움받는다는 사실은 매우 불행한 일입니다."

윗글은 故 신영복 선생의 20년 20일간에 걸친 교정시설 내의 삶을 담은 책 『감옥으로부터의 사색』에 담겨있는 글이다. '여름 징역살이'라는 제목으로 1985년 8월에 쓰인 이 글은 당시 수용자가 과밀수용으로 겪는 고통뿐만 아니라 과밀수용이 정부 당국으로부터 큰 문제의식 없이 장기간 철저하게 방치됐다는 사실을 보여준다. 그러나 정작 과밀수용에 대한 사법적 문제 제기가 시작된 것은 그로부터 한참이나 더 지난 후였다.

과밀수용에 대한 사법적 문제 제기의 시작은 〈부산지방변호사회〉에서 진행한 공익소송으로 알려져 있다. 〈부산지방변호사회〉는 2011년 부산교도소 수형자 2명을 대리하여 국가에 배상을 청구하는 공익소송을 제기했다. 수십 년 동안 정부 당국에 의해 방치되어 온 과밀수용 문제가 처음으로 법원의 판단을 받게 된 것이다.

〈부산지방변호사회〉가 제기한 위 소송에서 수형자들은 과밀수용이 『대한민국 헌법』과 『시민적 및 정치적 권리에 관한 국제규약』, 『유엔 최저기준규칙』 등의 국제인권기준에 반하는 불법 행위임을 주장하며 국가에게 손해배상을 할 의무가 있음을 강조했다. 국가가 수용자들에게 최소한 1인당

2.58㎡ 이상의 공간을 확보해 주어야 할 법적 의무가 존재한다는 것이다. 이러한 주장은 2011년 당시 법무부 비공개훈령인 『법무시설 기준규칙』이 1인당 면적을 2.58㎡로 규정하고 있는 사실에 근거한 것이다. 최소한 국가가 정한 기준이라도 지켜달라는 요청이었다.

참고로, 『법무시설 기준규칙』이 규정하는 혼거실 1인당 기준 면적은 1992년 1.65㎡, 2002년 2.48㎡, 2006년 2.58㎡, 2014년 화장실 제외 3.40㎡로 점차 늘어나다가 2017년에는 화장실까지 포함한 면적이 3.40㎡로 오히려 줄어든 상황이다.[29]

그럼에도 2014년 2월 20일 부산지방법원은 수형자들에게 2.58㎡ 이상의 공간을 확보해 줄 법적 의무가 국가에 없고, 국가가 과밀수용함으로써 수용자들의 기본적 인권을 수인한도를 넘을 정도로 침해하지 않았다며 〈부산지방변호사회〉의 공익소송을 기각했다.[30] 이에 원고인 수형자들은 항소를 제기했고, 이는 다음에 과밀수용에 대한 국가배상책임을 인정한 첫 대법원판결로 이어진다.

헌법재판소에 인간의 존엄과 가치를 묻다

2013년 3월, 〈부산지방변호사회〉가 수형자 2명을 대리하여 법원에 제기한 사법적 문제 제기에 이어 헌법재판소에도 과밀수용에 관한 문제가 제기

---

29) 국가인권위원회 2018. 11. 5.자 17직권0002100·16진정0380801 등 25건(병합) 구금시설 과밀수용으로 인한 수용자 인권침해 직권조사 등 결정

30) 부산지방법원 2014. 2. 20. 선고 2011가합13633 판결

되었다. 청구인은 〈천주교인권위원회〉의 활동가로, 그는 집회 참여를 이유로 대법원으로부터 벌금 70만 원의 확정판결을 받았다. 그러나 벌금의 납부를 거부하고 경찰에 자진 출두한 그는 2012년 12월 18일부터 20일까지 서울구치소에 노역 수형자로 수용되었다. 그곳에서는 6인이 정원인 수용실에 수용되었는데, 실제 수용 기간 수용된 인원은 4~6인이었다.

그가 수용된 수용실의 바깥 표지판에는 수용실의 면적이 8.96㎡로 기재되어 있었다. 하지만 수용실의 실제 면적은 그에 이르지 못했다. 그는 자비로 구매한 편지지에 눈금을 그려 수용실의 실제 면적을 계산했다. 편지지로 계산된 수용실의 실제 면적은 싱크대와 보관대를 포함하더라도 7.419㎡, 포함하지 않으면 6.687㎡에 불과했다. 따라서 싱크대와 보관대를 포함한 면적을 기준으로 계산한 1인당 수용 면적은 1.24㎡~1.85㎡[31]에 지나지 않았다.

청구인은 2012년 12월 20일에 석방된 뒤 이듬해 3월 7일에 인간의 존엄과 가치 및 행복 추구권, 인격권, 인간다운 생활을 할 권리 등 기본권을 침해한다는 이유로 헌법재판소에 그 위헌 확인을 구하는 헌법소원 심판을 청구했다. 이는 〈천주교인권위원회〉의 결정으로 '유현석 공익소송기금'의 지원을 받아 청구될 수 있었다.

그리고 2016년 12월 29일, 헌법재판소는 재판관 9인의 전원일치 의견으로 '과밀수용'이 인간의 존엄성을 침해하는 공권력 행사로 위헌임을 확인했다.[32] 헌법재판소는 과밀수용이 일방적으로 행한 공권력의 행사라는 점을

---

31) 헌법재판소는 실제 내부 공간을 기준으로 개인사용 가능 면적을 1.06㎡~1.59㎡로 보았다.

32) 헌법재판소 2016. 12. 29. 선고 2013헌마142 결정

인정하였으며, 비록 청구인이 석방되었어도 헌법적 해명의 필요성을 받아들여 예외적으로 헌법소원 심판 청구의 이익을 인정했다. 또한 교정시설의 1인당 수용 면적이 수형자의 인간으로서의 기본 욕구에 따른 생활조차 어렵게 할 만큼 지나치게 협소하다면, 이는 그 자체로 국가형벌권 행사의 한계를 넘어 수형자의 존엄과 가치를 침해하는 것으로 판단하였다. 즉 인간으로서 최소한의 품위를 유지할 수 없을 정도로 과밀한 공간에서 이루어진 수용은 헌법 제10조[33]가 보장하는 인간의 존엄과 가치를 침해한다는 것이다.

인간의 존엄과 가치는 헌법 이념의 핵심이자 헌법의 기본 원리이다. 과밀수용이 다른 개별 기본권이 아니라 인간의 존엄과 가치를 훼손한다고 판단한 헌법재판소의 결정은 과밀수용이 헌법이 용납할 수 없는, 절대적으로 금지되어야 할 중대한 인권 침해임을 확인한 것이다. 그와 더불어 수십 년간 지속되어 온 과밀수용이 더 이상 방치되어서는 안 될 문제라는 점을 명확하게 확인한 것이라 하겠다.

헌법재판소는 과밀수용의 다양한 문제점도 지적했다. 오늘날 교정의 목적이 재사회화再社會化에 있음을 확인하고, 이를 달성하기 위해서는 적절한 환경과 조건이 갖추어져야 한다고 설명했다. 과밀수용이 위생 상태를 불량하게 하고, 질병이 퍼질 가능성을 높이며, 관리 인원이 부족하게 되어 수형자의 일상생활에 부정적인 영향을 미칠 수 있고, 수형자 간 긴장과 갈등을 고조시켜 교정사고가 빈발하게 만들 수 있음을 지적했다. 또한 과밀수용은 결국 교정시설의 질서 유지에 부정적인 영향을 줄 뿐만 아니라 교정 역량

---

33) "모든 국민은 인간으로서의 존엄과 가치를 가지며, 행복을 추구할 권리를 가진다. 국가는 개인이 가지는 불가침의 기본적 인권을 확인하고 이를 보장할 의무를 진다."

까지도 저하시키며, 이는 수형자의 재사회화를 방해하는 것으로 이어진다고도 꼬집었다. 즉 과밀수용은 교정의 목적인 재사회화를 저해하는 공권력 행사로서 어떠한 경우에도 정당화될 수 없는 것이다.

한편, 4명의 재판관(박한철, 김이수, 안창호, 조용호)의 보충의견도 있었다. 그들은 적어도 2.58㎡ 이상의 수용 면적을 상당한 기간 이내에 확보하는 것이 필요하다는 보충의견을 냈다. 위 4명의 재판관은 늦어도 5년에서 7년 이내에 2.58㎡의 수용 면적을 충족하도록 하여야 하고, 그 기준을 충족한 이후에도 지속적으로 개선이 필요하다는 의견을 피력했다. 헌법재판소의 해당 결정이 2016년 12월에 선고되었기 때문에 현재의 시점에서 따져보면 위 4명의 재판관이 제시한 기간은 이미 경과해버린 것이다.

원심을 뒤집은
고등법원의 국가배상책임 인정 판결

헌법재판소의 결정 이후 이듬해인 2017년 〈부산지방변호사회〉가 항소한 사건의 심리가 부산고등법원에서 진행되었다. 부산고등법원에서 수용자 측은 부산교도소가 헌법과 『형의 집행 및 수용자의 처우에 관한 법률』에 따라 적어도 1인당 2.58㎡ 이상의 공간을 확보해 주는 것과 같이 교정시설 수용자들의 인간적 존엄성과 건강이 유지될 수 있는 수준으로 구금시설을 유지할 의무를 위반했다는 점을 주장했다.

이에 부산고등법원은 헌법이나 관련 법령에 최소한의 수용 면적이 정해져 있지 않기 때문에 국가에게 1인당 2.58㎡ 이상의 공간을 확보할 의무가 없다고 보았다. 이는 헌법재판소의 보충의견을 인정하지 않은 것이다. 다만 부산고등법원은 "1인당 수용 거실 면적이 인간으로서의 기본 욕구에 따른 생활조차 어렵게 할 만큼 지나치게 협소하다면, 그 자체만으로도 이미 국가 형벌권 행사의 한계를 넘어 헌법에 보장된 인간의 존엄과 가치를 침해하는 것으로 보아야 한다"라고 판결했다. 즉 헌법재판소의 결정을 인용하며 수용자들을 과밀수용한 것이 인간의 존엄과 가치를 침해하는 행위로서 수용자들의 기본권을 침해한다고 판단한 것이다.[34]

또한 부산고등법원은 과밀수용이 수인한도를 초과하는 기본권 침해 행위라는 것을 판단하는 기준을 제시했다. 해당 법원은 수용자의 신체 조건, 생활 습관, 수용 거실의 구조, 교정시설 및 수용 거실 증설에 필요한 예산 등 여러 가지 요소들을 종합적으로 고려하여 수용 면적을 "구체적인 사정에 따라 개별적으로 결정"하여야 할 것이라고 보았다. 그리고 법원은 1인당 수용 거실 면적이 2㎡에 미달한 경우에는 과밀수용이 위법하다는 판단을 했다. 명시적으로 2㎡ 이상일 경우 과밀수용이 위법하지 않다고 판단하지는 않았지만, 사실상 2㎡를 과밀수용의 기준으로 제시한 것이다. 부산고등법원이 과밀수용을 불법 행위로 인정하고, 국가의 배상책임을 인정한 것은 긍정적인 성과이긴 하다. 그러나 부산고등법원이 설정한 2㎡의 과밀수용 기준은 해외 사례뿐만 아니라 국내 예규 등을 보았을 때 다소 이해하기 어려운 판결이었다.

한편, 부산고등법원은 국가가 교정시설 신축 계획을 세우고 추진하는 등 교정 환경 개선을 위해 상당한 노력을 하였고, 실제로 거실 면적의 증가 및

---

34) 부산고등법원 2017. 8. 31. 선고 2014나50975 판결

1일 평균 수용인원 감소 등과 같은 성과를 거두기도 한 점이나 정부의 경제 규모와 예산 등 이 사건 변론에 나타난 여러 사정을 언급하며, 원고들에게 각각 150만 원과 300만 원의 위자료만을 인정했다. 원고들이 과밀수용된 기간은 각각 186일과 323일로 장기간인데, 정작 위자료를 고작 150만 원 또는 300만 원으로 정한 것이다.

이상에서 살펴본 것처럼 부산고등법원의 항소심 판결은 과밀수용에 대한 국가의 책임을 인정한 첫 판결이라는 점에서 의미가 있다. 다만 판결의 구체적 내용이 과밀수용을 판단하는 기준을 2㎡로 국한한 점, 과밀수용에 대한 위자료를 현저히 적은 액수로 정한 점에서 인간의 존엄과 가치 침해를 인정한 헌법재판소 결정의 취지에 부합하는 판결이라고 보기는 어렵다. 이러한 부산고등법원의 판결에 대해서는 법무부가 상고를 제기했고, 결국 대법원에서 이 과밀수용 사건이 다뤄지게 되었다.

과밀수용의 위법성을 인정한 대법원, 그러나…

부산고등법원의 판결에 대한 상고가 2017년 제기된 이후, 대법원은 약 5년 동안 과밀수용 국가배상 문제에 관한 최종적인 판단을 내리지 않았다. 대법원이 사건을 지체하고 있는 사이 하급심 법원에서는 부산고등법원이 제시한 수용자 1인당 2㎡ 기준보다 더 가혹한 수용자 1인당 1.4㎡ 기준을 적용하여 수용자들이 패소한 사례가 나오기도 했다.

그러던 2022년 7월 14일이 되어서야 대법원은 법무부가 제기한 상고를 모두 기각하는 판결을 선고했다.[35] 대법원은 먼저 1인당 수용 면적이 인간으로서의 기본적인 욕구에 따른 일상생활조차 어렵게 할 만큼 협소하다면 과밀수용이 수용자의 인간으로서의 존엄과 가치를 침해한다는 점을 확인했다. 헌법재판소가 형성한 법리가 대법원으로 이어진 것이다. 그리고 대법원은 과밀수용이 인권 존중, 권력 남용 금지, 신의 성실과 함께 공무원으로서 지켜야 할 준칙이나 규범을 지키지 않은 경우로서 불법 행위에도 해당한다고 보았다. 즉 과밀수용으로 수용자의 인간으로서의 존엄과 가치가 침해되었다면 그 수용 행위는 "법령을 위반한 공무원의 가해 행위"가 될 수 있다고 본 것이다. 이는 과밀수용이 수용자의 인권을 유린하는 불법 행위라는 점을 사법적으로 확인한 것이다.

한편, 대법원은 원심판결(항소심) 이유에 일부 적절하지 않은 부분이 있음을 지적하면서도 원심판결이 수용자 1인당 도면상 면적이 2㎡ 미만인 거실에 수용되었는지를 위법성 판단의 기준으로 삼아 원고들에 대한 피고의 국가배상책임을 인정한 것은 수긍할 수 있다고 보았다. 즉 대법원도 2㎡ 미만을 사실상 과밀수용의 판단 기준으로 삼은 것이다. 그리고 원심판결과 마찬가지로 원고들에게 각각 300만 원과 150만 원의 위자료를 인정했다.

이처럼 2011년 공익소송을 제기한 시점으로부터 무려 11년이 흐른 뒤에야 '과밀수용이 위법하다'라는 최고법원의 판결이 선고되었다. 11년 만에 선고된 대법원의 판결은 수십 년간 방치되어 온 과밀수용의 위법성과 국가책임을 사법부가 인정했다는 상징성을 가진다. 하지만 대법원의 판결에도

---

35) 대법원 2022. 7. 14. 선고 2017다266771 판결

〈표〉 주요 국가의 최소 수용기준 면적

국가명	최소 수용기준 면적	국가명	최소 수용기준 면적
UN	개인의 건강 유지에 필요한 면적	독일	개인당 9㎡(연방정부 권고사항) *독일 연방헌법재판소도 독거실 9㎡, 혼거실 1인당 7㎡를 보장해야 한다고 판결
국제 적십자사	독거실 5.40㎡	일본	독거실 4.65~5㎡
미국	독거실 5.57㎡		2인실 10㎡
	2인실 7.43㎡		혼거실(1인당) 7.20㎡
	3인실 14㎡	폴란드	개인당 2.97㎡
영국	개인당 5.40㎡	태국	개인당 2.25㎡
	독거실 6.80~7.20㎡	한국	독거실 4.62㎡
	2인실 9.80~10.60㎡		혼거실(1인당) 2.58㎡

※ 국가인권위원회 2018. 11. 5.자 17직권0002100·16진정0380801 등 결정에서 재인용

불구하고 과밀수용의 문제는 여전히 개선되지 않고 있다.

　대법원판결 이후 하급심 법원은 기계적으로 수용자 1인당 2㎡를 기준 삼아 과밀수용의 위법성을 판단하고 있다. 대법원이 2㎡를 과밀수용을 판단하는 일종의 기준으로 제시하였기 때문이다. 그 결과 『법무시설 기준규칙』등이 정하는 1인당 수용 면적 기준 3.4㎡는 더욱 무의미해지고 있다.

　해외 사례와 국제인권기준에 비추어보았을 때 2㎡를 최저 기준으로 삼아 과밀수용을 판단하는 것은 결코 정당하지 않다. 〈유엔 고문방지위원회〉는 2024년 7월 대한민국 정부를 심의하면서 수용자 1인당 2.58㎡가 보장되더라도 이는 국제 기준에 어긋난다고 지적했다. 〈유럽 고문방지위원회〉는 혼거실의 경우 1인당 수용 면적의 최저 기준을 4㎡(위생시설 모두 제외)로

정하고 있고, 영국, 독일, 일본 등 다양한 국가들도 1인당 4㎡ 이상의 수용 면적을 최저 기준으로 보장하고 있다. 다시 말해 대법원이 정한 1인당 2㎡ 라는 기준은 국제 기준에 현저히 미달한 기준으로, 과밀수용 문제를 해결하기보다 오히려 대다수의 과밀수용 문제를 묵인하고 정당화하는 데 이용될 여지가 커 보인다.

앞서 살펴보았듯이 대법원은 323일간 과밀수용된 피해자에게는 300만 원, 186일간 과밀수용된 피해자에게는 150만 원만을 위자료로 인정했다. 이는 하루에 1만 원도 안 되는 금액으로, 피해자의 존엄성 회복에 도움이 되기보다는 오히려 모욕을 주는 것과 다름없어 보인다. 과밀수용은 그 본질이 인간의 존엄과 가치를 침해하는 위헌·위법한 불법 구금이다. 그렇다면 다른 사건에서 발생한 불법 구금의 예와 마찬가지로 위자료의 액수가 산정될 필요가 있다.

참고로 『형사보상 및 명예회복에 관한 법률』 제5조 제1항은 "구금에 대한 보상을 할 때에는 그 구금일수에 따라 1일당 보상청구의 원인이 발생한 연도의 『최저임금법』에 따른 일급 최저임금액 이상 대통령령으로 정하는 금액 이하의 비율에 의한 보상금을 받는다"라고 규정하고 있는데, 실제 보상은 통상 일급 최저임금액의 2~3배 정도로 이뤄진다. 최소한 피해자들에 대한 위자료가 형사보상에 준하는 수준으로 지급되는 것이 피해자의 존엄과 가치를 존중하는 것이자 국가가 갖추어야 할 최소한의 예우가 아닐까 생각해 본다.

오늘도 정부는 과밀수용 문제를
개선할 생각이 없다

헌법재판소 결정이 선고된 지 7년이 지났다. 2024년은 보충의견을 낸 재판관들의 취지대로라면 수용자 1인당 2.58㎡ 이상의 면적이 당연히 보장되는 교정시설 환경이 구축되었어야 한다. 그러나 정부는 여전히 과밀수용 문제를 방치하고 있다. 그 결과 2.58㎡의 면적조차 보장받지 못한 수용자들이 다수 존재한다. 정부는 이러한 상황을 개선하기 위한 노력을 하고 있을까?

2024년 7월 10일과 11일 양일 〈유엔 고문방지위원회〉의 제6차 정부보고서 심의가 있었다. 〈유엔 고문방지위원회〉 위원들은 수용자 1인당 2.58㎡의 면적을 보장하는 지침 그 자체도 국제인권기준에 부합하지 않는다고 평가했다. 그들은 법무부에 내부규칙 개정 등을 통해 수용자 1인당 면적을 개선할 계획이 있는지를 질의했다. 법무부는 해당 위원들 앞에서 내부규칙이 규정하는 면적을 확대 개정하기는 어렵다는 입장을 밝혔다. 또한 대법원판결 이후 한국에서 과밀수용이 인정된 사례는 6건에 불과하다며, 과밀수용 문제가 큰 문제가 아니라는 취지의 답변을 했다.

인간의 존엄과 가치는 어떠한 경우에도 훼손되어서는 안 될 핵심적 기본권으로 국가의 적극적인 보호가 필요하다. 헌법재판소와 대법원이 과밀수용을 인간의 존엄과 가치 침해로 판단한 이상 이를 개선하지 않겠다는 정부의 태도는 정부가 스스로 수용자가 지닌 인간의 존엄과 가치를 직접 훼손시키겠다는 의미와 다름없다.

〈유엔 고문방지위원회〉는 결국 과밀수용과 관련하여 아래와 같이 우려

사항과 권고 사항을 발표했다. 그리고 수용자 1인당 면적 문제와 관련해서는 "관련 지침과 법률"을 개정할 것을 구체적으로 권고했다.

구금의 조건

16. 위원회는 구금 장소의 물질적 조건을 개선하고 교정시설의 수용률을 낮추기 위해 취해진 조치들, 즉 진행 중인 건설 및 개보수 프로젝트, 가석방을 촉진하기 위한 전자 모니터링 시스템, 교도소에서 근무하는 의사들의 급여와 근무 조건의 향상을 위한 조치, 그리고 원격 화상 진료와 외부 의료지원의 이용이 늘어난 것을 인정한다. 그럼에도 위원회는 다음 사항에 대해 우려를 표한다:

(a) 정부 대표단이 제공한 정보에 따르면 2023년 전국 교도소 수용률이 113%에 이르는 과밀상태의 지속;

(b) 다인실의 수용자 1인당 최소 수용 면적(수감자당 2.58㎡)의 국제 기준 미달;

(...)

17. 당사국은 유엔 피구금자 처우에 관한 최저기준규칙(넬슨 만델라 규칙)에 부합하는 구금 조건을 마련하기 위한 노력을 강화해야 한다. 특히 다음에 따라야 한다.

(a) 교도소 및 기타 구금 시설의 과밀화를 줄이기 위한 추가 조치를 취해야 한다. 그 조치는 구금의 대안을 더 활용하고 교도소 및 기타 구금 시설 인프라의 개발 및 개조 계획을 지속적으로 이행하는 것을 포함한다. 이와 관련하여, 위원회는 비구금 조치에 관한 최소기준규칙(도쿄 규칙)과 여성 재소자 처우 및 여성 피의자 비구금 조치에 관한 유엔 규칙(방콕 규칙)에 대한 당사국의 주의를 환기한다.

(b) 다인실을 포함하여 수용자 1인당 최소 생활 공간이 국제 기준에 부합하도록 관련 지침과 법률을 개정해야 한다.

모두의 존엄을 위한
문제 제기

"옴짝달싹하게 되어 마치 양계장의 A4용지보다 작다는 케이지의 닭 신세가 됩니다. 21세기 한복판에서 영화 속의 외국 교도소를 생각

하면 안 되지만, 주면 먹고 접견 오면 잠시 빠져나갔다가 다시 들어가
는 가련한 신세였습니다."

  – 전주교도소 수감 과밀수용 피해자

  (교정시설 과밀수용 집단 국가배상 청구 소송 원고) 진술서 중에서

"여름에는 민감해진 사람들이 옆 사람 코 고는 소리에 깨거나 입에
서 나는 단내까지 모조리 감수하며 자야 합니다. 콩나물시루라는 말
이 바로 이런 상태입니다. 사정이 이러하다 보니 수용자 간의 다툼으
로 징벌 사동으로 가거나 폭행 등 추가 사건에 연루되는 경우가 있습
니다. 한마디로 인간으로서 생활할 수 없을 정도로 과밀한 공간에서
24시간 재판을 앞두고 초조한 시간을 보내고 있습니다."

  – 서울구치소 수감 과밀수용 피해자

  (교정시설 과밀수용 집단 국가배상 청구 소송 원고) 진술서 중에서

피해자들이 위와 같이 증언하듯이 수많은 수용자가 여전히 과밀수용으
로 고통받고 있다. 교정시설 과밀수용 집단 국가배상 청구 소송을 제기하
는 피해자들의 증언은 故 신영복 선생의 글에 담긴 1985년의 상황과 현재
가 다르지 않다는 것을 보여준다. 헌법재판소와 대법원이 과밀수용이 위헌
이자 위법이라고 보아도, 과밀수용의 문제는 끝나지 않았다. 오히려 정부는
헌법재판소와 대법원이 남겨준 틈을 이용하여 과밀수용 문제를 계속 방치
하려 하는 모습을 보인다.

정부는 앞서 대법원판결 이후 한국에서 과밀수용이 인정된 사례는 6건

에 불과하다고 한다. 헌법재판소와 대법원의 판결에도 수용자들은 직접 소송을 통해 권리구제를 받기가 여의찮은 것이 현실이다. 소송을 제기하는 것 외에 다른 구제 수단이 없고, 소송을 제기하더라도 교정시설은 수용 관련 자료의 제출을 거부하여 입증을 어렵게 만든다. 설상가상으로 소액의 위자료만 인정하는 하급심 법원의 판단은 수용자를 좌절케 한다. 2011년으로부터 13년이 지난 2024년에 〈천주교인권위원회〉와 〈민주사회를 위한 변호사모임 공익인권변론센터〉가 교정시설 과밀수용에 관한 집단 국가배상 청구 소송을 제기할 수밖에 없는 이유이기도 하다.

2024년에 제기된 교정시설 과밀수용 집단 국가배상 청구 소송은 기존의 대법원판결과 헌법재판소 결정의 한계를 극복하기 위해 제기된 소송이다. 대리인단은 국제인권기준에 어긋나는 과밀수용 면적 기준과 위자료 산정의 문제를 지적함으로써 과밀수용의 피해자들이 진정으로 존엄을 회복할 수 있는 판결이 집단소송을 통해 선고될 수 있기를 기대하고 있다. 더불어 소송이라는 방법에 국한하지 않고, 과밀수용 문제를 근본적으로 해결하기 위해 존엄성 보장에 필요한 1인당 수용 면적을 법률로 규정하기 위한 입법 활동 역시 소송과 병행될 예정이다.

끝으로, 인간의 존엄과 가치는 개인이 가지는 불가침의 존엄성을 의미하기도 하지만, 타인의 존엄성을 존중하는 것을 의미하기도 한다. 우리와 함께 살아가는 타인이 인간으로서 가지는 최소한의 품위마저 유지할 수 없게 하는 과밀수용의 문제는 과밀수용된 수용자의 존엄성 문제만이 아니라 우리 모두의 존엄성의 문제이기도 하다. 따라서 2011년부터 제기된 모든 사법적 문제 제기는 수용자뿐만 아니라 우리 모두의 존엄성을 지키기 위한 문제 제기인 것이다.

 헌법재판소의 결정과 대법원의 판결에도 불구하고 과밀수용의 문제는 지금도 진행형이다. 우리 모두의 존엄성이 훼손되고 있는 만큼 헌법재판소 결정과 대법원판결의 한계를 극복하기 위해 과밀수용에 관한 우리 사회 구성원 모두의 관심과 노력, 그리고 문제 제기가 지속될 필요가 있다.

누가 내 머리칼의
'단정함'을 정의하는가?

트랜스젠더 수용자 강제 이발 지시 불이행 징벌 사건

이소아[36)]

2014년 1월 17일 오전 10시 15분, 기동순찰팀[CRPT]이 광주교도소 2-1하
ᅡ 2실을 뒤지기 시작했다. 트랜스젠더 여성[MTF] 수용자 김 아무개 씨가 홀로
갇혀 있는 방이었다. 기동순찰팀은 김 씨의 방에서 보온 물병 덮개 1개와
모포 3개, 부채 1개를 발견했고, 곧바로 김 씨를 조사수용[37)]했다. 김 씨는
보온 물병 덮개는 배급받은 온수병을 따뜻하게 하려고 모포를 잘라 주머니
모양으로 이어 붙인 것을 출소자로부터 받은 것이고, 모포 3개는 입실할 당
시부터 이미 거실에 있던 것이며, 부채 1개 또한 안양교도소 수용 당시 여
름에 에너지 절약을 위해 교도소 측에서 나눠 준 것이라 해명했지만 소용

---

36) 공익변호사와 함께하는 동행('동행') 변호사

37) 교정시설의 소장은 규율을 위반했다고 의심할 만한 상당한 이유가 있는 수용자를 기존 수
   용실에서 조사수용실로 분리하여 수용할 수 있고, 이 경우 접견이나 실외 운동 등 다른 사
   람과의 접촉을 제한할 수 있다. 조사수용의 요건은, 징벌 대상자가 증거를 인멸할 우려, 다
   른 사람에게 위해를 끼칠 우려, 혹은 다른 수용자의 위해로부터 보호할 필요가 있는 때이
   다. 그러나 현실에서는 이를 폭넓게 해석하여 거의 모든 징벌 대상자를 조사수용함으로써
   징벌위원회에서 규율 위반 여부를 인정하기 전에 처우 제한이라는 불이익을 준다는 비판이
   있다.

없었다.

그 후로 1월 29일 광주교도소 징벌위원회는 금치 9일의 징벌을 의결했다. 이에 따라 김 씨는 조사수용된 때로부터 징벌이 종료된 2월 6일까지 21일간 징벌방에 감금되었다. 조사수용 기간은 금치 기간에 산입되지 않았다.

징벌의 이유는 두 가지였다. 김 씨의 방에서 발견된 보온 물병 덮개 등을 허가 없이 소지한 점, 그리고 정당한 사유 없이 교도관의 직무상 지시를 따르지 않았다는 점이었다. 기동순찰팀의 거실 특별검사가 있기 35분 전인 오전 9시 40분쯤 광주교도소 수용관리팀장이 위생을 위해 필요하다며 이발을 지시하자, 김 씨가 이를 거부했다는 것이다. 징벌방에 갇힌 김 씨는 공동행사 참가, 신문 열람, 텔레비전 시청, 의사가 처방한 의약품을 제외한 자비구매 물품 사용, 작업, 전화 통화, 집필, 서신 수수, 접견을 제한당했다.

나는 김 씨가 징벌처분 취소를 위한 행정소송을 원한다는 소식을 듣고 광주교도소에서 김 씨를 접견했다. 그곳에서 만난 김 씨는 긴 생머리를 빗어 하나로 묶거나 틀어 올리고 있었다. 곱슬머리에다가 이틀에 한 번 머리를 감고 잘 빗지도 않는 나보다 훨씬 단정하고 위생적이었다. 교도소 측이 강제 이발 지시의 이유로 내세운 '청결'이 사실은 핑계였을 가능성이 높아 보였다. 김 씨는 성전환 수술을 하지는 않았지만, 본인의 성 정체성을 여성으로 인식하는 트랜스젠더였다. 자신의 성 정체성을 있는 그대로 드러낼 수 없거나 아니면 반복하여 증명해야 하는 구차함을 견뎌야 하는 당사자로서는, 모든 생활이 통제당하는 교도소 안에서 머리카락을 기르는 것 이외에는 자신의 성 정체성을 놓치지 않고 침해받지 않을 방법이 거의 없는 상황이었다.

2014년 3월에 소송을 제기할 당시 징벌처분 취소를 구하는 우리 원고 측 논거는 간명했다. 헌법 제37조 제2항에 따라 어떤 기본권을 제한하기 위해서는 법률에 근거가 있어야 하는데, 법률의 근거 없이 강제 이발 지시를 내리고 이에 불응하자 징벌처분을 내린 것은 위법하다는 것이었다.

강제 이발 거부로 징벌방에 갇히다

교도소 수용자에 대한 대표적인 인상이 있다. 머리카락을 빡빡 깎는다는 것이다. 과거에는 그랬다. 옛 『행형법』 제23조는 "수형자의 두발과 수염은 짧게 깎는다"라고 하여 강제 이발의 법적 근거를 뒀다. 옛 『행형법 시행령』 제93조 제1항은 "수형자의 두발은 1월에 1회 이상, 수염은 10일에 1회 이상 짧게 깎아야 한다"라고 규정했다. 당시 법무부 예규인 『수용자 이발 등 지침』은 남자 수형자의 앞머리는 10㎝, 뒷머리·옆머리는 각 2㎝로 규정했다. 이에 더해 징벌을 받으면 앞머리 3㎝의 스포츠형으로 짧게 깎을 수 있도록 했다. 여자 수용자의 경우 '단발 커트형' 또는 '파마 웨이브형'을 원칙으로 했다.

이후 강제 이발은 인권 침해라는 인식이 확산함에 따라 옛 『행형법』이 2007년 『형집행법』으로 전면 개정되면서 강제 이발의 법적 근거는 삭제되었다. 『형집행법』 제32조는 "수용자는 자신의 신체 및 의류를 청결히 하여야 하며, 자신이 사용하는 거실·작업장, 그 밖의 수용시설의 청결 유지에 협력하여야 한다"(제1항), "수용자는 위생을 위하여 두발 또는 수염을 단정하게 유지하여야 한다"(제2항)라고 규정하고 있을 뿐이다. 다른 사정이 없는 한 머리카락이 길다고 해서 곧바로 위생 등에 해롭다고 단정할 수는 없으므로 이는 강제 이발의 법적 근거가 될 수 없다.

그러나 피고인 광주교도소 측은 이 조항이 강제 이발을 가능하게 하는 법령의 근거라고 주장했다. 피고 측 논리대로 한다면 트랜스젠더가 아닌 여성 수형자들도 모두 위생에 해로우므로 강제 이발을 해야 한다. 그러나 이들이 강제 이발을 당하는 경우는 거의 발생하지 않는다는 점을 고려한다면 트랜스젠더 여성에 대하여 단지 머리가 길다는 이유로 이 조항을 근거 삼아 이발을 강제하는 것이 적절한 근거가 될 수는 없다.

한편, 법무부령인 『교도관직무규칙』 제33조 제1항은 "(교도관은) 수용자로 하여금 자신의 신체와 의류를 청결하게 하고, 두발 및 수염을 단정하게 하는 등 위생관리를 철저히 하도록 지도하여야 한다"라고 규정하고 있다. 그러나 여기서 '지도'란 권력적·법적 행위에 의하지 않고 행정의 목적을 달성하기 위한 수단으로서 행정객체에 협력을 구하는 행위이다. 『행정절차법』은 '행정지도'를 "행정기관이 그 소관 사무의 범위에서 일정한 행정목적을 실현하기 위하여 특정인에게 일정한 행위를 하거나 하지 아니하도록 지도, 권고, 조언 등을 하는 행정작용"(제2조 제3호)이라고 정의하면서 "행정지도는 그 목적 달성에 필요한 최소한도에 그쳐야 하며, 행정지도의 상대방의 의사에 반하여 부당하게 강요하여서는 아니 된다"(제48조 제1항)라고 규정하고 있다. 나아가 『행정절차법』은 "행정기관은 행정지도의 상대방이 행정지도에 따르지 아니하였다는 것을 이유로 불이익한 조치를 하여서는 아니 된다"(제48조 제2항)라고 규정하고 있다. 따라서 『교도관직무규칙』의 지도 조항 또한 수용자의 의사에 반하는 강제 이발의 법적 근거는 될 수 없다. 강제 이발은 법적 근거 없이 수용자의 기본권인 신체의 자유를 제한한다는 점에서 위법하며, 따라서 교도관의 강제 이발 지시도 정당한 지시라고 볼 수 없다. 그럼에도 교도소 측은 부당한 지시를 이행하지 않았다는 이유로 김 씨에게 금치 징벌을 결정한 것이다.

이미 2010년 〈국가인권위원회〉도 구치소 수용자 강제 이발 사건에 대해 "타인에게 위해를 미치지 않는 범위 내에서 자신의 문제를 자신의 의사에 따라 자유롭게 결정할 수 있는 진정인의 자기결정권을 침해한 것"이고, "신체의 외형적 형상이 물리적인 힘에 의해 침해당하지 않을 자유, 즉 진정인의 신체의 자유를 침해한 것"이라고 판단한 바 있다.[38]

존재에게
자신의 존재를 증명하라는 요구

여기에 더해 피고 광주교도소 측은 원고의 징벌이 이미 끝났으므로 소의 이익이 없고, 원고가 트랜스젠더라는 것을 믿을 수 없으며, 교도소에서 생활 편의를 도모할 목적으로 트랜스젠더로 가장하고 있다는 의심이 든다며 당사자에 대한 광범위한 건강보험 내역 사실조회를 신청해 왔다. 하지만 징벌이 이미 끝났어도, 또 당사자의 형기가 종료되었다 하더라도 징벌 기록이 남아 있고, 이것이 누적된다면 소의 이익은 그대로 유지되기에 첫 번째 주장은 쉽게 배척되었다.

여기서 심각한 것은 피고 측이 두 번째 주장을 하면서 원고가 트랜스젠

---

38) 국가인권위원회 2010. 4. 26.자 09진인4676 결정(강제 이발에 의한 인권침해)

더임을 증명하기 위한 사실조회 신청을 한 것이다. 이 사건 처분의 위법성의 본질은 '강제 이발의 법적 근거가 없다'라는 것이다. 그러나 피고 측은 그 본질을 흐리면서 사건의 쟁점이 아닌 원고의 성 정체성을 증명해 보라는 항변을 한 것이다. 존재에게 그 존재를 증명하라고 하는 것만큼 모욕적인 것이 또 어디 있을까? 문제는 '법정'에서 재판부가 이런 모욕적인 존재 증명을 그대로 받아들이는 경우가 있다는 점이다. 1심에서는 원고가 성소수자라는 점이 사건의 법리적인 쟁점이 아니라고 반박하여 피고 측의 사실조회 신청은 결국 배척되었다. 그러나 항소심에서는 원고가 성소수자라는 점을 재판부에서 직접 확인하고자 하였다. 결국 교도소에 있는 당사자는 자신의 비용을 추가로 들여 재판정에 직접 출정할 수밖에 없었다.

법원
"강제 이발 지시는 부당"

2014년 10월 광주지방법원 제1행정부(재판장 박강회)는 징벌처분을 취소하는 원고 승소 판결을 내놨다. 재판부는 "(형집행법은) 수용자는 위생을 위하여 두발 또는 수염을 단정하게 유지하여야 한다고 규정하고 있을 뿐 구 행형법과 같이 두발의 길이를 제한하는 규정을 두고 있지 않으므로, 수용자는 성별에 상관없이 두발의 단정함을 유지하는 범위 내에서 두발을 길게 기르는 것도 가능하다", "두발의 단정함을 유지한다는 것이 반드시 두발의 길이가 짧은 것을 의미하는 것은 아니고, 두발의 길이가 길더라도 관리 여하에 따라서는 충분히 단정함을 유지할 수 있는 것", "(교도관은) 수용자 본인의 의사에 반하면서까지 두발의 단정함을 유지하게 한다는 목적으로 두발을 짧게 자를 것을 지시할 수는 없다"라고 판단하여 강제 이발의 법적 근거가 없음을 확인했다.

재판부는 보온 물병 덮개 등 미허가 물품 소지에 대해서는 규율 위반을 인정하면서도 "그 자체로 위험성을 내포하고 있지 않고, 피고의 허가 여하에 따라 충분히 소지가 가능한 물품에 해당"하므로 "원고의 규율 위반행위로 인하여 수용시설의 안전과 질서 유지에 직접적으로 중대한 장애를 초래한다고 보기는 어렵다"라며 징벌처분이 재량권의 범위를 일탈·남용하여 위법하다고 판단했다.

이에 교도소 측이 항소했으나, 2015년 4월 광주고등법원 제1행정부(재판장 박병칠)는 1심 판결의 취지를 대부분 유지하며 항소를 기각했다. 그러나 재판부는 "집단적인 생활에 있어 위생은 개인의 문제를 넘어 집단구성원 전체의 안전과 건강에도 직결되는 문제인 점" 등을 이유로 "법률유보가 없어졌다고 단정할 것은 아니"라고 판단함으로써 강제 이발의 법적 근거가 없다는 원고의 주장은 배척했다. 반면 재판부는 미허가 물품 소지에 대해서는 "원고가 이 사건 물품을 외부로부터 반입하였거나 이를 직접 제작하였다는 등의 사정도 보이지 않고, 달리 위 물품을 소지한 경위에 대한 원고의 진술이 허위라고 단정하기도 어렵다"라고 판단했다.

결국 패소한 교도소 측이 상고하지 않아 강제 이발의 법적 근거에 관한 대법원의 판단은 받을 수 없었다. 나는 패소하면 기계적으로 항소·상고하던 국가가 이 사건에서는 상고하지 않은 이유가 강제 이발의 법적 근거에 관한 대법원 판단을 회피하기 위한 것은 아니었는지 여전히 의심스럽다.

다시
출발점에 서다

이 사건은 애초 트랜스젠더 김 씨 개인의 권리구제를 위한 것이었으나, 판결의 취지는 트랜스젠더 여부와 상관없이 모든 수용자에게 해당한다. 법원은 두발의 단정함을 유지하기만 한다면 수용자 본인 의사에 반하는 강제 이발이 허용될 수 없음을 분명히 했다. 판결의 영향인지는 모르겠지만, 1심 선고와 2심 선고 사이에 개정된 『수용관리 업무지침』(법무부 예규 제1077호) 제95조의2 제4항은 "소장은 성전환 수용자의 위생을 위하여 두발을 단정하게 유지할 의무가 있음을 교육하고, 두발 길이 등에 관하여는 최대한 자율을 보장하는 등 성소수자의 특성을 고려하여 처우하여야 한다"라고 규정했다. 이 사건을 통해 '두발 길이의 자율을 최대한 보장'하는 방향으로 제도의 변화를 이끌어 낸 것이다.

그러나 (정확한 시점은 확인하기 어렵지만) 위 예규가 다른 훈령과 통폐합되면서 만들어진 『수용관리 및 계호업무 등에 관한 지침』(법무부 훈령 제1211호) 제39조 제5항은 "소장은 성소수 수용자의 성적 정체성에 맞게 처우하되, 두발 길이 등 자신의 신체 및 의류를 청결히 유지하도록 교육하여야 한다"라고 규정하는 데 그쳤다. '최대한 보장'이라는 그럴싸한 말마저 사라졌다. 다시 출발점에 선 셈이다.

그 뒤로 2020년 4월 법무부는 성소수자 수용 처우의 가이드라인을 마련할 필요가 있다며 '성소수자 수용처우 및 관리 방안(수정)'을 만들었다. 여기에는 성소수자 수용자의 이발 관련 참고 사례로 이 소송의 사례가 포함되었다. 그러나 이 방안 또한 수용자 본인의 의사에 반하는 강제 이발을 금지하지 않았다.

상황이 이렇다 보니 이 사건 판결 이후에도 강제 이발 관행은 사실상 지속되고 있다. 2019년 7월 한 수용자는 교도소 이입 시 신입자 대기실에서 직원으로부터 머리카락이 길어 잘라야 한다는 말을 들었다. 이 수용자는 사진작가로서 오랫동안 머리카락을 길러왔는데, 이를 자르게 되면 출소 후 지인들이 이상하게 생각할 것 같아 "직업상 곤란한데 안 자를 수 없냐"라고 물었다. 그러나 직원은 규정 위반으로 합당한 제재를 가할 수밖에 없다고 답했다. 다음날 이 수용자는 수용자 이발장에 도착해서도 머리카락을 자르는 것에 대한 불만을 표했으나, 지시를 이행하지 않으면 제재를 당할 수 있다는 두려움과 함께 보다 나은 처우를 위해 2급 교도소로 가야 하는 형편이라 외형상 강력하게 저항 의사를 표할 수 없었다고 한다. 결국 피해자는 자포자기 심정으로 머리를 자르게 되었다.

진정을 받은 〈국가인권위원회〉는 "비록 피해자가 적극적인 거부 의사를 표시하지 않고, 피진정인이 물리적 강제력을 동원하여 이발을 실시한 것이 아니라고 하더라도, 이 사건 이발 실시가 온전히 피해자의 자유로운 의사 결정에 의해 이루어졌다고 보기는 어렵다"라고 지적했다. 또한 "다수가 생활하는 교정시설의 특성상 수용자로 하여금 신체와 의류를 청결하게 하고, 두발 및 수염 등을 단정하게 할 필요성은 충분히 공감이 되나, 그렇다고 하여 이러한 필요성을 넘어 과도하게 수용자의 외형에 대한 의사결정권을 제한하는 것은 인간으로서의 기본권을 침해하는 것"이라고 판단했다. 이에 〈국가인권위원회〉는 "피진정인에게 위생상 문제 등 불가피한 경우를 제외하고는 수용자의 자유의사에 반하여 이발이 실시되는 일이 없도록 소속 직원에게 직무교육을 실시할 것"을 권고했다.[39] 이 사건에서 이발은 외형상 피해자의 동의를 얻은 것처럼 보인다. 그러나 수용자는 교도관의 이발 지시를 거부했다가는 모종의 불이익을 받을 수 있다는 공포감을 가질 수밖에 없는 처지이다. 수용자에 대한 강제 이발을 제도적으로 금지하지 않는 한 교정시설의 강제 이발 관행은 지속될 것이다.

미국 연방대법원으로 간 턱수염 금지 사건

미국에서는 턱수염을 금지한 사례가 있다. 미국 아칸소주 재소자인 그레고리 홀트는 독실한 이슬람교도로 그 종교적 믿음에 따라 턱수염을 기르고자 했다. 그러나 아칸소주 교정부는 특별한 예외를 제외하고는 수염을 기르지 못하게 금지하고 있었다. 이에 홀트가 종교적 이유를 근거로 예외를 요청하며 타협안으로 1/2인치의 수염이라도 유지할 수 있도록 해줄 것을 제안했다. 그러나 교도관은 그 요청을 거절했고, 홀트는 연방지방법원에 제소했다. 연방지방법원은 보안에 관한 교도관의 권리를 존중하여야 하고 당사자가 다른 방법으로 종교적 행위를 할 수 있음을 들어 기각했다.

그러나 이 판결은 연방대법원에서 대법관 전원일치 의견으로 뒤집혔다. 연방대법원은 특별히 편의 제공을 거부하는 시설들에게 그 정책이 "간절한 이익을 증진하기 위한 최소제한적인 수단임"을 입증하도록 요구한다고 강

---

39) 국가인권위원회 2019. 12. 26.자 19진정0684600 결정(교도소의 과도한 두발 규제로 인한 인권침해)

조하면서 입증 책임 역시 편의 제공을 거부하는 시설들에게 지웠다.[40] 교정부는 재소자들이 면도기, 바늘, 마약 등 온갖 종류의 금지 품목들을 감추는 데 턱수염을 이용할 수 있다고 우려했다. 그러나 연방대법원은 "재소자에게 1/2인치의 턱수염을 기르도록 허용함으로 인해 이러한 이익이 심하게 훼손될 것이라는 주장을 진지하게 받아들이기는 어렵다"라고 지적했다. 또한 "1/2인치 턱수염에 감추기 위해서는 금지 품목이 매우 작아야 할 것이고, 재소자는 그 물건이 떨어지지 않도록 막기 위한 방법을 찾아야 할 것"이라며, "재소자들이 더 긴 머리카락을 놔두고 1/2인치 턱수염에 금지 품목을 감추려 한다는 주장은 이해하기 어렵다"라고 꼬집었다.

한편, 교정부는 턱수염을 금지하는 정책이 재소자의 신원을 신속하고 정확하게 파악할 수 있도록 한다고도 주장했다. 교정부는 턱수염을 기른 재소자들이 교도소 내 제한구역에 들어가기 위해서나 탈옥하기 위해, 또는 탈옥 후 체포를 피하기 위해 면도를 함으로써 외모를 바꿀 수 있다고 주장했다. 그러나 연방대법원은 "교정부는 다른 여러 주들과 마찬가지로 이미 재소자의 수감 시, 그리고 수감 중 외모 변화가 있을 시 어느 때라도 사진을 찍는 정책을 갖고 있다"며 이러한 주장을 일축했다.

누가 내 머리칼의 '단정함'을 정의하는가?

"우리는 처음으로 우리의 언어로는 이런 모욕, 이와 같은 인간의 몰

---

40) Holt v. Hobbs, 574 U.S.___(2015), 135 S. Ct. 853(2015. 1. 20. 결정)

락을 표현할 수 없다는 것을 깨달았다. 순식간에, 거의 예언적인 직관과 함께 현실이 우리 앞에 고스란히 정체를 드러냈다. 우리는 바닥에 떨어져 있었다. 밑으로는 더 이상 내려갈 곳이 없었다. 이보다 더 비참한 인간의 조건은 존재하지도 않았고 상상할 수도 없었다. 우리 것은 이제 아무것도 없었다. 그들은 옷, 신발, 심지어 머리카락까지 빼앗아 갔다. 우리가 말을 해도 그들은 우리의 말을 듣지 않을 것이다. 설사 들어준다 해도 이해하지 못할 것이다. 그들은 우리의 이름마저 빼앗아 갈 것이다. 우리가 만일 그 이름을 그대로 간직하고 싶다면 우리는 우리 내부에서 그렇게 할 수 있는 힘을 찾아내야만 할 터였다. 그 이름 뒤에 우리의 무엇인가가, 우리였던 존재의 무엇인가가 남아 있게 할 수 있는 힘을 찾아내야만 했다."[41]

아우슈비츠 제3수용소에서 옷과 신발과 머리카락을 뺏겨 알몸이 된 프리모 레비는 당시를 회상하며 "그들은 우리의 이름마저 빼앗아 갈 것이다"라고 썼다. 교정시설 수용자이자 성소수자라는 이중의 소수자성을 가진 김씨가 징벌방을 선택하면서까지 지키려고 했던 것은 단지 머리카락이 아니라 이름이었을지도 모른다. 이름을 간직할 수 있는 힘이었을지도 모른다.

이 사건을 진행하면서 오래전 학교 교문에서 교사가 '바리캉'으로 학생들의 머리를 밀어버리던 시절이 떠올랐다. 피지배자의 머리카락을 강제로 잘라 모욕감을 주는 것은 권력관계의 우열을 보여주기 위한 전형적인 수단이

---

41) 프리모 레비(2007). 이것이 인간인가 (이현경 옮김). 돌베개. 34쪽.

다. 강제 이발의 이유로 학교에서는 훈육을, 감옥에서는 위생을 핑계로 대지만, 사실 그것은 지배와 통제의 수단 그 이상도 그 이하도 아니다. "누가 내 머리칼의 '단정함'을 정의하는가?"라는 질문에 그들은 답하지 않음으로써 권력관계를 증명한다. 권력은 신체를 지배함으로써 자신의 권능을 드러낸다는 오래된 진실을 이 사건은 다시 한번 보여줬다.

헌재 결정도 무시하던 경찰,
공익소송으로 바뀐 유치장 화장실

경찰서 유치장 화장실 국가배상 청구 사건

허윤정[42]

화장실이
개방형이라니

우리의 일상에서 우연찮게 경험하게 되는 경찰서, 그 안에는 우리가 익히 잘 아는 '유치장'이라는 공간이 있다. 범죄 혐의가 있는 사람, 즉 피의자를 일시적으로 수감하는 곳으로 텔레비전에도 자주 등장한다. 나도 형사변론을 하면서 유치장에 수감된 피의자를 종종 접견했지만, 유치장 내부를 실제로 본 적은 없어 텔레비전에서 본 정도로 인식하고 있었다. 쇠창살이 둘러쳐진 네모난 방에 사람들이 쭈그려 앉아 있는 모습 정도로 말이다. 그런데 2013년 공익소송을 준비하면서 유치장의 실상을 처음 알게 되었다. 결론부터 말하자면 교도소보다 훨씬 낙후된 상태였고, 그 상태가 예상보다 심각했다.

---

42) 법무법인 지엘 변호사, 천주교인권위원회 이사

[그림] 2013년 1심에서 경찰청이 증거로 제출한 「여성전용 유치실」 시범운영 계획' 중 일부를 발췌

　소송 당사자들은 집시법 등의 위반 혐의로 짧게는 6시간에서 길게는 48시간 동안 경찰서 유치장에 수감되었고, 그 사이 유치실 안에 있는 화장실을 사용해야 했다. 유치장 화장실은 가림막이 제대로 설치되어 있지 않아서 이용하는 사람의 신체 부위 등이 그대로 노출되고, 환기 시설이 없어 용변 과정에서 발생하는 역겨운 냄새와 소리가 그대로 흘러나오는 구조였다. 당사자들은 누군가 화장실을 이용하면 이용자뿐만 아니라 유치장 안에 있는 다른 사람들도 모두 곤혹스러워했다고 한다. 이들은 화장실 이용이 부끄럽고 수치스러워서 조사를 빨리 받고 어서 유치장을 벗어났으면 좋겠다는 생각만 들었다고 덧붙였다.

　우리가 일상에서 접하는 경찰서는 오래된 건물도 있지만 위치나 외관상으로 볼 때 제법 번듯한 경우가 많다. 그런데 21세기 대한민국의 경찰서 안에 그런 화장실이 있다니 놀라웠다. 경찰은 '개방형'이라는 그럴듯한 명칭을 붙였지만, 사실은 '노출형'이 아닌가.

해묵은 숙제, 개방형 화장실

유치장의 개방형 화장실 문제는 해묵은 숙제였다. 2000년 6월 18일 새벽 2시경 서울 구로구 모 회사 앞에서 『집회 및 시위에 관한 법률』 위반 혐의로 현행범으로 체포돼 같은 날 오전 9시부터 같은 달 20일 새벽 2시까지 영등포경찰서 유치장에 수용된 송모 씨는 심리적 불안을 안정시킬 틈도 없이 또 한 번 난감한 일을 겪어야만 했다. 급한 용변을 보기 위해 화장실에 가고 싶었지만, 유치장 내에 마련되어 있는 화장실은 앞뒤 벽면의 높이가 70여 센티미터밖에 되지 않아 밖에서 훤히 들여다보이는 구조였기 때문이다. 용변을 볼 때마다 소리와 냄새가 유치장 내 거실로 직접 새어 나가거나, 옷을 벗고 입는 과정에서 둔부 아래가 다른 유치인들에게 노출될 우려가 있어 송 씨는 가능하면 화장실 가는 횟수를 줄이려고 애썼다. 특히 유치실 밖에 있는 같은 층의 경찰관들이나 유치실을 앞쪽에서 내려다 볼 수 있는 2층에 있는 경찰관들에게 옷을 추스르는 과정에서 허벅지 등이 보일 수 있다는 생각에 더욱 그랬다. 용변을 볼 때마다 수치심과 당혹감, 굴욕감을 느낀 송 씨는 함께 갇혔던 또 다른 여성과 함께 2000년 8월 인간으로서의 존엄과 가치가 침해됐다며 헌법소원을 내기에 이르렀다.[43]

2001년 헌법재판소 전원재판부는 위 사건에서 "청구인들이 (…) 영등포경찰서 유치장에 수용되어 있는 동안 차폐시설(가림막시설)이 불충분하여 사용 과정에서 신체 부위가 다른 유치인들 및 경찰관들에게 관찰될 수 있

---

43) 2000헌마546

고 냄새가 유출되는 실내화장실을 사용하도록 강제한 피청구인의 행위는 헌법 제10조에 의하여 보장되는 청구인들의 인격권을 침해한 것으로 위헌"임을 확인했다.[44] 즉, 경찰이 유치장 안에 개방형 화장실을 설치하고 관리한 행위는 위헌이라고 판단한 것이다. 헌법재판소는 "일반적으로 유치인들의 동태에 대한 감시가 필요하다 하더라도 이러한 감시가 가능하면서도 덜 개방적인 다른 구조의 시설 설치가 불가능한 것도 아니다"라며, "예를 들어서, 하체를 가려줄 만한 높이의 하단부 차폐벽 위에 반투명한 재료를 사용한 차폐시설을 설치하여 어느 정도 그 행동을 감시할 수 있도록 하면서도 신체 부위의 노출과 냄새의 직접적 유출을 막고, 용변을 보는 자로 하여금 타인으로부터 관찰되고 있다는 느낌을 보다 덜 가질 수 있는 독립적 공간을 만들 수 있는 것"이라고 밝혔다.

이에 2006년 경찰청은 국민 인권을 강조하면서 1미터 높이의 가림막만 있던 개방형 화장실을 개선하여 별도의 독립공간형 화장실, 즉 밀폐형 화장실을 만들겠다고 약속했다. 그러나 경찰청은 그 약속을 지키지 않았다. 경찰청 발표 후 6년이 지난 2012년 8월경 〈천주교인권위원회〉가 경찰청으로부터 받은 정보공개 자료에 따르면, 유치장이 있는 전국 112개 경찰서 중 62.5%에 달하는 70개 경찰서에는 밀폐형 화장실이 아예 없고 개방형 화장실만 있었다. 또한 경찰서 유치장 내 화장실은 925곳이었는데, 이 중 밀폐형 화장실은 전체의 12.5%에 불과한 116곳이었고, 나머지는 모두 개방형 화장실이었다.

---

44) 헌법재판소 2001. 7. 19. 선고 2000헌마546 결정

당시 경찰서 유치장은 대부분 부채꼴 모양으로 담당 경찰관(유치인 보호관)이 앉는 자리에서 모든 유치실을 감시할 수 있는 구조였고, 남녀 혼용으로 2개 이상의 유치실을 두어 남녀를 구분하여 수용하고 있었다. 그런데 유치장 내 화장실이 용변 현장이 노출되는 개방형이니 결국 수감자는 담당 경찰관 및 불특정 동성, 이성 앞에서 용변을 보아야 하는 상황이었다.

특히 2012년 10월경 〈천주교인권위원회〉가 경찰청으로부터 받은 또 다른 정보공개 자료에 따르면, 매년 유치장에 수감되는 10만 명 안팎의 사람 중 여성이 약 1만 명에 이르는데도 유치인 보호관으로 근무하는 여성은 전국적으로 105명에 불과했다. 게다가 강원청, 충북청, 충남청, 전남청 산하 경찰서에는 여성 유치인 보호관이 한 명도 없는 실정이었다. 유치 공간이 남녀가 각각 분리되어 있지 않고, 유치장 내 안전관리 담당자 대부분이 남성이었으므로 여성 수감자는 더 큰 불쾌감과 수치심을 느낄 수밖에 없다.

이와 관련해 〈국민권익위원회〉와 〈국가인권위원회〉도 같은 문제를 지적했다. 2012년 9월경 〈국민권익위원회〉는 남녀가 유치장을 혼용하는 문제를 개선할 것을 경찰청에 권고했다. 〈국민권익위원회〉가 1심 법원에 제출한 '유치장 운영 및 환경 개선' 의결서에 따르면, "전국 112개 모든 유치장은 물리적 구획 구분 없이 남녀 혼용 유치장으로 운영"되고 있는데 "화장실 사용 소음이 그대로 들려 수치심 때문에 생리적 욕구 해결이 곤란"했다. 또한 "『유치장 설계 표준 규칙』에도 불구, 개방형 화장실이 설치된 경찰서도 다수 있고, 앉은 자세로 사용하는 수세식 변기도 일부 있으며, 방음은 대부분의 유치장에서 미흡한 것으로 확인"되어 2013년 12월까지 유치장 내에 밀폐식 화장실을 전면 설치할 것을 권고했다.

2013년 2월 〈국가인권위원회〉가 발표한 광역 유치장 3곳에 대한 방문 조사 결과에서도 일부 광역 유치장의 경우 유치장 내 화장실이 높이 1미터의 여닫이문으로 되어 있고, 밀폐되어 있지 않아 냄새 및 소리를 차단할 수 없는 것으로 드러났다. 〈국가인권위원회〉는 "이는 경찰청이 자체적으로 마련한 『유치장 설계 표준 규칙』에도 위배되는 것"이라며 경찰청장에게 시설 개선을 권고했다.

대법원
"개방형 화장실은 인격권 침해"

이처럼 헌법재판소의 위헌 결정 이후에도 개방형 화장실은 10년 넘게 유지되었고, 결국 〈천주교인권위원회〉는 공익소송을 진행하기로 결정했다. 그에 따라 2013년 3월, 유치장 내 개방형 화장실로 정신적 고통을 겪은 40여 명이 국가를 상대로 각 50만 원의 위자료를 청구하는 소송을 제기했다. 소송 대상 경찰서는 서울청 산하 12곳 등 전국 6개 지방청 산하 21곳이었다.

1심을 맡은 서울중앙지법 민사25단독 하헌우 판사는 2016년 9월 "용변을 보는 사람의 얼굴이 유치실 내 다른 유치인들이나 경비경찰관들에게 직접 보일 수밖에 없는 구조이고, 용변 시 발생하는 불쾌한 소리나 악취가 유치실 내로 직접 유입되도록 되어 있으며, 용변 전후 옷을 추스르는 과정에서도 신체의 일부가 다른 사람들에게 노출될 수 있을 뿐만 아니라, 이 사건 각 유치장 중 상당수는 유치실의 구조가 부채꼴 형태로 되어 있어 용변을 보는 사람이 다른 유치실에 수용된 유치인들의 시선에까지 노출될 수 있는 상태에 있었고, 유치장의 특성상 24시간 내내 조명을 일정 조도 이상으로 유지하고 있어 화장실을 이용하는 유치인들이 더욱 수치심을 느낄 수 있는 상황이었다"라고 판단했다.

또한 하 판사는 개방형 화장실 사용이 "인간으로서 수치심과 당혹감, 굴욕감을 느끼게 되고, 나아가 이러한 불쾌감을 느끼지 않기 위하여 가급적 용변을 억제하는 등 육체적 고통을 겪었을 가능성도 크며, 아울러 다른 유치인이 용변을 보는 경우에도 같은 공간에 노출되어 불쾌감과 역겨움을 느꼈을 것임은 일반인의 경험칙상 명백"하고, "인간으로서의 기본적 품위를 유지할 수 없도록 하는 인격권의 침해에 해당"한다며 국가가 원고들에게 각각 위자료 10만 원을 지급하라고 판결했다. 그 뒤 2심을 맡은 서울중앙지법 제1민사부(재판장 이태수)도 2017년 6월 같은 이유로 항소를 기각했으며, 2017년 10월 대법원 제1부(주심 김용덕 대법관)는 상고를 기각(심리불속행)하고 원심판결을 확정했다. 소 제기 후 4년 만에 법원이 개방형 화장실이 인격권 침해라는 판결을 확정한 것이다.

극단적 선택 막으려면 화장실을 개방해야 한다?

소송 중 경찰청은 개방형 화장실이 필요한 이유로 일반인이 유치장에 수감되면 극도의 흥분 상태가 되고, 밀폐된 장소가 있으면 그 안에서 극단적인 선택을 할 수 있기 때문에 유치장 수감자의 안전을 위하여 화장실을 개방해 놓아야 한다고 주장했다. 과연 그럴까. 극도의 흥분 상태에 빠진 사람이 듣고 싶지 않아도 다른 사람의 용변 소리를 들어야 하고, 보고 싶지 않아도 화장실 이용자의 움직임을 볼 수밖에 없고, 맡고 싶지 않아도 용변 냄새를 고스란히 맡아야 하는 공간에 있게 된다면 이제 정말 나락으로 떨어졌다는 절망감을 느끼지 않을까. 그런 상황이 수감자를 더 불안하게 만들지 않을까.

이에 대해 법원은 유치장이라는 공간의 특수성 관점에서 살펴볼 때 개방형 화장실 사용 강제는 인권 침해라고 판단했다. 경찰서 유치장은 체포영장 또는 현행범으로 체포되었으나 아직 구속영장이 발부·집행되지 않은, 혐의가 분명하지 않은 사람이 잠시 머무는 공간이다. 유치장의 비인권적인 상황은 오히려 정당한 방어권 행사를 막을 수 있으므로 감시와 통제에 신중을 기할 필요가 있는데도 개방형 화장실 사용을 강제하는 것은 과도하다는 것이다.

한편, 경찰청은 예산상의 문제로 어쩔 수 없이 화장실 개선 사업이 늦어진 것이라는 주장도 폈다. 그러나 법원은 "유치장 화장실의 개선이 피고가 즉시 이를 시행할 수 없을 정도로 과다한 예산을 필요로 하는 조치라고 볼 만한 자료도 부족하고, 특히 헌법재판소의 결정이 2001년에 있었고 피고의 경찰청 예규가 2007년경 이미 밀폐형 화장실을 원칙으로 하는 방향으로 개정되었음에도 불구하고, 원고들이 수용된 2010년에서 2012년에 이르기까지도 시설 개선이 이루어지지 못하였다는 것은 단지 피고의 예산상 문제가 그 원인이라고 보기 어렵다"라고 판단했다. 예산의 문제가 아니라 의지의 문제라는 것이다.

그렇다면 유치장과 비슷하게 인신을 구금하는 교도소나 구치소는 어떨까? 2009년 대법원은 교도소 수용자가 수용 거실 내 차폐시설이 불충분한 화장실을 사용하면서 신체의 일부가 노출되는 등으로 수치심이나 굴욕

[그림] 2014년 법무부가 정보 공개한 '독거화장실 출입문 설치 결과보고'(2009. 12. 30.) 중 부산구치소의 설치 전·후 사진

감을 느꼈다면 국가가 위자료를 지급해야 한다고 판결했다.[45] 법무부는 판결 직후인 2009년 7월에 전 교정기관을 대상으로 '독거화장실 출입문 설치 계획 시달'이라는 공문을 시행하여 일반 수용 거실의 화장실을 밀폐형으로 개선했다. 이에 비해 경찰청은 해당 예산을 오히려 줄이고 있었다. 소송 과정에서 확인한 바에 따르면, 2013년 당시 8조 원이 넘는 경찰청 예산 중 유치장 개선을 위하여 배정한 예산은 20억 원에 불과했고, 1년 뒤인 2014년에는 오히려 15억 원으로 줄었다.

인권의 사각지대를 남기지 않기 위하여

내가 이 사건을 수행한 후 경찰청은 유치장 내 화장실을 개방형에서 밀폐형으로 개선해 왔다. 2021년 7월 〈천주교인권위원회〉가 경찰청으로부터

---

45) 대법원 2009. 6. 25. 선고 2008다24050 판결

받은 정보공개 자료에 따르면, 전국의 모든 유치장 화장실이 밀폐형으로 개선되었다. 다만, 유치장마다 1~2곳씩 설치된 보호 유치실의 경우 개방형 화장실이 유지되고 있어 여전한 과제로 남아 있다. 보호 유치실은 자해 등의 우려가 있는 유치인을 최대 6시간 수용할 수 있는 유치실로, 이곳의 변기 및 세면기는 안전을 위하여 바닥에 설치하고, 별도의 차폐막은 설치하지 않도록 하고 있었다.

이에 2019년 12월 〈국가인권위원회〉는 보호 유치실에 수용된 유치인이 화장실을 이용하는 모습이 폐쇄회로텔레비전CCTV으로 녹화되어 굴욕감을 느꼈다면서 제기한 진정에서 이를 인권 침해로 판단하고, 차폐시설을 설치하도록 『유치장 설계 표준 규칙』을 개정할 것을 권고했다. 그러자 경찰청은 2020년 7월 해당 규칙을 개정하여 보호 유치실 변기마다 바닥으로부터 1m 높이의 불투명한 개방형 차폐막을 설치하도록 했다. 이는 일반 유치실에서는 사라진 개방형 화장실이 보호 유치실에서는 여전히 유지되고 있다는 의미로, 보호 유치실 수용 여부는 경찰이 결정하므로 그 남용 가능성에 유의해야 할 것이다.

평소 형사변론을 하면서 구치소에 수감된 피고인들과 접견하는 일이 자주 있는 나는 이들로부터 "처음 경찰에게 체포되어 경찰서 유치장에 갇혔을 때 정신이 없었는데, 여기 구치소에 오니 오히려 차분해진다", "이제 생각이 좀 정리되는 것 같다"라는 말을 듣곤 했다. 그리고 체포되었다가 불구속 형사재판을 받는 피고인들로부터는 "유치장은 다시는 생각하고 싶지 않은 곳"이라는 말을 흔히 들었다. 그럴 때마다 나는 갑작스러운 체포·구금으로 인한 공포와 두려움, 낯선 환경 때문일 것이라고 막연히 생각한 적이 있다. 그런데 유치장의 실상을 알고 나서부터는 감시와 통제의 효율성만 강조해 지나치게 열악한 구조의 화장실 사용을 강요하여 인간으로서 기본적 품위를 유지할 수 없게 만드는 유치장의 비인권적인 상황이 이들을 궁지로 내몰 수도 있겠다고 생각했고, 피고인들 말에 공감할 수 있게 되었다.

『형사소송법』에 따라 사법경찰관은 체포한 피의자를 구속하고자 할 때는 체포한 때로부터 48시간 이내에 검사에게 구속영장을 신청해야 한다. 사법경찰관이 피의자를 구속한 때에는 10일 이내에 피의자를 검사에게 인치하거나 석방해야 하므로, 피의자가 경찰서 유치장에 머무는 기간은 짧다. 피의자의 입장에서 볼 때 유치장은 짧은 기간 머무는 공간으로, 경찰 조사 후 구속이 결정되면 구속의 장기화나 재판 걱정 때문에 짧은 유치장 생활은 기억 밖으로 사라지게 된다. 그리고 만약 혐의가 없는 것으로 밝혀지거나 불구속이 결정되어 풀려나게 되면 짧은 수감 기간을 기억하고 싶어 하지 않는다. 그러다 보니 우리와 가장 가까이 있던 경찰서 유치장이 인권의 사각지대로 오랫동안 방치되어 있을 수 있었을 것이다. 그러나 마지막으로 우리가 꼭 기억해야 할 사실 하나는 형사절차에서 피의자와 피고인의 인권 보장 규정과 그 실현의 정도는 문명국의 수준을 가늠하는 중요한 잣대라는 것이다.

브래지어가
자살 도구가 될 수 있을까?
유치장 강제 속옷 탈의 국가배상 청구 사건

허윤정[46]

2008년 8월 〈국립과학수사연구소〉(현 국립과학수사연구원, 이하 '국과수') 물리분석과에서 색다른 시험이 진행됐다. 시중에 판매되는 브래지어 4종을 놓고 각각의 제품이 얼마만큼의 힘을 견딜 수 있는지 알아보는 것이다. 시험 결과, 브래지어 제품별로 최소 54kg, 최대 83kg의 무게를 견뎌낼 수 있는 것으로 확인되었다. 당시 〈경찰청 인권보호센터〉[47]는 브래지어에 목을 매 자살하는 것이 가능한지 여부를 확인하고자 위 시험을 의뢰하였고, 시험 결과는 브래지어가 자살 도구가 될 수 있다는 경찰의 근거 자료로 활용되었다.

---

46) 법무법인 지엘 변호사, 천주교인권위원회 이사

47) 경찰청은 2004년 인권 탄압에 대한 반성으로 수사국에 총경 등 6명으로 구성된 〈범죄피해자대책실〉을 설치하고, 2005년 2월에 이를 총경 등 9명의 〈인권보호센터〉로 확대 개편하였다. 그리고 그해 7월에는 과거에 대한 반성과 각오의 의미로 인권 탄압의 상징처럼 알려졌던 구(舊) 남영동 청사에 〈경찰청 인권센터〉를 설립하였다.

국과수의
색다른 시험

이명박 정권이 출범한 2008년은 미국산 쇠고기 수입 반대 촛불집회로 시작됐다. 그리고 그해 8월 15일 저녁 서울에서 100번째 촛불집회가 열렸다. 한국은행 앞에서 〈815 평화행동단〉 등 주최 측 추산 1만여 명의 시민들이 "한미 쇠고기 재협상" 등의 구호를 외치며 시위를 벌였다. 이때 경찰은 색소가 섞인 물대포를 쏘며 시민들을 강제 해산시키고 체포했다. 경찰은 방송차를 통해 "파란 잉크가 묻은 사람은 전부 연행하라"고 지시했다.

이날 집회에서 체포된 시민들 가운데 여성 31명은 서울에 있는 8개의 경찰서로 연행됐다. 그리고 다음날, 마포경찰서에 연행된 한 여성이 자신이 유치장에 수용될 때 경찰이 브래지어를 벗을 것을 강요했다고 폭로하는 일이 벌어졌다. 여성은 처음에는 거부하였으나, 경찰이 "자살 위험 등 때문에 정해진 규정"이라며 계속 요구하여 결국 브래지어를 벗어 경찰에 맡겼다. 이때 여성은 한여름 복장인 얇은 반팔 티셔츠를 입고 있었는데, 물대포를 맞아 옷이 완전히 젖은 상태였다. 그리고 여성은 곧바로 남성 경찰에게 조사를 받았다.

뒤이어 강남경찰서와 중부경찰서에서도 브래지어 강제 탈의가 있었다는 증언과 언론 보도가 잇따랐다. 어떤 여성 경찰은 남성 경찰과 남성 유치인들이 모두 들을 수 있을 만큼 큰 목소리로 브래지어를 벗으라고 요구하였다. 여성들은 얇은 티셔츠가 물대포에 젖어서 속살이 훤하게 보이는 상태에서 경찰 조사를 받았다.

이런 사실이 알려지면서 경찰의 브래지어 강제 탈의에 대한 비난 여론이

빗발쳤다. 그러자 비난 여론을 잠재우기 위하여 경찰의 요청으로 국과수가 색다른 시험을 진행하게 된 것이다.

브래지어 탈의가 정당하다는 국가인권위원회 결정

피해자들은 먼저 〈국가인권위원회〉의 문을 두드렸다. 그해 10월 〈국가인권위원회〉는 "브래지어를 탈의하게 한 후 아무런 보완적 조치 없이 약 48시간을 유치장 내에서 생활하게 하고 경찰조사를 받도록 한 것은 (…) 인격권을 침해한 것"이라면서 경찰청장에게 "브래지어 탈의 요구 시 그 취지를 충분히 이해할 수 있도록 설명하고 (…) 탈의한 후 성적수치심을 느끼지 않도록 하는 보완조치를 강구하고 (…) 관련 규정을 개정할 것"을 권고했다.[48] 이 결정은 유치장 수감 시 브래지어를 강제로 벗게 하는 것은 정당한 공권력 행사이므로 문제가 없고, 다만 강제력을 동원하기 전에 탈의 절차를 잘 설명하고 탈의 후 보완조치를 강구하라는 것이어서 많은 비판을 받았다.

경찰은 〈국가인권위원회〉의 권고를 등에 업고 유치장 수감 시 브래지어 강제 탈의 기조를 유지하면서 강제 탈의 후 '보완조치'로 '조끼'를 선택하였다. 2008년 국회 행정안전위원회 국정감사에서 속옷 탈의는 인권 침해라는 지적이 나오자, 경찰은 "속옷 탈의는 유치인의 생명과 신체를 보호하기 위한 조치임을 반드시 사전에 고지하고, 유치인 동의 후 제출받도록 업무 절차를 시행"하겠다고 밝혔다. 또한 경찰은 여성 속옷 대신 착용할 수 있도

---

48) 국가인권위원회 2008. 10. 9. 자, 08진인3135·08진인3140·08진인3141 병합 결정

록 여성 유치인용 조끼 240개(서별 평균 7.8개)를 전 경찰서 유치장에 비치했다고 보고했다.[49]

이에 피해자들은 유치장 수감 시 무조건 브래지어를 강제 탈의시키는 것은 매우 부당한 공권력 행사라고 보았지만, 경찰의 제도개선 약속을 믿고 더 이상 문제 삼지 않기로 하였다.

3년 후, 광진경찰서

그러나 3년 후 같은 사건이 또다시 발생하였다. 경찰이 2011년 6월 10일 '반값 등록금' 집회에서 연행된 〈한국대학생연합〉 소속 여학생을 광진경찰서 유치장에 수감하면서 강제로 브래지어를 벗게 한 것이다. 경찰은 "브래지어를 위험물로 규정, 여성 유치인에 대해서는 브래지어를 탈의 조치하고 있고", "2002년 국가인권위원회·여성부 관계자가 참석한 '유치장 신체검사 개선 간담회'에서 브래지어가 '끈'과 '와이어'로 구성되어 자신·타인에게 위해를 줄 수 있다는 점에서 위험물로 보는 데 합의"했다고 해명 자료를 내놨다. 그들은 2008년의 첫 브래지어 강제 탈의 사건 이후 제도 개선을 약속하였으나, 전혀 이행하고 있지 않았던 것이다.

이 소식을 접한 2008년 8월 미국산 쇠고기 수입 반대 집회 당시 피해자들은 가만히 있을 수 없었다. 집회에 참여하는 여성들의 성적 수치심을 자극하는 방식으로 자행되는 브래지어 탈의를 막기 위하여 무엇을 할지 고민

---

49) 2008년도 국정감사결과 시정 및 처리 요구사항에 대한 처리결과 보고서(행정안전부 소관), 2009. 2.

하다가 법원의 판단을 받아보기로 하였다.

나는 이들 중 4명을 2011년 8월 5일 사무실에서 처음 만났다. 3년인 소멸 시효가 10일밖에 남지 않은 상황이었다. 따라서 긴급하게 사안을 정리하여 소멸 시효의 만료를 닷새 앞둔 8월 10일에 국가배상 청구 소장을 서울중앙지방법원에 접수했다.

재판에서 피고 대한민국은 브래지어가 자살 도구로 사용될 위험이 있다면서 탈의 조치가 합법적이었다고 강변했다. 앞서 소개한 국과수 소견을 근거로 "끈에 의하여 혈류가 차단되는 압력이 경부에 일정한 기간 지속될 수 있다면 의사[50]가 가능"하고, "우리나라 여성의 평균 몸무게가 56kg 정도인 점을 감안하면 브래지어에 의한 자살 가능성이 없다고 볼 수도 없다"라고 주장했다.

그러나 2012년 5월 1심 법원은 브래지어가 자살이나 자해에 이용될 수 있음을 이유로 유치인으로부터 이를 제출받도록 규정한 경찰업무편람은 행정기관 내부의 행정명령일 뿐 법규명령이 아니므로 경찰업무편람에 규정이 있다는 이유로 국민에게 브래지어 탈의를 강요할 수 없고, 법무부 소속 교정시설 내 여성 수용자의 경우 1인당 3개[51]의 범위 내에서 브래지어 소지가 허용되는 데 반하여 경찰서 유치장 내 여성 수용자의 경우 그와 달리 무조건적으로 브래지어 탈의 후 수감할 합리적인 이유가 없으며, 브래지어를 이용한 자살이 물리적으로 불가능한 것은 아니더라도[52] 유치인에게 피

---

50) 편집자 주) 목을 매어 죽는 것을 의미하며, '액사(縊死)'라고도 한다.

51) 현재는 5개로 늘었다.

52) 다만, 기록에 따르면 현재까지 우리나라에서는 이와 같은 사례는 없다.

해가 덜 가는 수단을 강구하지 아니한 채 무조건 브래지어 탈의를 요구하는 것은 과잉금지의 원칙에 반한다며 국가배상책임이 인정된다고 판결하였다. 이에 피고 대한민국이 항소·상고했으나, 2013년 6월 대법원은 최종적으로 국가배상책임을 인정하였다.

이후 경찰은 경찰업무편람을 개정하여 자살·자해 사고 유형에서 브래지어를 삭제했다. 또한 브래지어의 착용(소지)을 원칙적으로 허용하되, 자살 등의 우려가 큰 유치인에 한해서는 브래지어를 탈의 조치하고 스포츠 브래지어를 지급하라는 지침을 일선에 내렸다. 다만 브래지어 탈의 전에 그 이유를 충분히 설명한 뒤 동의를 얻어 탈의 조치하되, 유치인이 거부할 경우에는 강제 탈의를 금지했다.[53]

대법원판결 후에도 계속된 브래지어 탈의

대법원의 국가배상 판결과 경찰청 지침 개정 후 사라진 듯했던 브래지어 탈의는 2014년 다시 문제가 됐다. 2014년 5월 18일 세월호 참사를 추모하는 '가만히 있으라' 침묵 행진에서 연행된 시민들이 동대문경찰서 유치장에 수감되면서 브래지어를 탈의당했다. 이를 두고 한정애 당시 새정치민주연합 대변인이 동대문경찰서장 파면을 요구하는 등 파문이 커지자, 같은 달 24일 김경규 당시 동대문경찰서장은 홈페이지에 게시한 사과문을 통해 "여성 피의자에 대한 신체검사 시 자살 또는 자해 방지를 위해 속옷(브래지어)을

---

53) 경찰청 정보공개 결정통지서(수사기획과-12772), 2013. 7. 26.

탈의해 달라고 요청한 사실이 있다"라면서 "규정을 지키지 않은 부분이 발견되었으므로 향후 재발 방지를 약속드린다"라고 밝혔다. 이틀 뒤인 26일 이성한 당시 경찰청장도 "우리 직원이 분명 잘못한 것"이라며 사과했다.

그 뒤 세월호 참사 추모 집회 당시에 브래지어 강제 탈의를 당한 피해자들이 제기한 국가배상 청구 소송에서 2018년 10월 법원은 "(대법원 판례와 경찰청 수사국의 지침 변경에도 불구하고) 만연히 과거의 업무 관행에 의존하여 위 원고들에게 브래지어 등을 탈의하도록 조치하였다"라며 국가의 배상책임을 인정하는 판결을 하였고, 피고 대한민국이 항소를 포기해 판결은 확정됐다.

여성 집회 참여자들에 대한 브래지어 강제 탈의는 여성의 수치심을 건드려서 집회 참여 자체를 막고자 의도된 반인권적인 공권력 행사였다. 경찰은 대법원 확정판결에도 불구하고 이를 반복적으로 자행하였고, 용기 있는 여성들이 여러 어려움에도 불구하고 공권력에 맞서 싸움을 이어감으로써 2008년 촛불집회로부터 시작된 유치장 수감 시 브래지어 탈의 인권 침해 논란은 일단락된 것으로 보였다.

그러나 2016년 벌금 150만 원에 항의해 노역을 택한 유홍희 금속노조 기륭전자분회장이 서울구치소에서 강제로 속옷 탈의 검신을 당한 것으로 확인돼 재차 논란이 일었다. 그해 9월 9일 분회와 〈국가인권위원회제자리찾기공동행동〉, 〈천주교인권위원회〉 등이 밝힌 바에 따르면 유홍희 분회장은 같은 달 2일 외부인 면회에서 "다수의 교도관으로부터 부당한 신체검사를 당했다"라고 호소했다. 다음날 변호사 접견을 통해 3명의 교도관이 유 분회장의 양팔을 잡고 강제로 속옷을 벗긴 채 신체검사를 한 사실이 확인됐다. 이를 두고 김소연 전 기륭전자분회장은 "강제 탈의 과정에서 교도관들이 '모두 평등하게 알몸 신체검사를 받는다'며 피해자를 비웃는 말까지 했다"라면서 "유 분회장이 근육통과 타박상까지 입었다"라고 전했다.

지난 2008년 〈국가인권위원회〉는 "경찰이 속옷을 탈의하게 한 뒤 아무런 보완조치 없이 유치장에서 조사받도록 한 것은 헌법상 인격권을 침해한 것"이라며 경찰청장에게 규정 개정을 권고했고, 헌법재판소와 대법원도 "신체검사는 무제한적으로 허용되는 것이 아니라 목적 달성을 위해 필요한 최소한도의 범위 내에서, 수용자의 명예나 수치심을 포함한 기본권이 부당하게 침해되는 일이 없도록 충분히 배려한 상당한 방법으로 행해져야 한다"라는 취지로 판시한 바 있음에 불구하고 여성 수감자에 대해 속옷 탈의를 강제하는 행위는 여전히 끊이지 않았다.

강제 탈의의
진짜 이유를 묻는다

경찰은 '유치인에게 피해가 덜 가는 수단'으로 처음에는 조끼를 선택했고, 대법원판결 후에는 스포츠 브래지어를 선택했다. 어쨌든 자살을 방지하기 위해 유치인의 속옷을 그냥 둘 수는 없다는 태도이다. 그러나 브래지어뿐만 아니라 바지로도 목을 매려면 맬 수 있지만 유치인의 바지를 벗긴 채유치장에 수용하지는 않는다. 2003년부터 2008년 6월까지 유치장에서 목매어 자살한 사건은 총 7건이지만 브래지어로 자살한 사건은 단 한 건도 없었고, 같은 기간 구치소·교도소에서도 자살 사고 73건 중 72건이 목을 매어 자살(액사 및 교사)한 사건인데 여성 속옷으로 자살한 경우는 한 건도

없었다.[54]

유치장 수감 시 여성의 브래지어 강제 탈의를 고집하는 경찰에게 진짜 이유를 묻고 싶다. 흔한 유치장 형태인 부채꼴형 유치장은 유치인을 감시하기 쉽게 만들어져 있다. 남성과 여성 유치실은 나뉘어져 있으나, 시선과 소리가 서로 넘나든다. 게다가 대부분의 유치인 보호관(경찰)은 남성이다. 피해자들은 공통적으로 이런 유치장 안에서 공개적으로 브래지어 탈의를 강요받고, 브래지어를 벗게 되면 성적 수치심 때문에 매우 고통스럽다고 한다. 겉옷을 걸쳤더라도 그 속을 다 알고 있다는 생각에 온몸이 발가벗겨진 느낌으로 어깨와 허리를 펼 수 없고, 조사를 받는 수사관 앞에서 당당히 앉아 있기도 힘들다고 한다. 나는 여러 성폭력 피해자들을 만나면서 자의가 아닌 타의에 의해 강제로 속옷을 벗어야 했던 경험을 공유했기에 그 기분이 어떨지 깊이 공감하고 함께 고통스러워했었다. 강제 속옷 탈의를 당한 피해자들은 경찰이 여성들의 성적 수치심을 자극하여 이런 끔찍한 경험을 반복하고 싶지 않다면 다시는 거리로 나오지 말라고 협박하는 것 같다고 입을 모은다. 과연 경찰은 피해자들의 공통된 느낌이 지나친 과장이라고 당당하게 반박할 수 있을까.

경찰서 유치장 수감은 여러 가지 이유로 이루어진다. 그러나 분명한 것은 유치장에 수감된 사람들은 죄가 확정된 사람이 아니라는 것이다. 그런데 죄가 확정되어 교도소에 수감된 죄수들보다 그들이 훨씬 심각한 인권 침해를 받고 있는 것이 현실이며, 여성에 대한 브래지어 강제 탈의는 가장 심각

---

54) 2008년 국정감사에서 법무부와 경찰청이 국회 주광덕 의원(한나라당)에게 제출한 자료에 따른 통계

한 침해 중 하나이다.

　브래지어 강제 탈의는 유치인의 불안감만 가중시킬 뿐 유치장 내 자살을 방지하는 대책이 될 수 없다. 자살의 경우 그 원인과 방법이 매우 다양하기 때문에 단순히 자살에 사용될 우려가 있다는 이유로 브래지어 등 소지품을 압수하는 조치는 자살 방지에 도움이 되지도 않을뿐더러 지극히 권위주의적이며 인권 침해적인 발상이다. 유무죄 여부가 불분명한 사람들을 임시로 구금하는 유치장 내 사고를 막기 위해서는 근본적으로 유치인의 불안감 해소를 위한 대책을 충실히 강구하는 것이 중요하다. 무엇보다도 낙후된 유치장 시설을 개선하고, 턱없이 부족한 여성 유치인 보호관을 더 배치하는 적극적인 방법으로 미연의 사고를 방지해야 한다.

삼성 반도체 공장의
위험을 공개하라

삼성전자 특별감독 보고서 정보공개 소송 사건

임자운[55]

34세 노동자의 생명을 앗아간
불산 누출 사고

2013년 1월, 삼성전자 화성사업장에서 불산 누출 사고가 발생했다. '불산'은 산업 현장에서 주로 불순물을 제거하는 데 쓰인다. 초미세 공정에 해당하는 반도체 생산 라인에 꼭 필요한 물질이지만 맹독성 물질이기도 하다. 피부나 호흡기를 통해 노출될 경우 인체에 치명적이다.

불산 누출이 일어난 곳은 CCSS(Central Chemical Supply System, 화학 물질 중앙 공급장치)룸이었다. 반도체 생산 라인에 화학 물질을 공급하는 거대한 탱크와 배관으로 가득 찬 공간이다. 당시 노후한 불산 공급 배관에 작은 균열이 생겨 불산이 새어 나오기 시작했다고 한다. 즉시 해당 배관으로 이루어지는 불산 공급부터 중단해야 했지만, 현장에 있던 협력업체 소속 노동자들에게 그럴 수 있는 권한이 있을 리 없었다. 배관 속 압력을

---

55) 법률사무소 지담 변호사, 반올림 활동가

빼지 않은 채 새어 나오는 불산 가스를 틀어막으려다 상황만 더 위태로워질 뿐이었다. 심지어 그들은 적절한 보호 장구도 갖추지 못했고, 그렇다고 현장을 떠날 수도 없는 처지였다. 결국 34세의 노동자가 사망했고, 그 동료들도 심각한 상해를 입었다.

이후 이 사고의 원인을 분석한 〈안전보건공단〉 보고서는 "공정이 가동되는 상태에서 밸브 보수가 실시된 점"을 사망 사고의 중요한 원인으로 꼽았다. 불산 누출의 원인은 노후한 배관 탓이었겠지만, 노동자가 사망한 원인은 위험 작업을 외주화한 탓이었다. 위험을 통제할 수 있는 권한을 갖지 못한 노동자가 그 위험에 가장 가까이 있었던 탓에 결국 사상자가 되고 말았던 것이다.

사고 처리 과정에서도 삼성전자는 많은 물의를 일으켰다. 사고 발생 사실을 외부에 알리지 않다가 노동자가 사망하고 나서야 신고가 이루어졌다.[56] 공장 인근에 거주하는 주민들에게 "불산 가스가 공장 밖으로 유출되는 일은 결코 없었다"라고 했지만, 대형 송풍기를 이용해 불산 가스를 공장 밖으로 빼내는 CCTV 영상이 공개되면서 이 또한 거짓으로 드러났다.[57] 경기도의회가 민·관 합동조사단을 꾸려 진상조사에 나서자 삼성은 적극 협조하겠다고 약속하였으나, 조사단의 현장 접근과 시료 채취를 거부하는가 하면 조사단이 요구한 자료도 제대로 제출하지 않아 사실상 조사를 거부했다는

---

56) 최인진(2013년 1월 28일). [삼성 '불산누출' 은폐] 대피 명령 않고 25시간이나 '쉬쉬'... 사망자 발생하자 신고. 경향신문.

57) 김기성·김정수(2013년 2월 15일). 삼성전자 불산가스 외부 유출 없다더니.. 또 거짓 논란. 한겨레신문.

비판을 받았다.[58] 국회의원과 함께 사고 현장을 방문한 어느 안전보건 전문가가 불산 누출량을 추정하기 위해 주변 나뭇잎을 채취하자, 삼성 측이 "사유물 절취"를 주장하며 나뭇잎을 빼앗아 버리는 일도 있었다.[59]

안전보건 관리 실태가 영업비밀이라는 삼성과 고용노동부

보다 못한 고용노동부가 후속 조치에 나섰다. 사고가 난 화성사업장에 대해 '산업안전보건 특별감독'을 실시하여, 무려 2,004건[60]의 『산업안전보건법』 위반을 적발해 냈다. 2013년 3월 고용노동부는 이러한 감독 결과를 발표하며 "삼성전자(주) 화성공장은 총체적으로 안전보건 관리가 부실한 것으로 드러났다"라 밝혔고, 뒤이은 후속 조치로서 "삼성전자 반도체 전 공장에 대해 안전보건 진단 및 안전보건 개선계획 수립 명령을 통해 근본적인 개선을 도모"하겠다고 했다.

그에 따라 〈안전보건공단〉, 〈대한산업보건협회〉 등이 삼성전자 기흥, 온양, 화성, 탕정 공장에 들어가 안전보건 관리 실태를 진단한 뒤 보고서를 만들었다. 나는 그 공장 노동자들의 직업병(업무상 질병) 관련 소송을 대리하던 중 이 보고서들의 존재를 알게 되어, 곧바로 모든 소송에서 그에 대한 증거조사를 신청했다. 그 보고서를 통해 공장 내 화학 물질 관리에 어떤 문

---

58) 경기도의회(2013년 2월 27일). 삼성전자 화성사업장 불산누출사고 민관 합동조사단 중간 조사결과.

59) [국회 토론회] 삼성전자, 구미 화학물질 누출사고 문제점과 지역주민의 알권리 확보를 위한 제도개선의 방향. 2013년 2월 6일.

60) 삼성전자(주) 1,934건. 협력업체(25개) 70건.

제가 있었음이 구체적으로 드러난다면, 이는 곧 노동자들의 유해한 업무 환경에 대한 입증 자료가 될 수 있었기 때문이다. 법원도 증거조사 필요성을 인정하여 삼성전자, 고용노동부, 안전보건공단 등에 해당 보고서들의 제출을 요청했다. 그러자 이때부터 삼성과 정부가 합심하여 펼치는 '막장 은폐 활극'이 벌어졌다.

2014년 5월부터 2016년 12월까지 삼성 반도체·LCD 공장 노동자들의 직업병 관련 소송에서 법원은 총 14차례에 걸쳐 해당 공장에 대한 『특별감독 보고서』와 『안전보건진단 보고서』의 제출을 요청했다. 그러나 삼성전자와 고용노동부, 안전보건공단은 일제히 보고서 제출을 거부했다. 주된 이유는 "삼성전자의 영업비밀이 포함되어 있다"는 것이었다. 심지어 고용노동부는 법원의 문서 제출 '명령'을 받고도[61] 보고서를 제출하지 않았다.

물론 『아산공장 안전보건진단 보고서』가 고용노동부 천안지청에 의해 제출된 적이 딱 한 번 있긴 했다. 하지만 그마저도 중요 내용이 전부 감추어진 반쪽짜리 보고서에 불과했다. 당시 천안지청은 "삼성의 의견을 들어 영업비밀 해당 정보를 가리고 제출한다"라고 했다. 그렇게 감추어진 내용들은 사업장 내 '재해 발생', '안전검사 실시', '작업환경 측정', '근로자 건강관리', '보호구 지급 및 착용 상태'의 현황과 문제점 등으로서 상식적으로 생각해 보아도 영업비밀이 될 수 없는 내용들이었다. 삼성이 감추고 싶은 모든 정보에 대해 '영업비밀' 딱지를 붙이면, 고용노동부가 그 모두를 살뜰히 감추어 주는 모양새였다.

---

61) 민사소송법 제347조

그렇게 법원에 제출된 '아산공장 보고서'는 심지어 그 내용이 삼성에 의해 고쳐진 것이었다. 법원의 보고서 제출 요청을 받은 천안지청이 삼성 측에게 "보고서에서 영업비밀에 해당하는 부분을 직접 삭제해 달라"고 하자, 삼성은 보고서의 상당 부분을 삭제했을 뿐 아니라 직접 고쳐쓰기까지 한 것이었다. 감독 대상이었던 삼성이 그 감독 결과를 직접 수정한 셈이다. 천안지청은 그렇게 수정된 보고서를 법원은 물론 국회에까지 제출했다. 2016년 국정감사를 통해 이러한 사실이 확인되자, 삼성 측은 언론 인터뷰에서 보고서 수정 사실을 시인하면서도 "실무자의 착오"일 뿐이었다고 했다.[62] 으레 그렇듯이 사과는 없었다. 고용노동부 역시 이와 관련해 내부적으로는 물론 삼성에 대해서도 아무런 조치를 취하지 않은 것으로 알고 있다.

삼성 반도체 공장 '특별감독 보고서' 등에 대한 정보공개 소송

노동자가 직업병 관련 소송에서 이기려면 스스로 업무 환경의 유해성을 입증해야 한다. 하지만 그 유해성을 입증할 수 있는 자료가 회사와 정부에 의해 은폐될 때, 그 자료의 제출을 강제할 방법은 사실상 없다. 심지어 법원의 문서 제출 '명령'을 받아낸다고 하더라도 상대방이 거부하면 그만이다.

그래서 시민단체 〈반올림〉(반도체노동자의 건강과 인권 지킴이)은 이 보고서들에 대한 정보공개 소송을 기획했다. 그 보고서들이 정말 삼성의 영업비밀에 해당하여 공개될 수 없는 정보인지 법적으로 따져보자는 것이었

---

62) 박태우(2016년 11월 30일). 국회 제출 보고서 뜯어고친 삼성, 아무 조처 안하는 고용부. 한겨레신문.

다. 〈공익인권변호사모임 희망을만드는법〉에 도움을 청하자, 서선영, 김동현, 김두나 변호사가 흔쾌히 나서 주었다. 서울대 로스쿨 내 소모임인 〈산소통〉(산업재해 노동자들과 소통하는 학생들의 모임) 학생들도 소송 준비를 도왔다. 소송 비용은 〈천주교인권위원회〉가 운영하는 '유현석 공익소송기금'의 도움을 받았다. 그리고 2015년 7월, 삼성 직업병 피해 노동자와 안전보건 전문가, 활동가, 공장 인근에 거주하는 주민들로 구성된 총 여섯 명의 원고들을 대리하여 고용노동부 경기지청을 상대로 삼성전자 기흥·화성 사업장에 대한 『특별감독 보고서』와 『안전보건진단 보고서』에 관한 정보공개 소송을 제기하였다.[63]

우리는 이 보고서들이 작성된 경위부터 강조했다. 2007년 삼성 백혈병 문제가 처음 불거졌을 때부터 직업병 피해 가족들과 시민사회는 삼성 반도체 공장의 안전보건 관리 실태 전반에 관한 정부의 철저한 조사를 촉구했다. 『산업안전보건법』에 따른 고용노동부의 관리·감독 권한이 올바르게 행사되어야 한다는 주장이었다. 그런데 그 감독권이 2013년에 터진 불산 누출 사고를 계기로 비로소 행사된 것이다. 요컨대 이 보고서들은 오랜 시간 노동자들의 산업재해 문제로 논란을 빚어온 공장들에 대해 국가가 처음으로 그 안전보건 관리 실태 전반을 직접 점검한 결과였다. 기본적으로 삼성의 영업비밀이 될 수 없는 자료였다.

더욱이 『공공기관의 정보공개에 관한 법률』은 공공기관이 보유하고 있

---

63) 위 원고들이 2015년 4월 경기지청을 상대로 해당 보고서들에 대한 정보공개 청구를 하였는데, 경기지청이 2015년 5월 정보공개법 제9조 제5호, 제7호에 근거한 비공개 처분을 하자, 그 처분의 취소를 구하는 행정소송을 제기한 것이다.

는 정보는 모두 공개되어야 한다는 원칙을 정하고 있었다(제3조). 설령 기업의 영업상 비밀에 관한 사항이라도 "법인 등의 정당한 이익을 현저히 해칠 우려가 있어야" 비공개될 수 있고(제9조 제1항 7호), 또 그렇더라도 "사람의 생명·신체·건강 보호를 위해 공개할 필요가 있는 정보"는 공개되어야 했다(제9조 제1항 7호 단서). 우리는 소송에서 이러한 현행법의 내용과 관련 판례들도 강조했다.

반면 고용노동부는 "보고서 전체가 회사의 영업비밀에 해당한다"라며 보고서의 일부 내용도 공개되어서는 안 된다고 했다. "보고서가 공개되면 그에 부담을 느낀 회사들이 향후 노동부의 감독 업무에 협조하지 않을 것"이라는 주장도 했다. 심지어 "보고서가 공개되면 삼성의 기업 이미지가 저하되고 국제적 지위가 위협받을 수 있다"라는 주장도 나왔다. 한국의 중앙행정기관을 상대로 한 소송이었지만 마치 삼성전자를 상대로 싸우는 것 같았다. 재판 때마다 삼성전자 직원이 보이기도 했다. 그는 방청석에서 무언가를 열심히 메모했고, 재판이 끝나면 법정 밖에서 고용노동부 대리인과 또 무언가를 열심히 상의했다.

고용노동부는 이 소송에서 반도체 공장의 작업 환경에 관한 정부의 조사 및 감독 결과들이 삼성의 영업비밀에 해당하는지에 대해 사실상 아무런 판단을 하고 있지 않았다. 그저 삼성의 판단을 따르고 있을 뿐이었다. 해당 보고서들을 직접 작성하여 보관하고 있고, 기업을 계속 관리·감독해야 할 책임이 있는 공공기관의 처신이 그러했다. 삼성의 영업비밀 문제와 관련하여 삼성 측 주장을 고스란히 받아적기만 하는 많은 한국 언론사들의 행태와 다르지 않았다.

한편 우리가 "산재 소송에서 노동자들의 직업병 피해를 입증하기 위해서라도 이 보고서는 공개되어야 한다"라고 주장하자, 고용노동부는 "산재 소송에서 필요한 정보라면 해당 소송 절차를 통해 취득할 수 있다"라고 반박했다. 어이가 없었다. 산재 소송에서 법원이 보고서 제출을 거듭 요청했을 때 고용노동부가 단 한 번이라도 제대로 응했던가. 심지어 법원의 보고서 제출 명령도 얼토당토않은 이유를 들어 거부하지 않았던가.

삼성전자가 주장해 왔던 '영업비밀'의 실체

2017년 3월, 1심 판결이 선고되었다.[64] 『특별감독 보고서』는 '감독반 이름' 정도만 제외하고 대부분 공개하되, 『안전보건진단 보고서』는 '진단 총평' 부분만 공개하라고 했다. 보고서의 상당 부분을 공개하라는 판결이었지만, 『안전보건진단 보고서』 공개 범위가 너무 협소했기에 우리는 항소했다.

2017년 10월, 2심 판결이 선고되었다.[65] 위 보고서들이 "근로자 및 지역 주민의 생명·신체의 안전 내지 건강과 관련된 정보"로서 "삼성전자 재해 근로자, 지역 주민, 직업병 예방 시민운동가인 원고들은 그 구체적인 내용에 관하여 알 권리를 충분히 보장받을 이익을 가진다"라고 했다. 아울러 보고서의 구체적인 내용들을 지적하며 "영업비밀과 관련 있는 정보는 포함되어 있지 않다"라고 하거나, "영업비밀에 해당될 여지가 있다 하더라도 근로자 또는 지역 주민의 건강·안전의 보호라는 공익이 더 크다"라고도 했다. 그

---

64) 수원지방법원 2017. 3. 15. 선고 2015구단32302 판결
65) 서울고등법원 2017. 10. 13. 선고 2017누41988 판결

러면서 '감독반 이름'과 같은 일부 내용만 제외하고 보고서 대부분을 공개하라고 했다.

고용노동부는 이 판결에 승복하였고, 판결 선고 한 달 뒤에 총 1,000페이지에 가까운 문서들을 보내왔다. 그렇게 우리가 해당 보고서를 통해 얻고자 했던 모든 정보들이 공개됐다. 특히 가장 많은 직업병 피해자가 알려진 '삼성 반도체 기흥공장'에 대한 『안전보건진단 보고서』에는 그 공장에서 확인된 매우 구체적이고 심각한 문제점들이 낱낱이 기록되어 있었다. 삼성전자가 그토록 감추고자 했던 '영업비밀'의 실체가 담긴 그 내용 중 일부를 적어 본다.

"작업자가 발암물질인 비소에 노출될 수 있는 공정에 그러한 경고 표시가 없음 (…) 화학물질 관리 내용을 관찰해보면 상당한 문제점이 전반적으로 관찰됨. 이러한 문제점이 최근 수년 동안 수차례 지적되었음에도 충분히 개선되지 않고 있음 (…) 화재 폭발 누출 관리에 상당한 결함이 있으며, 상당한 크기의 사고 위험을 내포하고 있음 (…) 자신이 취급하는 물질의 유해 위험성에 대한 전체적인 이해도가 낮음. 실질적인 교육이 미흡했던 것으로 사료됨 (…) 외부점검, 안전진단을 통하여 문제점을 발굴하겠다는 자세보다는 문제가 없다고 하거나 문제점 축소를 지향하는 왜곡된 문화가 상당히 강함 (…) 회사의 안전보건 수준이 높은 것으로 생각하는 고정관념이 있으며, 외부 지적에 대해 상당히 방어적이고 내부 문제를 노출하지 않으려는 문화가 강함."

삼성 반도체 직업병 관련 소송에서 이 보고서에 대한 증거조사를 처음 요청한 때가 2014년 5월이었으니, 직업병 피해 노동자들이 그 내용을 확인하는 데 무려 3년 6개월이 걸린 셈이다. 고용노동부가 보고서 제출을 계속 거부하여 소송이 지연되던 중에 사망하고 만 피해자도 있었다.

이처럼 삼성 직업병 피해 가족들은 그 공장의 작업 환경에 대한 '알 권리' 투쟁도 함께 해야 했다. 정부의 조력은 없었다. 오히려 정부는 삼성의 막무가내식 '영업비밀' 주장을 대변하기에 바빴다. 그럼에도 투쟁은 이어졌고, 다행히 적지 않은 성과가 있었다. 이 판결이 있고 4개월 후, 삼성 반도체 공장의 『작업환경 측정 결과 보고서』를 공개하라는 또 다른 판결이 선고되었다.[66] 그리고 그다음 달인 2018년 3월 고용노동부도 '안전보건자료 공개 지침'을 개정하며 앞으로 이러한 자료들을 적극적으로 공개하겠다고 약속했다.

다시 원점으로 돌아간
노동자의 알 권리

그런데 그다음 해인 2019년 8월, 이 모든 성과들을 한방에 뒤집어 버리는 일을 대한민국 국회가 해냈다. 『산업기술의 유출방지 및 보호에 관한 법률』(이하 '산업기술보호법')을 개정하며 "국가핵심기술에 관한 정보는 공개되어선 안된다"(제9조의2)라는 규정을 새롭게 추가한 것이다.

앞서 법원에서 공개 여부를 다툰 보고서들에 대해 삼성은 "국가핵심기술에 관한 정보"라고 주장했었다. 요컨대, 삼성의 반도체 공장에서는 산업기

---

66) 대전고등법원 2018. 2. 1. 선고 2017누10874 판결

술보호법이 '국가핵심기술'로 정한 반도체 생산기술이 사용되고 있으므로, 그 공장의 작업 환경에 대한 문서들도 곧 "국가핵심기술에 관한 정보"로서 비공개되어야 한다는 논리였다. 이는 대단히 무리한 주장이었다. 산업기술보호법상 '국가핵심기술' 제도는 "해외로 유출될 경우에 국가의 안전보장 및 국민경제의 발전에 중대한 악영향을 줄 우려가 있는 기술"을 지정하여 [67] 그에 대한 보호·관리책임을 강화하는 제도였다. 그것이 해당 기술을 사용하는 공장의 작업 환경 문제를 은폐하는 수단이 될 수는 없었다. 그래서 법원도 관련 문서들에 대한 정보공개 소송에서 산업기술보호법에 근거한 비공개 주장을 받아들이지 않았었다.

　그런데 법이 바뀌어 버린 것이다. "국가핵심기술에 관한 정보"이기만 하면, 설령 사람의 생명·건강과 직접 관련된 정보라 하더라도 공개할 수 없도록 했다. "국가핵심기술에 관한 정보"가 대체 무엇인지, 즉 그 '관련성'을 대체 누가, 어떤 기준으로 판단하는 것인지에 대해서도 아무런 규정을 두지 않았다. 사실상 '국가핵심기술'을 보유하고 있는 삼성과 같은 사업주에게 관련 사업장에 대한 모든 정보를 손쉽게 은폐할 수 있는 법률적 수단을 만들어 준 셈이었다.

　이 법안이 국회에서 발의되고 통과되기까지는 한 달이 채 걸리지 않았다. 2019년 8월 2일 국회 본회의에서 이 법이 통과될 때, 단 한 명의 반대표도 없었다. 그동안 삼성 반도체 직업병 문제와 관련하여 시민사회와 뜻을 같이 했던 국회의원들도 이 법에 찬성했다. 뒤늦게 상황을 알게 되어 일부 의원실

---

67) 『산업기술의 유출방지 및 보호에 관한 법률』 제2조 제2호

을 찾아가 그 연유를 묻자, "그런 법인지 전혀 몰랐다"라는 답이 돌아왔다.

끝나지 않은
'노동자 알 권리' 싸움

이에 〈반올림〉을 비롯한 시민단체들은 2019년 11월 〈산업기술보호법 대책위〉를 구성하여[68] 제20대 국회에서 이루어진 산업기술보호법 개악의 문제점을 알리고 그 재개정을 촉구하는 운동을 시작하였다. 각종 언론에 기고와 인터뷰를 하고,[69] 기자회견과 토론회를 열었다. 2020년 2월에는 15명의 국회의원이 "입법 과정에서 국회의원으로서 의무를 소홀히 했던 점을 반성"하며 "이 법이 올바르게 다시 개정될 수 있도록 노력하겠다"라고 약속하는 기자회견을 열기도 하였다.

2020년 3월에는 산업기술보호법 제9조의2(국가핵심기술에 관한 정보 비공개), 제14조 제8호(산업기술이 포함된 정보에 대한 목적 외 용도 사용/공개 금지), 제34조 10호(정보공개 청구 업무를 수행하며 산업기술에 관한 정보를 알게 된 자의 직무상 알게 된 비밀 누설/도용 금지)에 대해 헌법소원을 제기하였다. 해당 조항들이 헌법상 명확성 원칙과 과잉금지 원칙 등에 반하여 국민의 알 권리, 생명/건강권, 표현의 자유, 학문의 자유 등을 침해

---

68) 참여단체 : 건강한노동세상, 노동건강연대, 다산인권센터, 민주사회를위한변호사모임 노동위원회, 반도체노동자의건강과인권지킴이 반올림, 사단법인 오픈넷, 생명안전 시민넷, 일과 건강, 전국민주노동조합총연맹, 참여연대, 투명사회를위한정보공개센터, 한국노동안전보건연구소

69) JTBC 뉴스룸(2020년 1월 10일), MBC 스트레이트(2020년 2월 10일), KBS 9시 뉴스(2020년 3월 20일)가 잇따라 산업기술보호법 개악 사태를 심층 보도하였다.

한다고 보았기 때문이다.[70]

반도체 노동자들의 직업병 문제와 관련하여 자주 받게 되는 질문이 있다. 이 문제의 근본적인 해결 방안이 대체 무엇이냐는 것이다. 반도체 산업에서 유해한 화학 물질이 대량 사용된다는 것은 이제 누구도 부인할 수 없는 '팩트'다. 많은 공정이 빠르게 자동화되고 있다 하더라도 노동자들의 유해 물질 노출 위험이 완전히 사라질 수는 없다. '위험의 외주화' 문제와 맞물려, 반도체 공장 안에서도 협력업체 노동자들의 직업병 피해가 점점 더 많아지고 있기도 하다. 반도체 산업과 같이 공정과 설비, 투입되는 화학 제품 등이 모두 빠르게 변화하는 산업현장에서는 법과 제도로써 모든 위험을 예방하고 통제한다는 것은 사실상 불가능해 보인다. 자, 이런 상황에서 직업병 문제의 온전한 해결은 대체 어떻게 이루어질 것인가.

현장에 있는 개별 노동자에게 자신의 생명과 건강을 스스로 지켜낼 수 있는 단단한 힘을 부여하는 것, 즉 노동자가 안전보건 활동의 핵심 주체가 되도록 하는 것이 하나의 중요한 해법이 될 수 있다고 나는 믿는다. 안전보건에 대한 사업주의 의식 수준도 높아져야 하고, 국가의 관리·감독도 철저해야 하며, 산재 발생에 책임이 있는 사업주에 대한 형사적·행정적 제재도 강화되어야 하지만, 현장 노동자들에게 자신의 건강을 지켜낼 수 있는 '권리'가 주어지지 않는다면 직업병 문제의 온전한 해결은 계속 요원할 것이다.

---

70) 하지만 헌법재판소는 2024년 6월에 이에 대한 각하 결정을 내렸다. 제9조의2에 대해서는 예외적인 공개 사유와 절차가 마련되어 있음을 이유로 "기본권침해는 국가 기관 등의 정보 비공개 결정 등에 의해 비로소 발생하는 것일 뿐"(직접성 요건 결여)이라 했다. 제14조 제8호, 제34조 제10호에 대해서는 청구인들에게 "자기관련성을 인정할 수 없어 부적법"하다고 했다. 대책위는 이에 대해 "헌법소원 요건인 '직접성', '자기관련성'에 대한 형식 논리에 치중하였다"는 비판 성명을 냈다.

그 권리의 시작이자 핵심이 '알 권리'다. 누구도 알지 못하는 위험에 대처할 수는 없기 때문이다. 자신의 일터에 존재하는 온갖 유해·위험 요인과 그것에 대한 사업주의 관리 실태 등을 알 수 있는 권리. 만일 어떤 화학 제품의 유해 성분이나 어떤 유해 물질의 사업장 내 노출 정도를 사업주조차 파악하고 있지 못하다면 그것을 조사 혹은 측정하여 알려주도록 요구할 권리. 그러한 권리들이 보장되고 실현되어야 노동자의 생명·건강권이 바로 설 수 있다.

삼성 반도체 공장 작업환경 보고서들에 대한 정보공개 소송은 그러한 취지에서 기획·실행되었던 것이고, 산업기술보호법 재개정 운동도 같은 마음으로 계속되고 있다. 아직 해야 할 일들이 많다.

2
장

자유를 향한 여정

국가안전기획부가 조작한
재일동포 간첩단 사건의 주범이 된
예비역 중령

조작 간첩단 재심 및 배상 청구 사건

강래혁[71]

　그는[72] 경남 남해에서 태어나 고등학교를 졸업한 뒤 19살의 나이에 한
국 전쟁에 참전했다. 전쟁이 끝난 후에도 군에 남아 20년 넘게 군 복무를
하면서 능력을 인정받은 그는 군의 요직인 육군본부 인사과장이 되었고,
이후 중령으로 예편했다. 그렇게 예편 후 새로운 삶을 준비하던 1983년 겨
울의 어느 이른 아침, 그는 집에 들이닥친 국가안전기획부(안기부, 현 국가
정보원) 수사관들에게 체포되어 남산에 있는 안기부 고문실에 끌려가 그곳
에서 56일 동안 영장 없이 구속된 상태로 혹독한 고문을 받았다. 한국 전
쟁 참전용사이자 예비역 중령인 그에게 적용된 죄명은 놀랍게도 『국가보안
법』 위반죄였다.

---

71)　법무법인(유한) 한별 파트너 변호사, 천주교인권위원회 위원
72)　지금은 고인이 되신 이 글의 주인공이 생전에 자신의 이름이 알려져서 자녀들에게 피해가
　　갈까 봐 항상 걱정했다는 사실을 알고 있기에 여기서 그의 실명은 밝히지 않기로 한다.

구타와 고문,
그리고 강요된 거짓 자백

그는 남산에 끌려간 첫날부터 고문을 당했는데, 안기부 수사관들은 "차라리 죽여달라"면서 매달리는 그를 기절할 때까지 폭행했다. 그는 재심 공판에서 안기부에서 고문당했던 당시를 이렇게 진술했다. "매일 안기부 지하 조사실에서 조사를 받는데, 안기부 조사관들은 내가 진술을 거부하거나 조사관들이 만들어 놓은 내용에 따라 자술서를 작성하는 것을 거부하면 군에서 사용하는 야전침대 봉으로 구타하거나 배를 찔렀습니다. 그러고는 옷을 모두 벗긴 채 여러 명이 무차별적으로 구타하거나 무릎을 꿇으라고 한 다음 그 사이에 각목을 집어놓고 허벅지를 밟았으며, 뒤에서 엉덩이를 발로 걷어차는 등 폭행 및 가혹행위를 했습니다. (…) (안기부 조사관들은) '이곳은 대통령님 외에 외부인 출입이 불가하다. 여기서는 뒈져도 아무도 모른다'라고 협박하면서 내가 기절할 때까지 폭행했습니다."

『국가보안법』 위반죄 공범으로 지목되어 그와 같이 불법 구금되었던 재일동포 사업가, 초등학교 반공 교사, 군에서 제대한 지 얼마 되지 않았던 20대 청년 모두 안기부에서 혹독한 고문을 받았다. 안기부 수사관들은 몽둥이로 초등학교 교사의 낭심을 때렸고, 벌거벗겨진 채로 젊은 남자 안기부 수사관들 앞에서 몽둥이로 성기를 맞은 초등학교 반공 교사는 이후 평생 그날의 고통 속에서 살게 된다. 공범으로 지목된 20대 청년은 구금된 지 불과 며칠 만에 구타로 인해 고막이 터져서 청력을 상실했다. 안기부 수사관들은 50일 동안 20대 청년을 고문한 뒤 혐의가 없다고 풀어 주었는데, 오늘날 서울 명동역 부근의 세종호텔이 있는 곳에서 청년을 인계받았던 친형은 처음에는 자신의 동생을 알아보지 못했다. 체중이 80kg이 넘었던 건장한 20대 청년은 혹독한 고문을 받고 50일 만에 체중이 55kg이 되어 있었고, 그렇게 시체나 다름없게 된 동생을 안고 청년의 친형은 미친 듯이 울었다.

그는 안기부에 같이 구금되어 있던 재일동포 사업가와 함께 일본으로 건너가 재일 북한 공작원에게 육군사관학교 졸업생의 수 등과 같은 기밀을 누설했다는 혐의를 받았다. 한국 전쟁 참전용사이자 예비역 중령에서 하루 아침에 재일동포 간첩단 사건의 주범이 되어 있었던 것이다. 그는 간첩 행위를 한 사실이 없다고 완강히 부인했으나, 혹독한 고문을 당한 후 결국 안기부 수사관들이 불러주는 대로 자백서를 작성해야 했다. 처음에 그가 자백을 거부하자 안기부 수사관들은 그에게 "네놈의 자식을 데리고 와서 자식놈을 고문할까, 아니면 네가 고문당하는 것을 자식놈에게 보여줄까"라고 협박했다. 그에게는 어린 딸들이 있었다. 그는 '반드시 살아서 나가야 한다. 여기서 죽으면 내 새끼들이 모두 간첩의 자식이 된다. 검사를 만나서 내가 당한 일을 알려주고 억울함을 밝히겠다'라고 속으로 다짐했다.

검사의 협박과 법원의 묵살

서울지검(현 서울중앙지방검찰청)에서 담당 검사를 만난 그는 "내가 안기부에서 작성한 자백서는 고문을 당해 작성한 것으로 모두 거짓입니다. 나는 간첩이 아닙니다"라고 절규부터 했다. 그때까지도 그는 검찰과 법원이 그의 억울함을 밝혀줄 것이라고 굳게 믿고 있었다. 하지만 검사는 "간첩 새끼야, 한 번만 더 헛소리하면 다시 안기부로 내려보내 버린다. 너 같은 간첩 새끼한테는 쌀 한 톨도 아까워, 임마"라면서 그가 먹으려던 국밥을 걷어찼고, 안기부에서 고문을 받으면서 자백한 내용 그대로 피의자 신문을 했다.

그래도 검사만큼은 진실을 밝혀줄 것으로 믿고 견뎠던 그는 그런 검사의 협박에 그대로 무너져 내렸다. 그의 기억에 의하면 검사실에 있던 젊은 여자가 그가 안기부에서 진술한 내용을 그대로 타이핑했고, 그 종이에 그가 서명한 뒤 모든 조사가 끝났다고 했다. 그는 안기부에서 56일 동안 그 혹독한 고문을 당하면서도 포기하지 않은 채 쥐고 있던 희망을 그때 모두 버렸다고 했다.

당시 그가 수감되어 있던 서울구치소(현 서대문형무소역사관)는 난방이 전혀 되지 않았다. 그래서 법원에 재판을 받으러 갔을 때 그의 얼굴 한쪽은 고문을 받아 생긴 상처에 피가 엉겨 붙어 마치 누더기처럼 되어 있었다. 누가 봐도 심각한 고문을 당한 상태였고, 법정에서 변호인들도 그가 안기부에서 고문을 받았다고 주장했다. 하지만 1심부터 대법원까지 1년여간 재판을 받는 동안 재판에 관여한 판사 중 누구도 그에게 '얼굴에 상처는 왜 생겼는지, 고문을 당한 것은 아닌지'에 관해 묻지 않았다. 심지어 당시 판사들은 그에 대한 체포영장이 없었고 그가 실제 구속된 날과 구속영장에 기재된 날이 전혀 달랐음에도 불구하고 불법 구금에 대해서 누구도 문제 삼지 않았고, 당연히 위와 같은 심각한 불법 행위는 판결문 어디에도 기재되지 않았다.

결국 법원은 불과 1년여간의 재판 끝에 그가 북한의 지령을 받고 잠입한 간첩이라면서 그에게 징역 15년을 선고했고, 대법원에서 판결이 확정되었다. 그는 1993년 5월 27일 가석방으로 출소하기까지 10년 가까이 수감된 동안 3차례나 자살을 시도했다. 재판을 받는 동안 그의 아내는 충격을 받아 뇌출혈로 쓰러졌고, 자식들은 간첩의 자식으로 손가락질을 받았다. 당시 30여 개 넘는 신문과 방송에서 재일동포 간첩단 사건이 연일 대대적으로 보도되었고, 그의 사진이 매일같이 신문과 방송에 나오는 바람에 가족들은 집 밖으로 나갈 수도 없었다.

기나긴 법정 투쟁 끝에 얻어낸 무죄 선고

출소한 뒤에도 그는 『보안관찰법』으로 경찰의 감시를 받았다. 2009년 10월 〈진실·화해를 위한 과거사정리위원회〉(이하 진실화해위)가 진실 규명을 결정하기까지 그는 북한의 지령을 받고 남한에 침투한 재일동포 간첩단의 일원이었다. 하지만 진실화해위의 진실 규명 결정에도 불구하고 법원, 검찰, 국가정보원 누구도 그에게 사과하지 않았고, 결국 그는 자신의 무죄를 밝히기 위해 재심을 청구했다.

나는 〈천주교인권위원회〉의 소개로 그를 만나 변호인으로서 무죄를 밝히기 위한 재심 소송과 피해배상을 받기 위한 민사 소송을 담당했다. 처음 그를 만났을 때만 하더라도 그의 무죄를 밝히고 피해배상을 받기 위해 수년의 시간 동안 그토록 치열한 법적 투쟁을 하게 될 줄은 전혀 예상하지 못했다. 진실화해위에서 진실 규명 결정을 받았음에도 검찰, 법원, 국가정보원 모두가 그의 억울함을 밝히는 재심에 어떠한 협조도 하지 않았고, 그의 무죄를 밝히는 것은 온전히 그의 몫이었다.

재심 개시 결정이 이뤄진 후 본격적인 재심 재판이 시작되었는데, 검사는 그의 수사 기록조차 가지고 있지 않았다. 너무나 오랜 세월이 지나 그에 대한 수사 기록과 공판 기록이 보관된 곳을 찾지 못했기 때문이었다. 그래서 일단 30년 전의 수사 기록과 재판 기록을 찾는 것부터 많은 노력을 들여야 했다. 결국 법원과 검찰의 기록보관 창고를 모두 샅샅이 뒤져서 그에 대한 기록의 일부를 찾을 수 있었고, 찾아낸 기록 속에서 그가 안기부에서 고문을 받았다는 증거를 찾아냈다.

재판을 준비하면서 가장 힘들었던 일은 그와 함께 수감되어 있던 피해자들을 찾아 증인으로 법정에 세우는 일이었다. 당시 나는 그의 무죄를 밝혀 줄 수 있는 피해자들을 찾아서 대구, 부산 등 전국 곳곳을 돌아다녀야 했다. 그렇게 어렵사리 찾은 피해자들은 오랜 세월이 지났음에도 안기부에서 겪은 일을 생생하게 기억하고 있었고, 안타깝게도 여전히 그 기억 때문에 고통받고 있었다. 그런 그들이 평생 잊으려 애썼던 기억을 되살려서 안기부에서 벌어졌던 그 끔찍했던 경험을 법정에서 증언한다는 것은 이만저만한 용기와 희생을 감내해야 하는 일이 아닐 수 없었다.

그래서 처음엔 그들이 법정에 증인으로 출석해서 증언하는 것을 받아들일 가능성에 대해서는 변호인인 나조차도 회의적이었다. 하지만 놀랍게도 그들은 모두 증언을 해주겠다고 약속했고, 단 한 명도 그 약속을 어기지 않았다. 반면 재심 재판을 받는 동안 그를 고문했던 안기부 수사관들을 증인으로 신청했지만, 그들 중 단 한 명도 법원의 증인 소환에 응하지 않았다.

통상적으로 법원은 특별한 사유가 없는 한 증인 신문을 마친 증인을 재소환하지 않고, 연로한 피해자들을 두 차례나 증인 신문한다는 것도 현실적으로 가능하지 않았기 때문에 피해자들을 증인 신문할 기회는 딱 한 번

밖에 없었다. 따라서 증인 신문을 통해 안기부 수사관들이 그에게 자행한 끔찍한 고문과 검찰, 법원의 불법적인 수사와 재판을 입증하려면 증인 신문 준비에 정말 심혈을 기울여야 했다. 증인 신문을 준비하는 과정에서 한 명당 10시간이 넘게 진술을 청취해서 정리했는데, 안기부에서의 끔찍한 일을 담담하게 털어놓는 분도 있었고, 진술 내내 울면서 고통스러워하는 분도 있었다.

그리고 드디어 재심 재판이 열린 서울중앙지방법원에서 증인 신문이 있던 날, 증언을 약속했던 피해자들과 그가 3층 법정 복도에서 30년 만에 다시 만났다. 안기부에 끌려가 고문을 당하고 출소한 뒤로는 처음으로 얼굴을 마주한 그들은 모두 머리가 하얗게 센 노인이 되어 있었고, 용케 살아남아 모질고 험한 세상을 견뎌냈다면서 서로를 부둥켜안은 채 통곡했다. 재판을 모두 마치고 나서야 알게 된 사실이지만, 그들은 모두 '정권이 바뀌게 되면 지금 이 자리에서 증언한 것 때문에 어쩌면 다시 고초를 겪을 수 있다'라는 두려움 속에서도 증언대에 선 것이었고, 나는 지금도 그들의 용기 있는 증언에 감사한 마음을 가지고 있다. 그렇게 그와 피해자들이 법정에서 증언한 내용 중 일부를 여기에 옮겨 본다.

문 : 물고문은 어떻게 이루어졌는가요.
답 : 목욕탕에 머리를 집어넣어 숨을 못 쉬도록 했습니다. 물고문을
　　당하다가 의식을 잃은 적도 있었습니다.
문 : 조사관들은 "다른 방에서는 다 시인했는데, 너만 아니라고 하
　　는 거야"라면서 증인을 때렸고, 증인은 기절했다 깨어나서 조

사를 받다가 다시 맞고 기절한 적도 있었지요.

답 : 예, 맞다가 의식을 잃었는데, 깨어난 다음 안기부 조사관들이
원하는 대로 조서를 작성하지 않았다는 이유로 다시 맞고 기절
한 적이 있습니다.

문 : 증인이 바닥에 엎어져 있으면 조사관들은 증인을 발로 밟았는
데, 나중에 증인이 "제발 죽여 달라"고 하자, 그들은 "내가 죽여
주마" 하면서 증인을 때렸지요.

답 : 예, 저를 죽이겠다면서 누워있는 저를 발로 밟았고, 제가 의식
을 잃을 때까지 폭행했습니다.

문 : 당시 피고인의 3자녀들이 모두 학생들이었는데, 피고인은 '자녀
들을 안기부 고문실에 데리고 오겠다'는 말에 공포에 질렸지요.

답 : 그때를 기억하고 싶지 않습니다. 두려웠습니다.

문 : 구타를 많이 당해서 왼쪽 발목과 가슴이 부어 고통이 심했고,
나중에 구치소에서 치료를 받게 되었는데, 그 당시 다친 왼쪽
하반신 때문에 한동안 거동이 불편했었고, 지금도 후유증이
있지요.

답 : 예.

문 : 조사 과정 내내 폭언과 구타, 협박을 당했고, 나중에는 정신상
태가 분별력을 상실할 정도였는데, 그 상태에서도 56일 동안
하루도 빠짐없이 계속해서 조사를 받았고, 안기부 조사관들이
조작해 놓은 내용을 피고인이 자필로 작성하는 일을 반복해서
했지요.

답 : 예, 조사관들이 만들어 놓은 조서를 보고 제가 매일 자백서를
  작성했습니다.

누구도 사과하지 않은
그의 삶

2012년 11월 29일, 마침내 대법원은 그가 불법 구금되어 안기부에서 고문을 받았으며, 안기부 수사관들의 위와 같은 행위는 『형법』 제124조(불법 체포, 불법감금)를 위반한 것이고, 그가 『국가보안법』을 위반한 사실이 없다며 무죄를 선고했다. 법원에서 무죄가 확정되는 순간 나는 그와 그의 딸과 함께 법원에 있었다. 재판이 끝나고 소감을 묻자, 그는 "오랫동안 나 때문에 고생해서 미안합니다"라고 담담하게 말했다.

조작된 재일동포 간첩단 사건으로 그의 삶이 회복할 수 없는 피해를 보고 있는 동안 그에게 "다시 안기부로 내려보내겠다"라고 협박한 검사는 국회의원이 되어 승승장구했고, 그를 재판했던 판사들은 모두 고위직으로 승진했다. 1983년 겨울에 불법으로 구금된 지 무려 30여 년 만에 무죄를 선고받았지만, 법원, 검찰, 국가정보원 가운데 그 누구 하나 나서서 사과하는 이는 없었으며, 피해를 배상하지도 않았다.

결국 그는 다시 대한민국을 상대로 피해배상을 받기 위한 소송을 제기해야 했고, 기나긴 재판을 감내한 후에야 비로소 배상을 받을 수 있었다. 피고인 대한민국은 재판 내내 잘못을 인정하지 않았을뿐더러, 심지어 피고의 불법 행위가 인정된다고 하더라도 그의 손해배상 청구는 10년의 소멸 시효가 완성되었다고 강변하면서 책임을 부인했다. 하지만 법원은 피고의 불법

행위를 인정하고, 국민의 생명과 신체를 보호해야 하는 피고가 그 의무를 위반했음에도 소멸 시효가 완성되었다는 이유로 책임을 부인하는 것은 신의칙에 위반하는 것이라면서 피고의 항변을 모두 배척했다. 판결 이유 중 일부를 인용해보면 이렇다.

① 피고 산하 안기부 수사관은 체포 및 구속에 있어 헌법 및 형사소송법이 규정하고 있는 적법절차를 지키지 아니하였고, ② 수사 과정 전반에 걸쳐 헌법 및 형사소송법이 보장하고 있는 변호인의 조력을 받을 권리를 침해하였으며, ③ 장기간 불법 구금하면서 폭행·고문 등의 가혹행위를 하여 그로부터 임의성 없는 자백 또는 진술을 받아내었을 뿐만 아니라 그로 인하여 임의성 없는 심리상태가 지속된 검찰 수사에서도 자백하도록 만들었으며, ④ 이러한 수사를 토대로 기소된 형사재판에서는 그 공소사실에 부합하는 진술증거가 대부분 임의성이 없어 증거능력이 없음에도 불구하고 그 공소사실이 유죄로 인정되어 이 사건 재심 대상 판결의 형이 선고·확정되었던 것임을 알 수 있는바, 이러한 일련의 행위는 국민을 보호할 의무를 지니는 피고가 오히려 가해자가 되어 신체와 자유를 위법하게 침해한 불법 행위에 해당한다고 봄이 상당하다.

얼마 전 나는 그의 딸로부터 그가 암으로 사망했다는 소식을 들었다. 수년에 걸친 재판이 끝나던 날 "사진을 같이 찍자"는 그의 제안에 서울고등법원 앞에서 그와 같이 찍은 사진을 서랍에서 꺼내어 보면서 마음이 아팠다.

19살 어린 나이에 조국을 구하기 위해 한국 전쟁에 참전했고, 평생 군인으로 살았던 그는 죽기 전까지 자신이 목숨을 바쳐 사랑했던 조국으로부터 끝내 사과를 받지 못했다. 그에게 유죄 판결을 내렸던 이들은 이후에도 계속 탄탄대로를 걸었고, 여전히 사과하지 않고 있다.

불행한 과거를 청산하지 못한다면 유사한 잘못은 되풀이된다. 이제는 고인이 되신 그의 명복을 빌며, 조작 간첩 사건 재심의 물꼬를 튼 인혁당 사건의 재심청구서 결론으로 이 글을 마무리한다.

"권력이 무소불위의 폭력을 휘두를 수 있었던 우리의 불행한 과거를 청산하지 못한다면 유사한 잘못이 되풀이되는 것도 막을 수 없습니다. 과거의 잘못된 유산을 청산하지 못하는 이상 진정한 민주주의 국가를 이룰 수 없는 것입니다. 이는 부당한 공권력이 사법절차를 이용하여 인간의 존엄한 생명을 박탈한 비인도적이고 반민주적인 역사를 참회하고, 인간의 가장 기본적인 생명권, 인간의 존엄성을 수호해야 할 최후의 보루인 사법부가 다시는 이런 잘못된 역사를 되풀이하지 않도록 하기 위하여 당연히 수행하여야 할 역사적인 의무이기도 합니다."

감옥 밖의
감옥에 맞서다

보안관찰법 폐지를 위한 투쟁

이상희[73]

보안관찰 갱신 처분의
취소를 청구한 A씨

『국가보안법』 위반으로 유죄 판결을 선고받았다. 법원이 선고한 형기를 모두 채우고 출소한 뒤, 시간이 걸리기는 했지만 가족과 지인들의 도움으로 조금씩 일상을 회복해 갔다. 그러던 어느 날, 경찰이 『보안관찰법』을 위반했다고 하면서 소환 통보를 했다. 출소 사실을 신고하지 않았다는 것이 그 이유다.

A씨가 처벌받은 『국가보안법』 위반죄로 3년 이상의 형을 선고받아 복역한 사람에게는 '보안관찰처분 대상자'라는 타이틀이 붙는다. 보안관찰처분 대상자는 출소 전에 거주 예정지 관할 경찰서장에게 출소 후 거주 예정지, 가족, 교우 관계, 재산 상황, 학력 등 광범위한 사항을 신고하고, 출소 후에

---

73) 법무법인 지향 변호사, 민주사회를 위한 변호사모임 과거사청산위원회 위원

는 7일 이내에 출소 사실을 신고해야 한다. 그리고 신고 사항에 변동이 생기면 변동이 생길 때마다 신고해야 한다. 더욱이 법무부 장관의 결정에 따라 보안관찰처분을 받을 수도, 받지 않을 수도 있는 불완전한 지위에 놓이게 된다.

A씨는 이러한 『보안관찰법』이 양심의 자유를 침해한다고 생각하여 경찰 소환에 불응했다. 생업을 위해 대형면허를 따야 하는데, 경찰은 조사에 불응할 경우 면허를 딸 수 없다고 했다. 하루라도 빨리 직장을 구해 사회에 정착해야 했지만, 경찰은 기다렸다는 듯이 A씨를 또다시 입건하고 법정에 세우려고 했다. A씨는 주민등록증이나 면허증, 또는 여권을 분실할 때마다 이를 발급받을 수 있을지 근심에 시달렸다.

그러다가 A씨는 『국가보안법』을 다시 위반할 위험성이 있다는 〈보안관찰처분심의위원회〉의 결정에 따라 '보안관찰처분'을 받았다. 이로 인해 경찰에 정기적으로 무슨 일을 했고, 누구와 만났는지, 여행을 갔는지, 여행을 갔다면 어디에 누구와 얼마 동안 다녀왔는지 등을 신고할 의무가 생겼다. 경찰은 잊을 만하면 전화하여 신상에 변경 사항은 없는지, 신고해야 할 사항은 없는지를 확인하면서 신고를 독촉하거나 경고했다. 경찰의 연락은 A씨의 일상을 파고들어 감시하고 헤집어 놓았다.

『보안관찰법』에서 처분의 기간을 2년으로 정하고 있어서 2년만 참으면 될 줄 알았다. 그런데 2년의 세월이 끝날 즈음에 보안관찰처분의 기간을 갱신[74]한다는 통지가 왔다. 검사가 재범의 위험성 여부를 조사해서 법무부

---

74) 처분의 기간을 2년 더 연장하는 처분이다.

장관에게 갱신 청구를 하면, 〈보안관찰처분심의위원회〉의 의결을 거쳐 법무부 장관이 갱신 처분을 한다. 위원회는 A씨에게 여전히 재범의 위험성이 있다고 보았다. 이렇게 하여 2007년 9월 6일 보안관찰처분을 받은 이래로 2009년 6월 1일, 2011년 5월 26일, 2013년 7월 4일 총 세 차례 보안관찰처분의 기간이 연장되었다.

A씨는 그동안 시민단체의 연구위원으로, 상조회사의 이사로, 교육 관련 월간지의 편집위원으로 공개적인 활동을 하며 평범한 일상을 살았는데, 무슨 근거로 '재범의 위험성'이 있다고 판단한 것인지 도저히 이해하기 어려웠다. 검사의 갱신 청구 이유나 〈보안관찰처분심의위원회〉의 결정 이유를 보니, 재범의 위험성을 판단한 근거로 A씨가 이사하거나 해외로 여행 가면서 신고하지 않은 점과 『보안관찰법』에 대해 부정적인 의견을 표명한 점 등이 제시되었다. 도대체 이러한 이유들이 『국가보안법』을 다시 위반할 구체적인 개연성과 무슨 관계가 있단 말인가? A씨는 『보안관찰법』이 일상의 평온과 인간의 존엄성을 해친다고 생각하여 반대 의견을 표명하였다. 국가가 이를 준법의식의 결여로 보고 재범의 위험성이 있다고 판단한 것이라면, A씨는 대한민국 어느 법률에 대해서도 비판해서는 안 되며, 정부 정책 어느 것도 반대해서는 안 된다는 결론에 이르게 된다.

그런데 〈국가인권위원회〉가 2003년에 발표한 『보안관찰법』 실태 조사 보고서를 보면, 정부 정책에 무조건 순응한다고 하여 보안관찰처분에서 벗어날 수 있는 것도 아니었다. 검사와 〈보안관찰처분심의위원회〉가 '재범의 위험성이 있다'라고 판단하면 재범의 위험성이 있는 것이고, '재범의 위험성이 없다'라고 판단하면 재범의 위험성이 없는 것이다. 『보안관찰법』은 처음부터 판단 기준을 모호하게 규정하고 갱신의 횟수도 제한하지 않음으로써 이러한 상황을 예정하였다. A씨의 운명은 전적으로 국가에 달려 있었다. A 씨는 이 굴레에서 벗어나기 위해 보안관찰 갱신 처분의 취소를 구하는 소송을 제기하였다.

신고 의무를 비롯한
보안관찰법의 문제를 꺼내든 B씨

B씨도 앞서 A씨처럼 『국가보안법』 위반으로 유죄 판결을 선고받고 만기 출소하였다. 공안 당국은 사건 초기에 B씨가 이적단체를 구성하여 간첩죄를 저지른 것처럼 대대적으로 언론에 공표하면서 사건 규모를 키우려고 했다. 그러나 재판 결과 이적단체 구성죄를 비롯하여 상당수의 혐의에 대해 무죄 판결이 선고되었다.

B씨는 출소한 후 과거 운영하던 사업을 다시 일으켜 세우기 위해 직장과 집을 오가면서 사업에 매진하며 일상적인 생활을 하였다. 그에게도 보안관찰처분 대상자라는 타이틀이 붙었다. 출소 사실을 관할 경찰서에 신고해야 하며, 출소 전에 교도소를 통해 신고한 가족 및 교우 관계, 입소 전 재산 상황, 출소 후의 거주 예정지 등에 변경이 생기면 7일 이내에 신고해야 한다. 그러나 B씨도 『보안관찰법』이 양심의 자유를 침해한다고 생각하여 신고 의무를 이행하지 않았다. 그러자 경찰은 수시로 B씨에게 전화하여 왜 출소 사실을 신고하지 않았는지, 주소지는 변경되지 않았는지를 확인했다. 그리고 국가는 B씨가 신고 의무를 이행하지 않았다는 이유로 벌금형에 처했고, 보안관찰처분도 하였다.

보안관찰처분에 따라 B씨에게 더 광범위한 내용을 정기적 또는 수시로 신고해야 하는 신고 의무가 발생했다. B씨는 새롭게 부과되는 신고 의무도 이행하지 않았다. 그러자 검사는 또다시 B씨를 형사 입건하고, 법무부 장관에게 보안관찰처분 기간의 갱신 청구를 하여 보안관찰의 기간을 연장했다. 법무부 장관이 B씨에게 보낸 기간갱신처분 통지서에 의하면, "출소 후 특이 동향은 없다"라고 하면서도 "국가보안법과 보안관찰법을 비판하고 거주 예정지 및 출소 사실을 신고하지 않아 벌금형을 선고받은 점"을 그 이유로 들었다. 국가는 B씨가 특별하게 문제되는 행위를 하지 않았음에도 『보안관찰법』에서 정한 신고 의무를 이행하지 않았다는 이유로 보안관찰처분의 기간을 연장하여 또다시 신고 의무를 부과하였고, B씨가 새롭게 부과된 신고 의무도 이행하지 않자 또다시 보안관찰 기간을 연장하였다. 『보안관찰법』에서 갱신 횟수를 제한하고 있지 아니하여 B씨는 죽을 때까지 보안관찰처분의 굴레에서 벗어날 수 없을 것처럼 보였다.

결국 B씨는 보안관찰처분 이후 발생한 신고 의무를 이행하지 않은 혐의로 형사 입건되어 법원으로부터 벌금 약식명령을 받았고, 이에 형사재판을 통해 신고 의무를 비롯하여 『보안관찰법』의 문제를 제기하기로 했다.

보안관찰법의 전신 사회안전법, 유신체제의 대표적인 악법

나는 〈천주교인권위원회〉의 소개로 A씨와 B씨를 만났다. A씨는 보안관찰처분 기간 갱신 처분의 취소를 구하고, B씨는 신고 의무 불이행과 관련하여 무죄를 다투었다. 두 사건 모두 보안관찰 제도의 근본적인 문제와 관련되었기 때문에 소송 진행 과정에서 『보안관찰법』에 대하여 위헌제청신청과 (위헌제청신청의 기각으로) 헌법소원을 제기하였다.

『보안관찰법』은 1989년 『사회안전법』의 대체 법안으로 탄생했다. 『사회안전법』은 『국가보안법』, 『반공법』, 내란죄 등으로 형을 복역한 사람을 다시 감금(보안감호)하거나 경찰이 감시할 수 있도록 한 법률이다. 이 법률은 1989년에 폐지되기 전까지 보안감호소 내의 인권 침해와 관련해 끊임없이 논란이 제기되었고, 박정희 유신체제의 대표적인 악법 중 하나로 비판받았다. 특히 『반공법』 위반으로 형을 전부 복역하였으나 출소하지 못하고 청주 보안감호소에 다시 구속된 비전향장기수들이 보안감호소의 열악한 처우 개선과 『사회안전법』의 폐지를 요구하면서 단식 농성을 하다가 보안감호소 측이 강제급식을 위해 고무호스를 집어넣어 소금물을 강제로 부어 사망에 이르게 한 중대한 인권 침해가 발생했다.

『사회안전법』 폐지 논란이 본격적으로 제기된 사건으로는 인권운동가 서준식의 55일간 단식 투쟁을 들 수 있다. 재일동포 서준식은 형 서승과 함께 유학생 간첩단 사건으로 징역 7년을 선고받은 뒤 1978년 5월 만기 출소를 앞두고 있었다. 그런데 사상전향서 제출을 거부하였다는 이유로 보안감호소로 이송되어 징역 기간보다 긴 10년을 그곳에서 갇혀 있었다. 서준식은 1987년 청주 보안감호소에서 『사회안전법』의 폐지를 주장하며 50일이 넘는 단식 투쟁을 하였다.

이런 악명 높은 『사회안전법』이 제정된 것은 1975년 7월의 일이었다. 1950년 한국 전쟁과 그 이후에 발생한 부역 혐의 등을 이유로 『국방경비법』이나 『국가보안법』에 따라 유죄판결을 받고 복역하다가 전향하지 않은 많은 수의 정치범들이 1970년대에 본격적으로 만기 출소를 앞두자, 박정희 정권이 이들을 계속 격리하기 위한 목적으로 이 법을 만들었다.

참고로, 『사회안전법』이 제정되기 2개월 전인 1975년 5월에는 모든 국민의 입에 재갈을 물리는 『국가안전과 공공질서의 수호를 위한 대통령 긴급조치(대통령 긴급조치 제9호)』가 발령되었다. 긴급조치 제9호는 유신헌법의 개정이나 폐지에 관한 주장은 물론 긴급조치 제9호를 비방하는 행위까지 처벌하였고, 영장주의의 예의를 인정하여 영장 없이 체포나 구속, 압수, 수색을 할 수 있도록 하였다. 이는 인신 구속의 권한을 수사관의 자의적 판단에 맡기는 초헌법적 조치였다.

뒤이은 1975년 12월에는 부랑인 단속 및 수용 근거인 『내무부 훈령 제410호』가 발령되었다. 형제복지원 사건으로 알려진 『내무부 훈령 제410호』는 '부랑인'으로 지목된 사람들을 법률이 정한 절차도 없이 시·군·구청과 경찰이 합동으로 구성한 부랑인 단속반에 의하여 수용시설에 보내 기한의 정함이 없이 강제 수용할 수 있도록 한 법령이다. 이처럼 박정희 정권은 1975년에 유신체제를 떠받치기 위하여 헌법의 기본 원리도 무시하고 국민의 인신의 자유를 행정 권력으로 제한하는 조치들을 단행하였는데, 『사회안전법』도 그러한 배경에서 제정되었다.

『사회안전법』은 형법상 내란·외환의 죄, 군형법상 반란죄·이적죄, 국가보안법과 반공법 위반 등의 죄로 유죄 판결을 받고 형을 복역한 사람들을 '보안처분 대상자'로 규정하였다. 그리고 이들 중 다시 이러한 죄를 범할 위험성('재범의 위험성')이 있는 사람들을 교도소와 같은 시설에 감금하거나 (보안감호처분), 주거지를 일정 공간에 제한하거나(주거제한처분), 3개월마다 중요한 활동 사항을 신고하도록 하거나 경찰이 상시로 감시할 수 있는 처분(보호관찰처분)을 할 수 있도록 했다.[75] 이 중에서 가장 문제가 되었던 것이 보안감호처분으로, 이는 출소를 앞둔 사람들을 석방하지 않고 다시 보안감호소에 구금하는 것이다. 보안감호처분을 받은 사람들은 대부분 비전향 장기수들이었다. 국가 입장에서 이들은 '반국가적 성향'의 사람들이었으므로 교도소에 있을 때보다 더 나은 처우를 할 이유가 없었다. 오히려 사상 전향을 위하여 더 가혹한 처우가 이들을 기다렸다.

이처럼 보안처분 대상자들은 '재범의 위험성'이 있다는 이유로 언제든지 보안처분을 받을 불안한 지위에 놓였다. 이러한 불안한 지위에서 벗어나기 위해서는 법무부 장관으로부터 '면제' 결정을 받아야 하는데, 『사회안전법』은 면제 요건으로 반공정신이 확립되었을 것, 면제 결정일 3년 이내에 벌금형 이상의 선고를 받지 않았을 것, 일정한 주거와 생업이 있을 것, 신원 보증이 있을 것을 요구하였다. 또한 면제 결정을 위하여 사상전향서도 요구하였다. 반공정신을 확립하여 국가에 충성을 다할 것이며 법령을 준수할 것을 맹세하는 서약서인데, 비전향 장기수의 경우 사상전향서를 제출하지 않은 이상 보안처분에서 벗어날 수 없도록 하였다. 면제 결정은 법무부 장관의 재량이었으며, 법무부 장관은 면제 결정을 받은 자가 면제 요건을 위반하였다고 판단하는 경우 언제든지 면제 결정을 취소할 수 있었다.

보안처분은 〈보안관찰처분심의위원회〉가 경찰과 검찰이 조사한 서면만 보고 '재범의 위험성' 여부를 판단하여 결정하였다. 처분 기간은 2년이었는

---

75) 보안감호처분, 주거제한처분, 보호관찰처분을 '보안처분'이라고 한다.

데, 2년 뒤에도 재범의 위험성이 있다고 판단되면 횟수 제한 없이 언제든지 처분 기간을 연장(갱신)할 수 있도록 했다. 형사처벌(징역이나 금고)은 판사가 정해준 형기라도 있었지만, 보안처분 기간은 전적으로 법무부 장관의 처분에 달려 있었다. 2년마다 대한민국에 얼마나 충성을 다해 살았는지를 증명해 보여야 했고, 사상전향서를 작성하지 않으면 보안처분의 굴레에서 빠져나올 수 없었다. 앞서 언급한 서준식은 교도소에서 법원이 선고한 형기대로 7년을 살았는데, 보안감호소에서는 그보다 긴 10년을 살았다. 법무부 장관은 서준식에 대해 1978년 보안감호처분을 내린 후 1980년, 1982년, 1984년, 1986년 총 4차례에 걸쳐 보안감호처분의 기간을 갱신하였던 것이다. 1976년 재일동포 유학생 간첩 사건으로 유죄판결을 받은 강00의 경우에도, 법원에서 징역 5년을 선고하였는데 법무부 장관이 전향을 하지 않는다는 이유로 세 차례에 걸쳐 보안감호 기간을 연장하여, 보안감호소에서만 7년을 갇혀 있었다.

간첩 사건을 조작하고도 '재범의 위험성'이 있다?

『국가보안법』과 『사회안전법』은 동전의 양면과도 같다.

이승만 정부는 1948년에 정부와 남한 단독 정부 수립에 비판적인 세력들을 탄압하고 제거하기 위하여 일반 형법보다 훨씬 앞서 『국가보안법』을 제정하였다. 그리고 정권 초기부터 정부 비판 세력들을 『국가보안법』 위반으로 입건하고 구속하여 처벌하였다. 박정희 정권도 반유신 운동이나 민주화 투쟁을 억압하기 위하여 『국가보안법』을 광범위하게 적용하였다. 『국가

보안법』은 이승만 정권과 박정희 정권에서 반공 이데올로기를 정착시키는 데 중요한 역할을 하였다.

그런데 박정희 정권은 반공 이데올로기를 통한 통치 질서를 강화할 목적으로 『국가보안법』 위반자들을 출소한 이후에도 계속 격리하고 감시하기 위해 『사회안전법』을 제정하였던 것이다. 따라서 『국가보안법』 남용의 역사는 『사회안전법』 남용의 역사이기도 하다. 앞서 살펴본 강00의 경우 징역 5년을 선고받고 출소한 뒤 '재범의 위험성'을 이유로 보안감호소에만 7년을 갇혀 살았는데, 2014년에 형사재심에서 『국가보안법』 위반 사건이 조작된 것으로 확인되어 무죄 판결을 받았다. 국가가 강00을 간첩으로 조작한 것도 모자라, 성립 불가능한 '재범의 위험성'을 내세우면서 7년간 추가로 감금했던 것이다. 이 얼마나 말도 안 되는 일인가?

여기서 더 큰 문제는 강00이 보안감호소에서의 7년에 대하여 제대로 법적 보상도 받지 못했다는 것이다. 서울고등법원은 징역 5년에 대해서만 형사보상 결정을 하고, 7년의 보안감호에 대해서는 형사보상을 인정하지 않았다. 서울고등법원은 『형사보상법』에 보안감호처분에 대한 보상 규정이 없어 '입법을 통한 해결'이 우선이라고 판단하였다. 이에 강00은 대법원에 재항고하였고, 〈국가인권위원회〉가 대법원에 '형사보상법에 관련 규정이 없다 하더라도 보안감호처분이 실질적으로 인신의 구속에 해당되므로 헌법 정신과 형사보상법의 입법 취지 등을 고려하여 형사보상을 인정해야 한다. (…) 국가의 과오로 인해 회복하기 어려운 손해를 입은 피해자들에게 이익이 되는 방향으로 형사보상청구권을 해석하는 것이 법 취지에 부합한다'라는 취지의 의견서를 제출했다. 그러나 대법원은 3년이 넘도록 판결을 하지 않았고, 강00은 대법원판결을 기다리다가 지쳐 소송을 포기할 수밖에 없었다.

형사재심에서 무죄를 선고받은 납북어부 피해자들의 보호관찰 기록을 보면, 보호관찰에서 벗어나 국가로부터 '정상적인 국민'으로 인정받기 위해 얼마나 몸부림치며 살았는지 그들의 속울음이 전해지는 듯했다. 전북 옥구군 한 섬에서 태어나 중학교를 중퇴하고 어부로 일하던 중 북한 경비정에 납북되었다가, 4개월 만에 간신히 남한으로 귀환한 뒤 『반공법』 위반으로 3년을 선고받고 만기 출소한 납북어부 피해자는 끊임없이 준법정신이 투철한 사람임을 입증하는 삶을 살아야 했다.

우선 법무부는 그가 출소하자 보호관찰처분을 하였다. 이 피해자는 보호관찰 기간에 경찰서장의 지시 사항을 어기지 않으려고 갖은 노력을 기울였지만, 법무부는 그가 새마을 사업에 비협조적이라고 하면서 보호관찰 기간을 연장하였다. 그래서 피해자는 반상회나 새마을 사업에 열심히 참여하였다. 그런데 이번에는 그가 반상회 등 국가 시책에는 참여했지만, 술을 마시면 보안처분에 불만을 표시한다는 이유로 또다시 보호관찰 기간을 연장하였다. 이제 피해자는 아예 입을 다물며 살았다. 그제야 법무부는 이 피해자가 새마을 지도자로 위촉된 데다 새마을 공동 사업에 앞장선 공로 등을 인정하여 더 이상 보호관찰을 연장하지 않겠다고 결정하였다. 이렇게 국가의 감시에서 벗어나기 위해 본인이 얼마나 반공정신에 투철하고 정부 시책에 열심인지를 끊임없이 증명해야 했던 피해자는 국가의 검증과 감시의 대상이었지, 헌법에 의해 존중받는 국민이 아니었다.

이처럼 한국 전쟁과 남북 분단의 희생자들, 납북어부 간첩 조작 사건의 피해자들, 재일동포 간첩 조작 사건의 피해자들은 『사회안전법』의 피해자들이기도 하다. 『사회안전법』은 유신체제가 만들어낸 온갖 악법 가운데서도 가장 대표적인 인권 탄압법이라고 볼 수 있다.

사회안전법 대체 법률인
보안관찰법의 한계

1987년 민주화 항쟁 이후 악법 폐지에 대한 국민적 요구가 일자, 평민당과 민주당, 공화당을 아우른 야권 3당은 1988년 11월 11일 『사회안전법』 폐지안을 공동으로 제출하였다. 그러나 노태우 정권에서 보안감호처분과 주거제한처분 제도만 폐지되었을 뿐, '보호관찰처분'의 명칭이 '보안관찰처분'으로 변경된 『보안관찰법』이 1989년 6월 16일 제정되었다. 『사회안전법 시행령』에 규정되었던 신고 내용이 『보안관찰법』으로 이동한 것 말고는 처분의 요건이나 절차, 신고 내용, 처분 기간과 무제한 갱신이 가능하다는 점은 동일하게 규정되었다. 『사회안전법』의 한계와 문제가 그대로 이어진 것이다.

『보안관찰법』은 형법상 내란목적살인 등이나 군 반란, 국가보안법 일부 범죄를 위반하고 3년 이상의 형을 선고받은 사람을 '보안관찰처분 대상자'로 보고, 출소를 전후하여 법령에서 정한 내용을 신고하도록 하였다. 신고는 한 번에 그치지 않고, 변경 사항이 발생하면 그때마다 변경 내용을 신고하도록 했다. 또한 법무부 장관이 '재범의 위험성'이 있다고 판단하면, 언제든지 보안관찰처분에 놓일 수 있다는 점에서 대상자들은 늘 불안한 지위에 놓이게 되었다.

『보안관찰법』도 면제에 관해서 규정하였는데, 그전의 사상전향 제도를 대체하기 위해 준법서약제가 도입되었다. 그러나 준법서약 제도 역시 개인에게 내심의 사상을 포기하도록 강요한다는 지적이 끊임없이 제기되다가 2019년에 폐지되었다. 참고로, 과거 박정희 정권은 1978년에 비전향 장기수들의 사상전향을 위하여 가석방 심사 과정에서 『국가보안법』 위반 등의 수형자에 대해서는 전향서를 제출하도록 하였다.[76] 사상전향 제도는 양심의 자유를 억압하는 위헌적인 제도로서 국제인권조약에 위반된다는 비판이 국내는 물론 유엔 등 국제 사회에서도 제기되었다. 그래서 훗날 김대중 정부는 사상전향 제도를 전면 폐지하면서 보수세력의 반발을 고려하여 준법서약 제도를 도입하였다. 그러나 준법서약 제도는 사상전향 제도의 변경에 불과한 것으로, 그 위헌성도 끊임없이 제기되었다. 1998년에는 준법서약 제도에 대하여 헌법소원 청구가 제기되었는데, 비록 다수 의견은 합헌이었지만 김효종, 주선회 재판관은 대한민국 법의 준수 의사를 강요하거나 고백시키는 것은 내심의 신조를 사실상 강요하는 것이어서 양심의 자유를 침해한다고 보았다.

자유민주주의 체제에서는 아무리 자유민주주의의 반대자라 하더라도, 그 표현된 행위가 공익에 적대적일 경우에만 정당한 제재를 가할 수 있다. 국가는 폭력적인 국가전복을 시도하는 극단적 공산주의자들로부터 스스로를 보호해야 하지만, 한편 공산주의보다도 인권보장에 있어 우월한 자유민주주의 체제하에서는, 그들의 "행위"를 법적으로

---

76) 구(舊) 가석방심사등에 관한 규칙(1978. 7. 4. 제정 및 시행) 제15조

처벌할 수는 있어도, 그들로 하여금 여하한 직·간접적인 강제 수단을 동원하여 자신의 신념을 번복하게 하거나, 자신의 신념과 어긋나게 대한민국 법의 준수 의사를 강요하거나 고백시키게 해서는 안 될 것이다.

　　　　　　　　　　　　- 헌법재판소 2002. 4. 25.자 98헌마425 등 결정 중에서

　가석방 심사 요건인 준법서약 제도는 이후 노무현 정부에서 폐지되었다. 그러나 『보안관찰법』상의 준법서약 제도는 계속 유지되어 시국사범들을 통제하였다. 그러자 안기부의 대표적인 조작 간첩 사건인 1980년 구미 유학생 간첩 사건에 연루되어 『국가보안법』 위반 판결을 받은 강용주는 『보안관찰법』에 따른 신고 의무를 거부하여 형사 재판을 받게 되었다. 강용주의 보안관찰 기간은 15년에 걸쳐 계속되었는데, 2017년 검찰은 공소 시효가 지나지 않은 최근 5년간의 신고 의무 위반행위에 대해 일괄 공소를 제기하였다. 강용주는 형사 법정에서 신고 의무를 다투는 한편 준법서약 제도를 폐지하기 위한 투쟁을 벌였다. 그는 형사 무죄 판결을 선고받은 뒤 보안관찰 면제 결정을 신청하였다. 면제 결정을 위해서는 준법서약서를 첨부해야 하는데 강용주가 이를 거부하자, 법무부 장관은 반년 넘게 아무런 결정을 내리지 않았다. 강용주가 부작위위법확인소송[77]까지 제기한 뒤에야 법무부 장관은 소송을 제기한 지 한 달도 안 돼 면제 처분을 하였고, 2019년에는 준법서약서를 제출하도록 한 규정까지 삭제하였다..[78]

---

77) 편집자 주) 행정 당국이 당사자의 신청에 대해 상당한 기간 일정한 처분을 해야 하는 법률상의 의무를 이행하지 않을 때 이를 위법 행위로 확인해 달라고 요구하는 소송이다.

78) 김승현(2020). 보안관찰법의 법적·실무적 쟁점 : '강용주 사건'에 대한 기록. 공익과 인권 통권 20호.

'재범의 위험성'이라는
허구의 개념

다시 A씨의 사건으로 돌아가서, 우리는 '재범의 위험성'이라는 개념이 얼마나 허구인지를 밝혀내어 보안관찰 제도의 위헌성을 드러내고자 했다.

'재범의 위험성'은 〈보안관찰처분심의위원회〉가 수사기관의 조사 자료를 바탕으로 결정한다. 그런데 '재범의 위험성' 자체가 사실상 입증이 어려운 개념이어서 처분권자의 자의가 개입될 수밖에 없다. A씨의 경우, 이사하거나 해외여행을 갈 때 경찰에 신고하지 않고 『보안관찰법』에 대해 부정적인 의견을 표명한 점 등을 재범 위험성의 근거로 들었다. A씨뿐만 아니라 많은 보안관찰처분 대상자들이 『국가보안법』이나 『보안관찰법』에 비판적이라는 이유로 보안관찰처분을 받았다. 하지만 특정 법률에 대해 비판적이고 정권에 우호적이지 않다는 건 양심의 문제이지, 국가의 감시를 정당화할 수 있는 사유가 될 수 없다. 게다가 법무부 장관의 판단이 얼마나 자의적이냐면, 보안관찰처분 대상자가 기간 갱신을 위한 조사에서 '남북의 대치 상황이라는 특수성을 고려할 때 국가보안법의 존치가 필요하다'라는 의견을 이야기했는데도 〈보안관찰처분심의위원회〉는 '보안관찰처분의 기간 갱신을 면하기 위한 것은 아닌지 의문이 없지 않다'라는 이유로 재범의 위험성을 인정하고 기간 갱신을 결정했다. 결혼하면 결혼을 했다는 이유가, 결혼을 하지 않으면 결혼하지 않았다는 이유가, 수입이 많으면 돈이 많다는 이유가, 직업이 없으면 직업이 없다는 이유가 재범 위험성의 근거가 되었다.[79] 국가는

---

79) 국가인권위원회(2003). 보안관찰대상자 인권침해 실태.

'재범의 위험성' 때문에 보안관찰처분을 하는 것이 아니라, 대상자를 '보안관찰'이라는 틀 속에 가두어 통제하기 위해 '재범의 위험성'을 만들어냈다. 법원은 다행히 보안관찰처분의 취소를 구하거나 기간 갱신의 취소를 구하는 소송에서 재범의 위험성을 인정하지 않고 취소 판결을 하고 있다. A씨의 경우에도 취소 판결을 받았다.

방북 사건으로 『국가보안법』 위반 유죄 판결을 받고 복역한 뒤 출소한 한상렬 목사 역시 『국가보안법』과 『보안관찰법』의 폐지를 주장하고, 『보안관찰법』상의 신고 의무를 이행하지 않으며, 출소한 후에도 세월호특별법 촉구 천만 단식 농성 등 외부 활동을 한다는 이유로 보안관찰처분을 받았다. 그러나 법원은 이러한 사정은 재범의 위험성과 무관하다고 보고 보안관찰처분 취소 판결을 하였다.

보안관찰법상
신고 의무의 문제점

B씨의 사건에서는 신고 의무의 부당성과 처벌 규정의 위헌성을 제기하였다.

보안관찰처분을 받기 전에도 '보안관찰처분 대상자'로서 신고 의무가 있는데, 보안관찰처분을 받으면 더 촘촘한 신고 의무가 발생한다.

첫째, 원시 신고 의무다. 보안관찰 결정서를 받은 날로부터 7일 이내에 주거지 관할 경찰서장에게 ① 등록기준지, 주거, 서명, 생년월일, 성별, 주민등록번호, ② 가족 및 동거인 상황과 교우 관계, ③ 직업, 월수, 본인 및 가족의 재산 상황, ④ 학력, 경력, ⑤ 종교 및 가입한 단체, ⑥ 직장의 소재지 및 연락처, ⑦ 보안관찰처분 대상자 신고를 행한 관할 경찰서 및 신고 일자, ⑧ 기타 대통령령이 정하는 사항(국외 여행 관계, 보안관찰처분 결정 일자 또는 갱신 일자, 전과 관계 등) 등을 신고해야 한다.

둘째, 정기 신고 의무다. 3개월에 한 번씩 ① 3개월간의 주요 활동 사항, ② 연락하거나 만난 다른 보안관찰처분 대상자의 인적 사항과 그 일시, 장소 및 내용, ③ 3개월간에 행한 여행에 관한 사항 ④ 관할 경찰서장이 보안관찰과 관련하여 신고하도록 지시한 사항을 신고해야 한다.

셋째, 수시 신고 의무다. ① 원시 신고에 변경 사항이 발생하면 7일 이내에 변경 신고를 해야 하고, ② 이사를 하는 경우에는 이사 예정지, 이사 예정일, 이사 이유 등을, ③ 국외 여행의 경우에는 여행 대상국, 여행 목적, 여행 기간, 동행자, 여권 종류와 여권번호 등을 신고해야 한다.

이러한 신고 의무를 이행하지 않으면 형사처벌을 받는데, 법정형(법률에서 정한 형)이 '2년 이하의 징역 또는 100만 원 이하의 벌금'이다. '2년 이하의 징역'은 형법상 공무상 비밀 누설(제127조), 일반건조물 방화(166조), 공문서 부정행사(제230조), 폭행(제260조), 과실치사(제267조) 등의 법정형과 동일하다.

B씨는 보안관찰처분을 받기 이전부터 신고 의무를 이행하지 않아서 형사처벌을 받았는데, 이번에 의뢰를 받아 변론한 사건은 보안관찰처분 이후에 발생한 원시 신고 의무를 이행하지 않아서 입건된 사건이었다. 위 신고 사항을 보면, 이미 정부가 파악하고 있는 정보(이름, 등록기준지, 주거지, 생년월일, 성별, 주민등록번호 등)이거나 굳이 정부가 파악할 필요가 없는 정

보(월수, 여행에 관한 사항 등)가 대부분이다. 그런데도 굳이 형사처벌이 뒤따르는 신고 의무를 부과한 것은 재범의 위험성을 방지하기 위해서라기보다는 국가가 피처분 대상자를 통제하기 위한 목적이 제일 크다. 우리는 형사재판 과정에서 신고 의무 조항과 신고 의무 불이행을 처벌하는 조항에 대해 위헌제청신청을 하였는데, 법원은 이를 기각하면서 유죄 판결을 선고하였다. 그리고 헌법재판소도 합헌 결정을 하였다.

그러던 2021년 6월, 헌법재판소는 변경 사항 신고 의무를 이행하지 않은 보안관찰처분 대상자를 처벌하도록 한 『보안관찰법』 조항에 대하여 헌법불합치 결정을 하였다.[80] 보안관찰처분 대상자는 출소 전 교도소를 통해 관할 경찰서에 신고한 내용에 변경 사항이 발생하는 경우 7일 이내에 신고해야 하며, 이를 이행하지 않으면 2년 이하의 징역 또는 100만 원 이하의 벌금에 처해진다. 헌법재판소는 보안관찰처분 대상자의 경우 무기한의 신고 의무를 부담하는데, 이는 과잉금지 원칙을 위반하여 사생활의 비밀과 자유, 그리고 개인정보 자기결정권을 침해하는 것이라고 결정하였다.

보안관찰처분 관련 소송을 할 때마다 국가 측이 내세우는 논리 중 하나가 '피해의 정도가 크지 않다'라는 것이다. 정기적으로 경찰에 신고하고 경찰의 전화를 받는 게 그렇게 어려운 일이냐고 반문한다. 그러나 보안관찰 제도가 특정 법률 위반자들의 양심을 강제하고, 상시로 감시하며, 국가의 통제 아래 두기 위한 것이라는 점에서 피해의 정도가 절대로 가볍다고 말할 수 없다.

---

80) 헌법재판소 2021. 6. 24. 선고 2017헌바479 결정

그래서 당사자들도 호소한다. "항상 쇠사슬과 노끈이 발목에 걸려 있는 거 같습니다. 잊고 살다가도 경찰이 2~3개월마다 전화하면 내 발목을 잡아당기는 느낌입니다", "나는 이렇게 말하고 싶습니다. 보안관찰법은 수십 년 간 한 인간에게 소량의 독극물을 먹이는 국가의 살인 행위라고 말입니다."

그동안 당사자들의 지속적인 소송 투쟁을 통해 『보안관찰법』이 얼마나 허구의 개념으로 가득 찬 악법인지가 충분히 드러났다고 생각한다. 『국가보안법』과 함께 『보안관찰법』의 폐지를 위한 소송 투쟁은 계속 이어질 것이다.

"내가 오빠 지켜줄게"
한마디로 드러난 한국의 관타나모

유가려 씨 인신구제 청구 사건

황필규[81]

아무도 당신이 어디 있는지 모른다. 독방에 감금되어 조사받지만 당신에게는 어떠한 절차적 권리도 없다. 사형에 처해질 수도 있는 범죄 혐의에 대해서 조사를 받기도 하지만 진술거부권, 변호인 조력권 등은 전혀 보장되지 않는다. 당신은 그러한 권리가 있다는 것조차도 알 길이 없다. 조사 중 외국으로 추방될 수도 있지만 당신은 이에 대하여 이의를 제기할 권리가 없다. 아무도 당신의 이러한 처지를 알지 못한다. 당신은 길게는 반년, 아니 그 이상까지 이러한 상태에 놓일 수 있다. 조사 과정을 통과하지 못한 이가 누구인지, 이들이 어떻게 되었는지는 알려진 바 없다. 전쟁포로에 대한 취급도, 비상계엄하의 체포·구금에 대한 특별 조치도 이럴 수는 없다. 관타나모인가. 아니다. 적어도 관타나모에는 누가 있는지가 알려져 있고 변호인의 접근이 가능하

---

81) 공익인권법재단 공감 변호사, 천주교인권위원회 위원

다. 이곳은 '법치국가' 대한민국 내에 있는 '중앙합동신문센터'다.[82]

북한이탈주민 한국 정착의 관문, '중앙합동신문센터'를 아시나요

2009년, 한 기자로부터 전화가 왔다.

"탈북자 합동신문 기간 상한을 3개월에서 6개월로 연장하려는 움직임이 있는데 어떻게 보시나요?"

"저, 그런데 합동신문이 뭔가요..."

잠시 후 다시 연락할 것을 약속하고, 『북한이탈주민의 보호 및 정착지원에 관한 법률』(이하 '북한이탈주민법') 등 관계 법령과 자료를 뒤졌다. 통일부 소속의 〈하나원〉에 대해서는 막연히 알고 있었지만, 〈중앙합동신문센터〉[83]는 들어본 적이 없었다. 그러나 자료를 파고들면 들수록 어떻게 이런 시설이 존재할 수 있나 하는 생각이 들며 섬뜩한 전율이 엄습해 왔다. 3개월이냐, 6개월이냐가 문제가 아니라 이런 시설이 존재한다는 사실 자체가 문제라는 생각을 떨칠 수가 없었다.

북한이탈주민은 한국에 입국한 뒤 비밀 구금시설인 오늘날의 〈북한이탈주민보호센터〉에 구금된 채 국정원 주도의 합동신문을 받게 된다. 일반적

---

82) 필자가 2013년 5월 「시사IN」 296호에 쓴 '어떤 정당성도 없는 6개월 강제구금'이란 제목의 글에서 그대로 인용

83) 〈중앙합동신문센터〉는 북한이탈주민의 임시보호 등을 위해 2008년 12월에 국정원 산하에 설치되었는데, 이후 유가려 씨 사건의 인권 침해 논란을 계기로 2014년 7월 〈북한이탈주민보호센터〉로 명칭이 변경되었다.

으로 익히 알려진 〈하나원〉에 가기 전 단계다. 기간은 개인마다 다르지만, 대개 1주일 정도 외부와 완전히 차단된 채 지속적으로 며칠간 조사를 받는다. 조사를 마친 뒤에는 퇴소할 때까지 다른 입국자들과 함께 대기실에서 외부와 격리된 채 약 2개월간을 더 지내야 한다.

이곳에서는 먼저 한국 정부의 보호를 요청하는 의사 확인이 진행되고, 북한이탈주민이 맞는지, 한국에 온 목적은 무엇인지, 북한 주민으로서 어디에서 어떤 생활을 해왔는지 등에 대한 조사가 차례로 이루어진다. 북한이탈주민법에 의하면 해당 센터에서의 조사는 보호 및 정착 지원을 결정하기 위한 행정 절차에 불과하지만, 실제로는 구금 상태를 이용해 간첩 수사가 이루어지고, 그 여부를 결코 자유로이 결정할 수 없는 '동의'를 전제로 개인의 공적, 사적 정보가 수집된다. 모든 북한이탈주민을 사실상 잠재적 간첩과 정보원으로 규정하는 이러한 초법적인 수사와 정보 수집은 지난 수십 년간 계속됐다.

2012년 서울, 경기, 인천 거주 북한이탈주민들의 진술에 기초한 〈(재)경기도가족여성연구원〉의 실태조사 보고서는 〈북한이탈주민보호센터〉가 그 안에서 북한이탈주민들이 철저하게 고립되어 있고, 그 어떠한 감독도 이루어지지 않는 극단적인 감금 시설임을 확인했다. 구체적으로는 국정원 직원이 폭언을 하거나 성적 수치심을 유발한 경우에도 "참을 수밖에 없었다"라고 응답한 비율이 각각 90.6%와 86.7%나 된다. 50% 정도의 북한이탈주민이 조사 기간, 조사 이유, 독방 구금에 대한 설명이나 안내를 받지 못했다. 조사 과정에서 공포심을 느꼈다는 응답은 43.1%에 이르렀고, 그와 같이 응답한 비율은 남성보다 여성이 더 높았다. 조사 과정 중 폭언이나 욕설을 들은 경우도 16.8%나 되는 것으로 나타났고, 0.8%가 폭행을 당한 적이 있다고 응답했다. 또한 조사를 받은 북한이탈주민 가운데 13.8%에 대해 거짓말탐지기를 사용한 조사가 이루어졌다. 몸이 아플 때 의사나 간호사의 진료를 받을 수 있었느냐는 질문에는 37.6%가 전혀 받을 수 없거나 충분하지 않았다고 응답했다. 2009년 〈하나원〉의 여성 북한이탈주민들을 대상으로 한 설문조사에서는 43.5%가 합동신문 시설에 7~9주간 있었다고 응답했고, 12주 이상 합동신문 시설에 머문 경우도 4.8%에 달했다. 2010년 국회의원 김영우(당시 새누리당)가 하나센터와 관련 단체들을 통해 수행한 설문조사에서는 여성의 80%가 남성 조사관으로부터 성 경험 여부를 조사받은 것으로 나타났고, 독방 생활 중 산책이나 운동을 할 수 없었다는 응답은 92.2%에 달했다.

반면, 지난 수십 년간 북한이탈주민들이 직접 문제를 제기한 사례는 거의 없었고, 그나마 2000년 고문에 가까운 전신 구타를 주장하며 북한이탈주민 8명이 제기한 국가배상의 소에서 법원은 증거 부족을 이유로 모든 청구를 기각했다.[84]

이런 현실을 종합해 볼 때 누군가는 꼭 문제를 제기할 필요가 있다는 확신이 들었다. 한국이 법치주의를 지향하는 한 반드시 없어질 수밖에 없는 시설이고, 그 고통과 고통을 받는 이들의 수를 줄이기 위해서는 하루빨리 이 시설의 폐쇄를 앞당겨야 한다고 생각했다. 그러던 차에 합동신문 과정에서 일관성 없는 진술을 한다고 집중적으로 추궁받고, 맹장이 터졌는데도

---

84) 서울지방법원 2000. 10. 4. 선고 99가합13930 판결, 2002년 서울고등법원 항소기각, 대법원 심리불속행기각 확정

제때 적절한 조치가 이루어지지 않는 등의 인권 침해를 주장하는 북한이탈주민으로부터 연락이 왔다. 일말의 주저 없이 국가배상 소송을 대리하기로 했다.

2010년 8월 시작된 이 소송은 2013년 1월 대법원판결로 전부 패소가 확정됐다. 소송에서는 독방에서의 불법 수사와 감금, 모욕적 언사와 강압적 신문의 위법성이 주장됐다.[85] 그러나 판결은 합동신문이 법령에 근거한 합법적인 수용이고, 범죄 수사는 없었으며, 나머지 주장은 증거가 불충분하다는 것으로 결론이 났다. 해당 판결은 절차적 보장이 없는 감금 조사가 "합리적인 범위 내에서 필요한 최소한의 불가피한 조치"임을 강조했다. 심지어는 원고를 가리켜 임시 보호시설 수용 및 조사 등에 대하여 충분히 고지받았고, 이를 양해하였다고도 했다. 즉 스스로 보호 신청을 한 것이고, 언제든지 보호 신청을 철회할 수 있었다는 것이다. 법리나 인권의 가치보다는 마치 '간첩 잡겠다는데 웬 말이 이렇게 많냐'라는 공포의 정치학이 더 지배하는 판결문 같았다.

그래서 〈대한변호사협회〉를 통해 관련 전문가 토론회를 개최해 보기도 하고, 인권보고서의 한 주제로 실어보기도 했다. 너무나도 당연한 내용을 법제 개선 방향[86]으로 제시하기도 했지만, 사회적인 관심과 공감대를 얻어내기에는 역부족이었다.

---

85) 서울중앙지방법원 2012. 2. 21. 선고 2010가단332028, 2012년 항소 기각, 2013년 대법원 심리불속행기각 확정

86) 사회통합 과정으로서 북한이탈주민 국내 정착 과정 확인, 대한민국 국민으로서의 지위의 일관된 적용, 행정절차로서의 보호 결정과 범죄 수사로서의 형사절차의 엄격한 주체 및 절차의 분리, 적법절차의 확립, 여성, 아동·청소년, 노약자 등에 대한 특별한 보호

인신구제 청구로
거대한 권력의 음모에 맞서다

2013년 말, 당시의 〈중앙합동신문센터〉에 있는 여동생 유가려 씨의 진술에 근거해 오빠 유우성 씨가 간첩으로 몰려 체포 후 구속기소 되었는데, 간첩 조작의 의심이 들어 유가려 씨와 접촉하려 했으나 접근이 불가능하다는 이야기를 〈천주교인권위원회〉로부터 들었다. 곧이어 유가려 씨에 대한 국정원의 회유와 협박 여부, 유가려 씨의 진의 등을 확인할 방법에 대한 자문 요청이 들어왔고, 나는 인신구제 청구를 제안했다. 인신구제 청구 제도는 『인신보호법』에 의한 제도로, 행정처분 또는 사인에 의한 시설에의 수용으로 인해 부당하게 인신의 자유를 제한당하고 있는 개인이 법원에 그 수용 상태의 해소, 곧 수용 해제 결정을 청구하는 것이다.

두 달 후 내가 몸담고 있는 〈공익인권법재단 공감〉은 〈천주교인권위원회〉를 통해 유가려 씨의 부친으로부터 그녀의 인신구제 청구 사건을 대리해 달라는 요청을 받았다. 합동신문의 문제점에 대해 계속 관심을 가져왔고, 외국인보호소 등 다양한 구금시설의 인권 침해적 요소에 대해 지속적으로 문제를 제기해 왔던 상황이라 흔쾌히 요청에 응했다. 여기에는 다년간 이른바 '복지'시설의 문제점 개선에 애쓰고, 정신병원 강제 입원 등과 관련해 실제로 인신구제 청구의 경험이 있는 같은 사무실 구성원도 함께하기로 했다. 그렇게 2013년 4월 12일 오빠 유우성 씨는 국정원을 상대로 여동생에 대한 인신구제 청구를 서울중앙지법에 제출했다.

유가려 씨는 북한이탈주민임을 주장하며 〈중앙합동신문센터〉에 들어갔지만, 조사 과정에서 화교임이 드러났다. 〈중앙합동신문센터〉는 그 위법성은 별론으로 하더라도 북한이탈주민만을 수용하는 비밀 구금시설이다. 피수용자가 중국 국적자임이 밝혀졌다면 즉시 퇴소시키고 『출입국관리법』상의 절차를 밟아야 한다. 그럼에도 국정원은 유가려 씨를 이 비밀 구금시설에 6개월간 감금했다. 이러한 구금은 그 사유가 소멸되었음에도 불구하고 계속 위법하게 구금하고 있는 때에 해당한다고 볼 수 있어 이를 즉시 해제해야 한다는 것이 우리의 주장이었다.

국정원은 유가려 씨를 그 어떠한 형사 범죄로도 수사하거나 내사한 적이 없고, 오빠 유우성 씨의 간첩 혐의에 대해 참고인 조사만을 했을 뿐이라고 주장했다. 하지만 참고인 조사의 내용에는 유가려 씨가 오빠의 간첩 행위의 공범으로 등장했고, 그녀의 직업 또한 "북한 보위부 공작원"으로 적시되어 있었다. 유가려 씨에 대한 변호인 접견권 등 형사절차적 보장을 배제하고, 오빠 유우성 씨를 간첩으로 몰기 위한 너무도 노골적인 행태가 문서로 확인되고 있었다.

인신구제 청구 심문기일에 있었던 일
- 진실은 밝혀진다

심문기일 전 대리인들은 유가려 씨와의 면회를 시도했다. 국정원 팩스로 면회 신청서를 보내고, 〈중앙합동신문센터〉의 주소를 알아내어 직접 방문했다. 센터 정문을 지키던 경비들은 외부 용역업체 소속이라 출입은 물론 담당 직원과의 연결도 불가능하다고 말했다. 고심 끝에 국정원과 관련성이 있는 전화인 간첩 신고 전화로 연락했다. 면회 요청이 접수됐고, 당사자가 만남을 원치 않는다는 답변이 돌아왔다. 나중에 이는 제대로 된 사실이 아넘이 밝혀졌다. 유가려 씨의 진의와 상황을 충분히 파악해야 했던 이 사건에서 그녀의 심문기일 출석은 절대적으로 필요했다. 그래서 사전에 별도의 의견서를 제출해 피수용자의 심문기일 출석 필요성에 대해 재판부를 설득했다.

대리인들은 인신구제 청구서 및 변론요지서 등을 통해 중국 화교로 밝혀진 후에도 유가려 씨를 〈중앙합동신문센터〉에 감금하는 것의 위법성, 변호인 접견 및 서신 교환 거부의 위법성, 감금 상태를 이용한 형사 수사의 위법성, 합동신문의 목적 달성 후 장기 구금의 위법성 등을 주장했다. 이에 대하여 국정원은 답변서를 통해 합동신문은 당사자의 동의를 받고 이루어지는 보호이기 때문에 『인신보호법』상의 '수용'이 아니며, 보호하지 않기로 결정하고 출국 명령을 받았으니 구제 청구의 이익도 없다는 주장을 내세웠다.

그런 뒤 국정원의 비공개 심문 요청이 있었다는 소식을 접했다. 이에 대해 이의를 제기하기 위해 다음 문구로 끝나는 메모를 준비했다. "오늘 이 자리는 법치국가를 표방하는 대한민국에서 변호인 접견을 포함해 그 어떠한 절차 보장 없이 180일이라는 오랜 기간 동안 한 사람을 감금하는 것이 과연 어떻게 정당화될 수 있는가를 밝히는 자리입니다. 국정원의 비공개 심리 요청을 받아들이지 않으시기를 간곡히 요청드립니다." 그러나 이의를 제기할 기회는 없었는데, 결론적으로는 아이러니하게도 비공개 심리가 결정적인 역할을 했다. 심리기일 직전에 오빠 유우성 씨의 형사사건 변호인들 4명도 이 사건 대리인으로 결합해 심리에 참석할 수 있었고, 국정원 측은 사건 대리 변호사 1명을 제외하고 변호사가 아닌 국정원 직원들이 모두 퇴장해야 했다. 여러 변호사가 동시에 소리치듯 얘기하는 등 어수선하고 혼란스러운 분위기였지만, 판사는 소수만이 모인 이 공간에서 최대한의 자율을 허용했다.

2013년 4월 26일, 서울중앙지법에서 피수용자 유가려 씨와 청구인 유우성 씨도 모두 출석한 가운데 심문기일이 비공개로 열렸다. 처음에는 판사의 질문에 유가려 씨는 본인의 의사로 〈중앙합동신문센터〉에 계속 있는 것이고, 조사 과정에서도 아무런 문제가 없었다는 기계적인 답변으로 일관했다.

> 문 : 피수용자가 화교임이 밝혀진 이후에도 본인의 자유로운 의사에 의해서 중앙합동신문센터에 계속 있었던 것인가요, 아니면 본인은 중앙합동신문센터에 있는 것을 원하지 않았는데도 어쩔 수 없이 그곳에 있었던 것인가요.
>
> 답 : 본인의 의사로 중앙합동신문센터에 있겠다고 하였습니다.
>
> 문 : 국정원 측에서 오빠인 유우성과 계속 한국에서 살 수 있게 해주겠다고 하는 약속을 믿고 어쩔 수 없이 중앙합동신문센터에 있었던 것인가요, 아니면 본인이 여러 가지 사정상 중앙합동신문센터에 있는 것이 좋겠다고 판단하여 본인의 의사로 있었던 것인가요.
>
> 답 : 본인의 의사로 있었던 것입니다.
>
>   - 서울중앙지방법원 2013인2 인신보호사건 2013. 4. 26.
>
>   심문조서 중에서

대리인들은 국정원의 회유와 협박에 의한 허위 진술 가능성에 대한 의심

에 기초한 질문을 쏟아냈지만, 유의미한 답을 얻어낼 수는 없었다. 그러던 와중에 반전이 일어났다. 유가려 씨가 유우성 씨를 바라보며 "오빠는 내가 지켜줄게"라는 발언을 한 것이다. 이때를 놓치지 않고 대리인들은 재판장에게 호소했다.

"이 짧은 한마디의 말은 너무나 많은 것을 얘기하고 있습니다. 제발 왜 그런 말을 했는지 자세히 물어봐 주십시오."

이어진 재판장의 질문과 유가려 씨의 답변에서 구금된 지 보름도 채 안 돼 중국 화교임이 밝혀졌음에도 장장 180일간이나 계속 구금되어 있었던 사실, 나중에 오빠와 같이 살 수 있게 해주겠다는 국정원의 회유와 협박이 있었던 사실이 밝혀졌다. 국정원은 〈중앙합동신문센터〉에서의 계속된 수용과 조사가 유가려 씨의 동의하에 이루어졌다고 주장했지만, 설사 유가려 씨의 동의가 있었다고 하더라도 이는 진의에 의한 동의라고 볼 수 없다는 점이 유가려 씨의 진술을 통해서도 확인됐다.

문 : 본인이 중앙합동신문센터에 계속 있었던 이유가 무엇인가요.
답 : 국정원 측으로부터 한국에 계속 있을 수 있게 해주겠다는 이야기를 들었고, 오빠가 구속되더라도 본인이 한국에 남아 오빠의 뒷바라지를 해 주어야겠다는 생각도 있어 중앙합동신문센터에 있었던 것입니다. (중략)
문 : 국정원 측에서 오빠 유우성이 재판받는 기간 동안은 본인이 대한민국에 있으면서 지켜볼 수 있도록 해주겠다는 이야기를 하였나요.

답 : 국정원 측에서 오빠가 처벌받고 나오면 본인과 한국에서 같이 살 수 있다고 하였고 (중략)

문 : 피수용자가 한국에 살고 싶어서 북한이탈주민이라고 진술하면서 보호신청을 하였는데, 그로부터 보름 정도 지나 국정원 측에서 본인이 화교가 맞는지 물어보아 맞다고 한 이후에도 본인이 합동신문센터에 있었던 것은 국정원 측에서 오빠가 형을 살고 나오면 한국에서 같이 살 수 있게 해 주겠다는 말을 믿고 그곳에 있었다는 것인가요.

답 : 예.

– 서울중앙지방법원 2013인2 인신보호사건 2013. 4. 26.
심문조서 중에서

대리인들은 국정원이 체류자격 없는 외국 국적 범죄자와 그 가족을 한국에서 체류할 수 있도록 할 아무런 권한이 없음을 강조했다. 그리고 국정원에 대한 유가려 씨의 두려움을 해소해 주고자, 다소 맥락 없이 국정원장도 잘못하면 재판받고 처벌받는다는 점을 지적했다. 적어도 심문을 통해 5개월 넘는 기간 동안은 불법 수용이 이루어졌음이 확인된 상황에서 재판장은 결정을 내렸어야 했다. 그러나 거기까지였다. 재판장이 법정을 나가자마자 대리인들 중 일부는 유가려 씨가 부친 등 가족·친지들과 통화할 수 있도록 전화를 연결했다. 그러자 밖에서 대기하던 국정원 직원들이 법정 안으로 들이닥쳤고, 그 가운데 여성 직원들이 유가려 씨를 여자 화장실로 데려가 버렸다. 모두 남성이었던 대리인들은 당장 어떻게 손쓸 도리가 없었다.

그때 한 국정원 직원이 출국명령서 비고란에 〈중앙합동신문센터〉 주소가 적혀 있으니 유가려 씨가 센터로 가야 한다고 주장했다. 그러나 외국인 구금시설에 수용되었다가 강제 출국당하는 강제 퇴거 명령과는 달리 출국명령은 자유롭게 체류하다가 출국 기한 내에 출국하면 되는 제도다.[87] 국정원의 주장은 말도 안 되는 것이고, 출국 명령이 내려진 이상 이제 국정원은 유가려 씨의 신병을 확보할 아무런 법적 권한이 없다고 지적하자, 그 국정원 직원은 나를 째려보며 "XX"이라고 욕을 했다. 화장실 안쪽에서 보거나 듣고 있을 유가려 씨에게 국정원이 결코 무서워만 할 대상이 아님을 알려줄 필요를 느꼈고, 그래서 나도 똑같이 "XX"하고 욕을 되돌려줬다. "안 들려." "누가 너한테 얘기했어? 네 양심한테 얘기했지." 이런 유치한 대화를 내뱉으며 몸싸움도 좀 하고 말이다.

　　화장실에서 나온 유가려 씨는 지혜로운 판단을 했다. "오늘은 이 변호사님들 쫓아가고, 내일 센터로 돌아갈게요." 국정원의 공작은 거기까지였다. 다음날 간첩 조작을 위해 국정원이 어떠한 회유와 협박을 하였는지에 대한 기자회견이 있었다. 정말 섬뜩했던 사실은, 이 사건을 준비하면서 동료에게 "내가 국정원이라면 1987년 일명 'KAL기 폭파 사건' 범인인 김현희 씨를 예로 들며 '그렇게 사람을 많이 죽여 놓고도 잘 먹고 잘살고 있지 않냐, 우릴 믿어'라고 할 것 같은데"라는 말을 했던 적이 있다. 그런데 실제로도 국정원 직원이 유가려 씨에게 위와 같은 취지로 김현희 씨를 언급했었다는 사실을 훗날 알게 됐다. 그 후 국정원은 직원들을 내세워 유가려 씨와 기자회

87)『출입국관리법』제63조, 제68조 참조

견을 진행했던 유우성 씨 대리인들에 대해 명예훼손을 이유로 한 손해배상 소송을 제기하는 등 관련자들에게 재갈을 물리려고 시도했다. 하지만 이번 인신구제 청구 사건을 통해 이미 그들의 둑은 무너졌다.

패배 아닌 패배
- 새로운 출발의 서막

심문기일 한 달이 지나고, 담당 판사에게서 전화가 왔다. 유가려 씨가 출국을 했는지, 출국하지 않았다면 주소지가 어떻게 되는지를 물어왔다. 원래 출국 명령의 내용이 한 달 안에 출국해야 한다는 것이었는데, 당시 그녀는 유우성 씨의 형사사건에 증인으로 출석해야 해서 출국이 늦춰진 상황이었다. 주소를 가르쳐줬다.

판사로부터 다시 전화가 왔다. 이미 수용 상태에서 벗어났으니 청구를 취하하는 것이 어떻겠느냐는 질문 아닌 질문이었다. 심문기일에 이미 감금의 위법성이 충분히 드러났으니 빨리 수용 해제 명령을 내려야 하는 거 아니냐고 답했다. 그러고 나서도 한 달 반이 지난 2013년 7월 10일에 이르러서야 심문기일 이후에는 수용되지 않았고 화교라서 〈중앙합동신문센터〉에 재수용될 가능성이 없어 인신구제 청구를 각하한다는 결정이 이루어졌다. 이미 심문기일에 이 사건에서의 감금의 위법성이 충분히 확인되었음에도 법원은 "피수용자는 구제 청구의 당부에 관한 심리가 상당한 정도 이루어지기 전 수용이 해제"되었다고 주장하며 위법성 판단을 회피하고, 심지어는 실체 판단도 하지 않은 채 형식적인 각하 결정만을 한 것이다.

아쉬움은 많이 남지만, 이 사건은 이후 많은 영향을 미쳤다. 오빠 유우성 씨에 대한 간첩 혐의는 조작된 것임이 드러났다. 유가려 씨도 〈중앙합동신문센터〉에서 단순한 조사가 아니라 형사수사를 받은 점이 인정되었고, 변호인의 조력을 받을 권리도 침해된 사실이 재판을 통해 인정됐다.

항상 끝은 보이지 않는다, 불안한 전진이 있을 뿐

북한이탈주민 합동신문에 대한 사회적인 관심과 비판이 고조되면서 국정원은 기자들을 〈중앙합동신문센터〉로 불러들여 견학하게 하고, 센터 명칭을 〈중앙합동신문센터〉에서 〈북한이탈주민보호센터〉로 변경하는 한편 여성 변호사를 인권보호관으로 임명하는 등 소위 개선책을 제시하기도 했다. 하지만 명칭이 바뀐다고 시설의 본질이 바뀔 리는 없고, 국정원장이 임명하는 명예직 인권보호관이 할 수 있는 역할이라는 것은 지극히 제한적일 수밖에 없었다. 당연히 국정원의 진정성은 의심받을 수밖에 없었고, 실질적인 변화는 감지되지 않았다.

물론 시간이 지나면서 임시보호 기간의 상한도 줄고, 시행령에 있었던 내용이 법률로 규정되었으며, 인권보호관 등도 법률에 근거하게 되는 등 긍정적인 변화가 없었던 것은 아니었다. 하지만 시설 자체가 가지는 근본적인 문제는 여전히 그대로 유지되고 있다. 일례로 2017년 〈대한변호사협회〉 인권위원들이 〈북한이탈주민보호센터〉를 방문해 여러 가지 질문을 한 적이 있었다. 이때 센터장은 변호사 접견에 대해 적극적으로 보장하고자 한다는 답변을 내놓았다. 그러나 이 시설의 소재 자체가 공개되어 있지 않고, 시설 내에 어떤 북한이탈주민이 수용되어 있는지도 외부에서는 알 길이 없는 상황에서 어떻게 변호인 접견권을 보장할 예정이냐는 질문에는 아무런 답도 하지 못했다.

이러한 합동신문 시설의 문제점에 대해서는 이제 국내 재판뿐만 아니라 〈유엔 자유권위원회〉, 〈유엔 고문방지위원회〉 등과 같은 유엔 인권기구의 한국에 대한 권고에서도 구체적으로 지적되고 있다.

"위원회는 북한이탈주민의 보호 및 정착지원에 관한 법률 시행령 제12조 제2항 및 제15조 제2항이 북한이탈주민을 6개월까지 구금할 수 있다고 규정하고 있음을 주목하는 한편, 이들이 국가정보원에 의해 무기한 구금될 수 있다는 보고에 특히 우려한다. 위원회는 또한 이들이 독방에 변호인의 조력을 받을 권리를 포함한 적법절차 없이 구금되는 점을 우려한다. 위원회는 또한 이들이 보호 대상이 아니라고 결정되면 고문의 위험이 있는 제3국으로 강제 퇴거될 수 있고, 독립된 심사에 대한 권리나 강제퇴거 결정에 대해 이의를 제기할 권리를 향유할 수 없음을 우려한다."

– 2017년 〈유엔 고문방지위원회〉의 한국에 대한 최종 견해 중에서

"당사국은 다음을 이행해야 한다:

(a) 북한이탈주민을 포함하여 국제적 보호를 구하거나 필요로 하는 개인이 규약 제6조 및 제7조에 명시된 것과 같이 돌이킬 수 없는 위해의 위험이 있는 국가로 추방되거나 송환되지 않도록 보장함으로써 강제송환 금지 원칙을 보장해야 한다;

(b) 심문 및 구금과 관련된 것을 포함하여 변호인의 조력을 받을 권리, 행정 구금의 기간 및 그에 대한 사법 심사, 강제퇴거 또는 보호 거부 결정을 포함한 모든 결정에 대해 사법기관에 이의를 제기할 권리 등 북한이탈주민에 관한 절차와 안전장치를 법률에 명문화하고, 북한이탈주민이 실제로 그러한 안전장치에 효과적으로 접근할 수 있도록 보장해야 한다.

(c) 북한이탈주민이 가능한 한 최단기간 동안 구금되도록 보장해야 한다."

– 2023년 〈유엔 자유권위원회〉의 한국에 대한 최종 견해 중에서

2023년 11월에 〈유엔 자유권위원회〉의 위와 같은 최종 견해가 발표되자마자 곧바로 국정원은 이례적으로 보도자료를 내고, 위 내용을 반박했다. 그들은 북한이탈주민에 대한 '임시보호'는 '구금'이 아니며 북한이탈주민의 '자유의사'에 의해 개시 및 종료된다는 점, 인권보호관의 법적 조력은 일대일 상담을 포함하기 때문에 법적 지원이 이루어지고 있다는 점 등을 들어 〈유엔 자유권위원회〉의 내용이 사실이 아니라는 주장을 펼치면서 유감을 표명했다. 이는 해당 구금시설에 대한 실질적인 변화를 불러오는 것이 얼마나 힘든지를 여실히 보여주는 국정원의 입장 공표였다.

이렇게 이름만 〈북한이탈주민보호센터〉로 바뀌었을 뿐 〈중앙합동신문센터〉는 여전히 존재하고, 『북한이탈주민법』도 일부 개정되기는 했으나 합동신문의 본질적인 문제점은 전혀 달라진 것이 없다. 국정원이 앞선 인신구제 청구 사건에서 제대로 배운 사실 하나는 심문기일에 피수용자를 출석시

키면 위험하다는 것이었는지도 모른다. 실제로 '북한 해외식당 종업원 기획 탈북 의혹 사건'에서 제기된 인신구제 청구 사건의 심문기일에 합동신문을 받고 있던 종업원들은 아무도 출석하지 않았다.

　그뿐만 아니라 사회적으로도 정치적 낙인찍기와 이데올로기적 공세가 잦아들 기미가 보이지 않는다. 급기야 북한이탈주민은 인신구제 청구의 대상에서 제외해야 한다는 위헌적 법률이 발의되기까지 했다. 대한민국 최악의 구금시설, 간첩의 조작과 죽음의 은폐가 가능한 공간. 그곳은 대한민국이 법치국가로 존속하는 한 언젠가는 사라질 것이다. 더 많은 피해자들이 양산되기 전에 문제의 그 시설의 철폐를 하루라도 앞당겨야 한다.

'집회는 미리 신고해야 한다'라는 고정 관념에 맞서다

집회 사전신고제 헌법소원 청구 사건

김현성[88]

흔한 고정 관념이 있다. 집회를 하려면 경찰에 미리 신고해야 하고, 신고를 하지 않은 채 집회를 하면 불법집회가 된다는 것이다. 헌법 제21조 제1항은 "모든 국민은 언론·출판의 자유와 집회·결사의 자유를 가진다", 제2항은 "언론·출판에 대한 허가나 집회·결사에 대한 허가는 인정되지 아니한다"라고 선언하고 있는데, 왜 집회를 미리 신고해야 할까? 헌법에서는 집회의 자유를 보장하고 있는데, 집시법은 왜 신고 의무를 규정하고 있는 것일까? 차도에서 열리는 대규모 집회라면 길이 막힐 수 있으니, 이런 경우는 제한의 필요성이 제기될 수 있을 것이다. 그러나 인도에서 하는 소규모 집회도 미리 신고해야 할까? 기자들을 대상으로 의견을 밝히는 기자회견도 집회라서 미리 신고해야 할까? 이처럼 '집회는 미리 신고해야 합법'이라는 고정 관념에 의문을 품고 법원과 헌법재판소를 찾은 이들이 있다. 시민단체 회원, 대학교수, 노동자, 장애인, 대학생 등 다양한 배경을 가진 그들 가운데 내가

---

88) 법무법인 우공 변호사

맡은 사건의 당사자는 대학생 김 아무개 씨로, 결국 전과자가 되었다.

25분 기자회견으로
전과자가 된 대학생

2014년 4월 24일, 서울 광화문광장 세종대왕 동상 앞에서 '오바마 방한 반대 청년·학생 기자회견'이 열렸다. 참가자들은 'TPP 추진과 군사적 한미동맹 강화 목적의 오바마 방한 반대 청년·학생 기자회견'이라는 현수막과 함께 '오바마 방한 반대한다'라고 쓴 손팻말을 들었다. 여느 기자회견처럼 소형 앰프 한 개를 사용했고, 김 씨는 기자회견의 사회자였다.

이후 김 씨는 "기자회견을 빙자하여 피켓과 방송 장비를 이용한 미신고 집회를 주최"했다는 이유로 약식 기소되어 2015년 5월 벌금 100만 원의 약식 명령을 받았다. 이에 그는 정식재판을 청구하여 무죄를 강하게 주장하였다. "김 씨와 그 일행들은 장소를 행진하거나 위력 또는 기세를 보인 것은 아니므로 시위를 한 것은 아니다. 김 씨는 광화문 세종대왕 동상 앞에서 기자회견을 한 것뿐이다. 김 씨는 유명인이 아니고, 국회의원 등 힘 있는 사람이 아니다. 김 씨가 하는 기자회견은 기자회견이 아니란 말인가? 유명 방송국이 취재하러 나오지 않으면 기자회견이 아닌가? 백번 양보하여 기자회견을 한 것이 옥외집회라고 하더라도, 김 씨는 25분간, 평일인 목요일에, 광화문 세종대왕 동상 앞에서 조금 크게 말한 것뿐이다"라는 것이 주장의 요지였다.

그리고 2015년 12월, 서울중앙지법 형사25단독 이은명 판사는 당시 기자회견이 신고 의무의 대상인 옥외집회에 해당한다며 벌금 70만 원의 유죄 판결을 선고했다. 이 판사가 기자회견을 옥외집회로 본 이유는 이렇다.

1) 김 씨를 포함한 약 15명이 기자회견 제목이 기재된 플래카드를 참가자들 앞에 세워 놓았고, 일부 참가자들은 기자회견 취지가 기재된 손팻말을 손에 들고 있었다.

2) 기자회견 사회를 본 김 씨가 여러 번 구호('군사 패권 주장하는 오바마 방한 반대한다' 등)를 선창하면 참가자들이 손팻말을 흔들면서 구호를 제창했다.

3) 참가자들이 구호를 외치자 경찰이 1차 자진 해산을 요청했고, 구호 제창 등을 한 경우 사법 처리될 수 있음을 경고했으나 다시 구호를 제창했다.

이에 김 씨는 항소·상고했으나, 2017년 7월과 9월 서울중앙지법 제4형사부(재판장 김종문)와 대법원 제3부(주심 김재형 대법관)는 잇달아 기각했다. 오전 11시 5분경부터 30분경까지 25분 동안 열린 기자회견에 사회자로 나섰다는 이유로 김 씨는 전과자가 된 것이다.

기자회견도 집회라면, 집회란 무엇인가?

『집회 및 시위에 관한 법률』(이하 집시법) 제6조 제1항은 "옥외집회나 시위를 주최하려는 자는 (…) 신고서를 옥외집회나 시위를 시작하기 720시간 전부터 48시간 전에 관할 경찰서장에게 제출하여야 한다"라고 규정하고 있다. 신고서에는 집회의 목적, 일시, 장소, 주최자(주소, 성명, 직업, 연락처), 참가 예정인 단체와 인원, 시위의 경우 그 방법(진로와 약도 포함)을 기재해야 한다. 신고 사항이 누락되면 경찰이 보완 통고를 하게 되는데, 주최자가 이에 응하지 않으면 집회 금지 통고를 받을 수 있다. 이런 신고 절차를 거치지 않고 집회를 주최하면 2년 이하의 징역 또는 200만 원 이하의 벌금(제22조 제2항)에 처한다.

그러나 집시법은 '옥외집회'의 개념을 "천장이 없거나 사방이 폐쇄되지 아니한 장소에서 여는 집회"라고 규정하고 있을 뿐 정작 '집회'의 정의는 규정하고 있지 않다. 결국 '집회'의 정의는 판례를 통해 형성되었는데, 대법원은 "특정 또는 불특정 다수인이 특정한 목적 아래 일시적으로 일정한 장소에 모이는 것을 말하고, 그 모이는 장소나 사람의 다과에 제한이 있을 수 없다"[89]라고 판시함으로써 아무런 규범적인 제한을 하지 않고 있다.

이렇다 보니 이 사건처럼 기자와 취재원이 만나는 '기자회견'은 물론이고 인터넷 등을 매개로 정해진 시간과 장소에 모여서 주어진 행동을 하고 곧바로 흩어지는 '플래시 몹'도 법원은 '집회'로 판단한다. 일정 간격을 두고 진행하는 1인시위도 '변형된 집회'에 해당할 소지가 있다. 2인 이상이 같은 목적을 가지고 옥외에서 모이기만 하면 타인의 법익이나 사회 질서를 해칠 명백하고 현존하는 위험이 없더라도 신고 의무가 부과되고, 이를 어기면, 즉 48시간 전에 신고하지 않았다면 형사처벌될 수 있는 것이다.

---

89) 대법원 1983. 11. 22. 선고 83도2528 판결

사전신고제,
헌법재판소로 가다

김 씨는 항소심 계류 중 사전신고제를 규정한 집시법 제6조 제1항 및 그 처벌조항인 제22조 제2항이 헌법에 위반된다며 위헌법률심판제청 신청을 했으나 기각되자, 2017년 8월 헌법재판소에 헌법소원을 청구했다. 김 씨는 집회의 정의 규정이 없어 개념이 명확하지 않고, 이에 따라 기자회견과 같이 신고할 필요가 없는 집회에까지 신고 의무가 너무 광범위하게 부과되며, 신고 의무를 어겼다고 형사처벌까지 하는 것은 과도할 뿐 아니라 헌법이 금지하는 허가제와 마찬가지가 된다고 주장했다. 만약 헌법재판소가 위헌결정을 하지 않는다면 김 씨는 그대로 전과자가 될 처지까지 내몰린 상황이었다.

그러나 2018년 6월 헌법재판소는 재판관 5(합헌):4(위헌) 의견으로 합헌 결정을 내놓았다. 헌법재판소는 "신고사항은 여러 옥외집회·시위가 경합되지 않도록 하기 위해 필요한 사항이고, 질서유지 등 필요한 조치를 할 수 있도록 하는 중요한 정보"라며 "옥외집회·시위에 대한 사전신고 이후 기재사항의 보완, 금지통고 및 이의절차 등이 원활하게 진행되기 위하여 늦어도 집회가 개최되기 48시간 전까지 사전신고를 하도록 규정한 것이 지나치다고 볼 수 없다"라고 판단했다.

이는 사전신고제가 집시법의 다른 조항과 결합하여 집회 허가제를 가능하게 하는 기반이 된다는 점을 간과하거나 애써 무시한 것이다. 집시법상 신고를 하더라도 교통 소통을 위해 필요하거나(제12조) 주거·학교·군사시설(제8조 제5항) 주변이라는 이유로 금지당할 수 있다. 그 외에도 절대적 금지 집회(제5조 제1항), 금지 시간(제10조), 금지 장소(제11조) 등의 이유로 집회를 금지당할 수 있다. 게다가 금지 여부를 판단하는 주체가 관할 경찰관서장이어서 경찰의 자의적인 판단이 개입될 수 있다. 경찰은 사전신고된 집회의 주제를 보고 자신의 입맛에 맞지 않는 집회는 금지하고, 입맛에 맞는 집회는 금지하지 않을 수 있다.

실제 경찰이 옥외집회 신고를 법적 근거도 없이 9차례나 반려하여 문제가 된 사건이 있었는데, 이에 대해 헌법재판소는 "민원서류 반려행위는 청구인들의 집회의 자유를 침해하는 행위로서 위헌임을 확인한다"[90]라는 결정을 한 바 있다.

신고 의무 위반에 과태료가 아니라 형벌?

한편 헌법재판소는 "미신고 옥외집회의 주최는 신고제의 행정목적을 침해하고 공공의 안녕질서에 위험을 초래할 개연성이 높으므로, 이에 대하여 행정형벌을 과하도록 한 심판대상조항이 집회의 자유를 침해한다고 할 수 없고, 그 법정형이 입법재량의 한계를 벗어난 과중한 처벌이라고 볼 수 없으므로, 과잉형벌에 해당하지 아니한다"라고 판단했다.

형벌, 특히 징역형은 각종 자격의 제한이 따르고, 인신의 자유를 박탈한다. 기본권을 제한하는 다른 어떤 수단보다도 처벌되는 자의 자유를 심각하게 침해하며, 집행 후에도 인격적 가치나 사회생활에 중대한 영향을 미친다. 헌법재판소가 "형벌의 일반예방적 효과를 맹신한 나머지 의무이행의

---

90) 헌법재판소 2008. 5. 29. 선고 2007헌마712 결정

확보가 문제되는 경우마다 형사처벌을 통하여 해결하려는 것은 법치국가 원리에 반하는 행정편의적 발상으로서 그 헌법적 정당성이 인정될 수 없다. 법치국가원리는 헌법 제10조, 헌법 제37조 제2항의 규정을 매개로 하여 불필요하거나 과도한 형벌의 위협으로부터 인간의 존엄과 가치를 보호하고 있기 때문이다"[91]라고 지적한 이유도 여기에 있을 것이다. 사전신고는 행정절차적 협조의무에 불과하므로 그 이행은 과태료 등 행정상 제재로도 충분히 확보할 수 있다.

게다가 미신고 집회라 하더라도 우발적 혹은 소규모 집회이거나 비교적 단시간의 집회로서 평화롭게 집회를 마치는 경우, 집회 중에 경찰과 주최 측이 협의하여 질서를 유지하면서 집회를 하는 경우 등 공익을 직접적으로 침해하지 않는 때에도 사전신고를 예외 없이 관철하기 위해 형벌로 제재하는 것은 집회의 자유를 전체적으로 위축시킴은 물론 사전신고제가 그 본래 취지에 반하여 헌법이 금지하는 허가제에 준하게 운용되는 것이다.

법원 또한 모든 미신고 집회가 처벌 대상이 된다는 고정 관념에서 벗어나고 있다. 대법원은 "신고는 행정관청에 집회에 관한 구체적인 정보를 제공함으로써 공공질서의 유지에 협력하도록 하는 데 의의가 있는 것으로 집회의 허가를 구하는 신청으로 변질되어서는 아니 되므로, 신고를 하지 아니하였다는 이유만으로 옥외집회 또는 시위를 헌법의 보호 범위를 벗어나 개최가 허용되지 않는 집회 내지 시위라고 단정할 수 없다"[92]라고 판단했다. 같은 판례에서 대법원은 미신고 집회 주최자에 대한 형사처벌의 필요성을 긍정

---

91) 헌법재판소 2005. 9. 29. 선고 2003헌바52 결정
92) 대법원 2012. 4. 19. 선고 2010도6388 전원합의체 판결

하기는 했지만, 해산명령 불응죄에 대해서는 "옥외집회 또는 시위로 인하여 타인의 법익이나 공공의 안녕질서에 대한 직접적인 위험이 명백하게 초래된 경우에 한하여 위 조항에 기하여 해산을 명할 수 있고, 이러한 요건을 갖춘 해산명령에 불응하는 경우에만 집시법 제24조 제5호에 의하여 처벌할 수 있다고 보아야 한다"라고 판단했다. 어떤 기자회견이 '타인의 법익이나 공공의 안녕질서에 대한 직접적인 위험이 명백하게 초래된 경우'가 아니어서 참가자를 형사처벌할 필요가 없다면, 해당 기자회견의 주최자를 형사처벌할 필요는 무엇인지에 관해 의문이 생길 수밖에 없다.

사정이 이렇다 보니 헌법재판소 결정이 나오기 전에 경찰이 먼저 관행을 바꿨다. 2017년 9월 〈경찰개혁위원회〉는 "'기자회견'은 집시법상의 집회·시위에 해당되지 않으므로 경찰은 그 평화적 진행을 최대한 보장"할 것을 권고했다. 위원회는 구호 제창 여부, 플래카드 사용 여부, 확성장치 사용 여부 등의 기준을 형식적으로 적용해 기자회견을 집회·시위로 판단해서는 안 되고, 기자회견이 집회·시위에 해당하는지에 관한 판단이 어려울 경우 현장에서는 진행을 보장한 뒤 추후 집회·시위 여부를 판단하며, 기자회견을 집회·시위라고 판단하더라도 평화적으로 진행될 경우 방송차를 이용해 자진해산 요청이나 해산 명령을 하는 방식으로 기자회견 진행을 방해해서는 안된다는 등의 지침을 내놨다. 이에 경찰청은 위원회의 모든 권고사항을 수용하기로 결정했다. 이처럼 경찰청 스스로 기자회견을 일률적으로 집회로 간주하여 형사처벌하던 관행을 버렸는데도 헌법재판소는 합헌결정을 고집한 것이다.

미래의 다수 의견이 될
재판관 4인의 위헌의견

헌법재판소는 이 사건과 동일한 조항이 문제가 된 사건에서 집회신고제가 사전허가 금지에 위배되지 아니하고, 집회의 자유를 침해하지 아니하며, 과잉형벌에 해당한다고 볼 수 없다는 이유로 합헌결정한 바 있다.[93]

그러나 2009년 결정에서는 2인의 위헌의견이 있었다. 조대현 재판관은 "구(舊)집시법 제6조 제1항의 신고 의무가 부과되는 옥외집회는 너무 광범위하다. 사회질서를 해칠 개연성이 있는지를 묻지 않고 신고 의무를 부과하고, 또한 집회 여부를 48시간 전에 예측할 수 없는 우발적인 집회나 긴급한 집회에 대하여 신고를 요구하는 것은 집회의 자유를 침해한다. 한편, 협조의무인 옥외집회 신고 의무를 이행하지 않았다고 하여 그 옥외집회가 사회질서를 침해하였는지 여부도 따지지 않고 형벌을 부과하는 구(舊)집시법 제19조 제2항은 협조의무의 강도를 필요 이상으로 과중하게 부과하여 헌법 제37조 제2항에 위반된다"라고 하였다. 그리고 김종대 재판관은 "집회에 대한 신고 의무는 단순한 행정절차적 협조의무에 불과하고, 그러한 협조의무의 이행은 과태료 등 행정상 제재로도 충분히 확보 가능함에도 구(舊)집시법 제19조 제2항이 징역형이 있는 형벌의 제재로 신고 의무의 이행을 강제하는 것은 헌법상 집회의 자유를 전체적으로 위축시키는 결과를 가져올 수 있고, 이는 신고제도의 본래적 취지에 반하여 허가제에 준하는 운용을 가능하게 하는 것이며, 미신고 옥외집회 주최자를 집시법상 금지되는 집회 또

---

93) 헌법재판소 2009. 5. 28. 선고 2007헌바22 결정; 헌법재판소 2014. 1. 28. 선고 2011헌바174등 결정

는 시위의 주최자와 동일하게 처벌하는 것은 법익침해의 정도가 질적으로 현저히 다른 것을 동일하게 처벌하는 것으로 국가형벌권 행사에 관한 법치국가적 한계를 넘어 지나치게 과중한 형벌을 규정한 것이다"라는 이유로 위헌의견을 냈다.

또한 2014년 결정에서 재판관 4인(이정미·김이수·이진성·강일원)은 "집회시위법은 사전신고 요건을 충족시키기 어려운 긴급집회의 경우에 그 신고를 유예하거나 즉시 신고로서 옥외집회를 가능하게 하는 조치를 전혀 취하고 있지 않다. 긴급집회의 경우 수범자에게 집회를 개최하려고 마음먹은 때부터 집회 시까지 48시간을 초과하지 못하여 집회시위법 제6조 제1항에 따른 신고를 부담하는지, 부담한다면 언제 신고를 하여야 하는지가 분명하다고 할 수 없다. 따라서 심판대상조항이 긴급집회에 대해 어떠한 예외도 규정하지 않고 모든 옥외집회에 대해 사전신고를 의무화하는 것은 과잉금지원칙에 위배되어 청구인들의 집회의 자유를 침해한다. 집회에 대한 신고 의무는 단순한 행정절차적 협조의무에 불과하고, 그러한 협조의무의 이행은 과태료 등 행정상 제재로도 충분히 확보 가능함에도 심판대상조항이 징역형이 있는 형벌의 제재로 신고 의무의 이행을 강제하는 것은 헌법상 집회의 자유를 전체적으로 위축시키는 결과를 가져올 수 있고, 이는 신고제도의 본래적 취지에 반하여 허가제에 준하는 운용을 가능하게 하는 것이다. 미신고 옥외집회 주최자를 집회시위법상 금지되는 집회 또는 시위의 주최자와 동일하게 처벌하는 것은 법익침해의 정도가 질적으로 현저히 다른 것을 동일하게 처벌하는 것으로 국가형벌권 행사에 관한 법치국가적 한계를 넘어 지나치게 과중한 형벌을 규정한 것이다"라고 위헌의견을 냈다.

뒤이어 2015년 결정[94]에서도 합헌의견이 5인, 위헌의견이 4인이었고, 4인의 재판관 이정미·김이수·이진성·강일원은 2014년 결정과 동일한 취지로 위헌의견을 냈다. 김 씨가 헌법소원을 한 이번 2018년 결정에서도 재판관 9인 중 4인(이진성·김이수·강일원·이선애)이 비슷한 취지의 위헌의견을 냈다.

이와 같이 집시법 제6조 제1항과 제22조 제2항에 대해 내가 김 씨를 대리한 사건을 포함하여 모두 네 번의 헌법재판소의 결정이 나왔다. 그중 한 번은 2명의, 세 번은 4명의 위헌의견이 있었다. 소수 의견이 늘어나 결국 다수 의견이 되었던 다른 사건처럼 이 사건의 소수 의견이야말로 미래의 다수 의견이 되리라 믿는다.

기본권 행사는
범죄일 수 없다

"검찰은 기자회견 당시 참가자들이 옥외에서 다수가 모여 구호를 외쳤기 때문에 집회로 볼 수 있고, 이것이 문제라고 말합니다. 하지만 집시법상 신고의 대상이 아닌 기자회견인데 사전에 경찰에게 가서 이게 집회인지 기자회견인지 검사를 받아야 합니까? 또한 기자회견장 주변에 수백 명이 모여 있는 바람에 마이크로 진행한 우리 기자회견 내용을 그들이 듣게 됐다 한들 그게 뭐가 문제입니까? 판사님, 구글 동영상에 기자회견 영상을 한번 찾아보십시오. 저는 구호를 외치

---

94) 헌법재판소 2015. 11. 26. 선고 2014헌바484 결정

지 않는 기자회견을 본 적이 없습니다. (…) 판사님, 도대체 저에게 어떤 죄가 있습니까?"

결국 김 씨는 이 사건에서 패소했지만, 나는 그가 1심 최후진술에서 판사에게 했던 위 질문에 대법원도, 헌법재판소도 제대로 대답하지 못했다고 본다. 집회·시위는 다른 범죄를 수반하지 않는 한 그 자체가 범죄로 규정되어서는 안 되는 기본권 행사이기 때문이다. 기자회견마저 공공의 안녕질서에 위험을 초래할 개연성이 높다라며 사전신고 대상으로 삼은 뒤 미신고를 이유로 형사처벌을 가한 행위에 정당성을 부여한 이 사건에 대한 헌법재판소 결정은 거리에서 정치적 의사를 표현하는 모든 행위를 범죄시하는 시대착오적인 발상에서 벗어나지 못한 것이다.

그렇게 내가 대리한 2018년 결정이 있고 난 뒤, 또다시 집시법 제6조 제1항과 제22조 제2항에 대해 헌법재판소의 결정[95]이 나왔다.

사건의 개요는 "청구인은 2017. 5. 22. 14:00부터 14:40 사이에 광주시의회 앞 광장에서 신고를 하지 않고 약 600명과 확성기, 플래카드, 피켓을 이용하여 '사회복지 종사자 단일임금체계 도입' 등을 내용으로 연설 및 구호 제창을 하고 장미 퍼포먼스를 하는 등 미신고 집회를 하여 집시법을 위반하였다는 피의 사실로, 2018. 4. 5. 피청구인인 검사로부터 기소유예 처분을 받았다. 이에 청구인은 기소유예 처분을 구하고, 그 근거 조항인 제6조 제1항과 제22조 제2항에 대해 위헌확인을 구하는 헌법소원을 청구한

---

95) 헌법재판소 2021. 6. 24. 선고 2018헌마 663 결정

것"이다. 이전의 4건의 사건들은 검사가 기소한 뒤 청구인들이 재판을 받는 과정에서 헌법소원을 한 것인데, 본 건은 검사가 기소하지 않고 기소유예를 한 점이 특이하다.

최종적으로 집시법 제6조 제1항에 대해서는 4명의 재판관(이석태·김기영·이미선·이선애)의 위헌의견이, 집시법 제22조 제2항에 대해서는 5명(이석태·김기영·이미선·이선애·문형배)의 위헌의견이 있었다. 합헌의견을 낸 재판관들의 이유는 이전 결정들과 동일하다.

그 가운데 재판관 이석태, 재판관 김기영, 재판관 이미선의 위헌의견을 살펴보면 아래와 같다.

"○ 집회의 자유는 표현의 자유와 더불어 민주적 공동체가 기능하기 위한 불가결한 근본 요소이자, 소수 집단에게 그들의 주장을 개진하기 위한 수단을 제공한다는 점에서 소수의 보호를 위한 중요한 기본권에 해당한다. 이와 같이 집회의 자유가 집단적 의사표현의 자유로서 우리 헌법 질서에서 갖는 가치 및 기능과 더불어 집시법상 사전신고제도의 취지가 옥외집회의 평화로운 구현 및 공공의 안녕 보호에 있다는 점 등을 고려하면, 옥외집회의 목적, 방법 및 형태, 참가 인원의 수 및 구성, 집회 장소의 개방성·접근성, 주변 환경 등에 비추어 옥외집회가 열리더라도 제3자의 법익과 충돌하거나 공공의 안녕질서가 침해될 개연성 또는 예견 가능성이 없는 경우에는 사전신고 의무를 부과할 실질적인 필요가 있다고 보기 어렵다. 그럼에도 심판대상조항이 옥외집회에 대해 일률적으로 사전신고 의무를 부과하고, 위반 시

형벌을 가하도록 한 것은 집회의 자유를 과도하게 제한하는 것이다.

　○ 집시법이 국회의사당과 각급 법원, 헌법재판소 등 인근에서의 옥외집회를 금지하면서, 국회, 각급 법원, 헌법재판소 등의 기능이나 안녕을 침해할 우려가 없다고 인정되는 때를 옥외집회 금지의 해제 요건으로 규정하고 있고, 이러한 해제 요건이 법적 안정성과 예측 가능성을 확보할 수 없을 정도로 불명확하다고 보기 어려운 이상, '제3자의 법익과의 충돌 내지 공공의 안녕질서에 대한 침해의 개연성 또는 예견 가능성이 없는 경우'라는 사전신고 대상의 제외 기준이 법적 안정성과 예측 가능성을 확보할 수 없을 정도로 불명확하다고 할 수 없다.

　○ 신고조항의 합헌적 해석으로는 집회의 자유를 보호하는 데에 한계가 있다. 옥외집회가 공공의 안녕질서에 해를 끼칠 개연성이 있는지 여부가 위법성 또는 책임조각사유로 고려될 수 있다는 사정만으로는 신고조항에 의한 기본권 제한의 과중함을 완화하기에 부족하다.

　○ 집회가 진행되는 과정에서 공공의 안녕질서에 해를 끼치는 집회로 변질되더라도 이는 실제 집회 진행 중에 일어나는 개별 행위에 관한 문제이고, 집회 도중 발생하는 폭력행위, 질서문란행위 등은 집시법과 형사법의 제재 대상이 된다.

　○ 그렇다면 심판대상조항은 과잉금지원칙에 위배되어 청구인의 집회의 자유를 침해한다. 처벌조항은 제재 수단이 형사처벌이고 그 법정형이 과도하다는 점에서도 위헌적이다."

한편 재판관 이선애의 위헌의견은 이러했다.

"○ 집시법은 집회 시까지 채 48시간이 남아 있지 않은 긴급집회를 주최한 경우에 대해 정하고 있지 않다. 긴급집회에 대해서 예외를 두지 않는 심판대상조항은 과잉금지원칙에 위배되어 청구인의 집회의 자유를 침해한다.

○ 행정절차적 협조의무인 옥외집회에 대한 신고 의무의 이행 확보는 과태료 등 행정상 제재로도 충분함에도, 이에 대해 징역형이 있는 형벌의 제재를 가하는 것은 신고제도의 본래적 취지에 반하여 허가제에 준하는 운용을 가능하게 한다.

○ 미신고 옥외집회 주최자를 집시법상 금지되는 집회 주최자와 동일하게 처벌하는 것은 법익침해의 정도가 질적으로 현저히 다른 것을 동일하게 처벌하는 것으로 지나치게 과중한 형벌을 규정한 것이다."

마지막으로, 집시법 제22조 제2항에 대한 재판관 문형배의 위헌의견을 옮겨보면 이렇다.

"○ 행정절차적 협조의무인 옥외집회에 대한 신고 의무의 이행 확보는 과태료 등 행정상 제재로도 충분함에도 이에 대해 형벌의 제재를 가하는 것은 집회의 자유를 위축시킨다. 나아가 옥외집회에서 폭력행위 등이 발생할 위험이 있다 하더라도 이는 형법 등에 의해서도 제재가 가능하다는 점까지 고려해 본다면, 처벌조항이 오로지 신고의무 불이행에 대하여 최장 징역 2년 또는 최고 200만 원의 벌금까지 부과될 수 있도록 정한 것은 그 죄질에 비하여 지나치게 무겁다.

○ 처벌조항은 미신고 옥외집회의 주최자를 집시법이 금지하는 옥외집회 주최자와 동일한 법정형으로 규율하고 있는바, 이는 법익침해의 정도가 질적으로 현저히 다른 것을 동일하게 처벌하는 것으로, 지나치게 과중한 형벌을 규정한 것이다.

○ 따라서 처벌조항은 과잉금지원칙 등에 반하여 청구인의 집회의 자유를 침해한다."

가장 최근의 결정이었던 2017년 결정으로부터 4년의 세월이 흘러, 대부분의 헌법재판관이 교체되었다. 앞서 언급했듯이 집시법 제6조 제1항에 대해서는 4명이 위헌의견, 집시법 제22조 제2항에 대해서는 5명이 위헌의견을 낸 2021년 결정은 이전의 결정보다 한 걸음 위헌결정에 가까이 다가섰다. 특히 정족수 6명에 미치지 못한 5명의 헌법재판관이 위헌의견을 낸 탓에 미신고 집회를 형사처벌하는 제22조 제2항에 대해서 결국 위헌결정을 끌어내지는 못했지만, 기존에 9명의 재판관 중 4명에서 5명으로 위헌의견이 더 이상 소수 의견이 아닌 다수 의견이 되었다는 사실은 의미심장하다.

경찰이 집회 단속에 대한 관행을 바꾸고, 검사도 기소를 유예하는 등 수사 기관의 관행에서도 변화를 확인할 수 있다. 하지만 국민은 수사 대상이 되는 것만으로도 기본권을 행사하는 데 위축되기 마련이다. 이는 곧 표현의 자유 퇴보로도 이어진다.

| 이제는
| 국회의 차례

집시법 제1조(목적)는 "이 법은 적법한 집회集會 및 시위示威를 최대한 보장하고 위법한 시위로부터 국민을 보호함으로써 집회 및 시위의 권리 보장과 공공의 안녕질서가 적절히 조화를 이루도록 하는 것을 목적으로 한다"라고 규정하고 있다. 하지만 집시법의 전체적인 구조와 내용을 살펴보면, 집회 및 시위에 대한 최대한 보장보다는 '위법한 시위로부터 국민을 보호'하겠다는 취지에 과도하게 기울어있다는 비판이 많았다.

집시법의 많은 조항들에 대해서 위헌 논란이 끊이지 않았고, 실제로 여러 조항에 대해 위헌 결정이 나기도 하였다. 국무총리공관 옥외집회 금지에 대한 헌법불합치, 집시법 제10조 헌법불합치, 야간 시위금지에 대한 한정위헌, 각급 법원 인근 옥외집회 금지에 대한 헌법불합치, 구舊집시법 제3조 제1항 제3호에 대한 위헌, 집시법 제11조 제1호 중 국내 주재 외국의 외교기관 부분위헌 등 많은 결정이 있었다.

이 글에서 소개한 사건과 관련된 조항에 대해 첫 합헌결정이 내려진 게 2009년이었고, 2009년 결정에서 다룬 사건은 2005년 2월 18일에 열린 미신고 집회에 대한 것이었다. 그로부터 20년 가까이 관련 조항을 둘러싸고 논란이 지속된 것이다. 그 사이 헌법재판소에서도 위헌의견이 계속 줄을 이었고, 이제는 위헌의견이 다수 의견까지 되었다.

하지만 관련 조항의 위헌성을 제거하기 위한 국회의 움직임은 20년 가까이 지난 지금에도 찾아보기 어렵다. 집시법 제6조 제1항과 제22조에 대해서는 한 번도 실질적인 개정이 이루어지지 않았다. 오직 문구나 체계를 수정하기 위한 형식적인 개정만 있었을 뿐이다. 이제는 입법권을 가진 국회가 국민의 기본권을 침해하는 이 사건 관련 조항에 대해 폐지하여야 할 시기가 왔다. 국회는 더 이상 헌법재판소에 미루지 말고, 법률을 개정하여 국민의 집회·결사의 자유가 실질적으로 보장될 수 있도록 나서야 할 것이다.

"왜 제가
이 법정에 서야 합니까?"

용산 참사 책임자 김석기 낙선운동 공직선거법 헌법소원 사건

이원호[96]

피고인이 된
용산 참사 유가족

"왜 제가 이 법정에 서야 합니까?"

2016년 11월 21일 대구지방법원 경주지원 제1호 법정에 선 피고인의 원통한 1심 최후진술에 재판정의 공기는 무겁게 가라앉았다. 검찰이 기소한 죄목은 『공직선거법』 위반이었고, 피고인은 2009년 용산 재개발 지역에서 가족을 잃은 용산 참사 유가족들이었다.

용산 참사 유가족들은 참사 직후부터 성급하고 무리한 진압 작전의 지휘 책임자였던 당시 서울경찰청장이자 경찰청장 내정자였던 김석기 전 청장에 대한 조사와 처벌을 요구해 왔다. 그런 그가 처벌은커녕, 책임을 부인하며 단 한 번의 조사나 사과도 없이 2016년 제20대 국회의원 선거에 출마했다. 참사의 책임자가 국민의 대표가 되겠다고 출마한 참담한 현실을 유가족

---

96) 용산참사 진상규명 및 재개발 제도개선 위원회 사무국장, 빈곤사회연대 집행위원장

들은 받아들일 수 없었다. 유가족들과 진상 규명을 위해 함께해 온 활동가들은 김석기 선거사무실이 있는 경북 경주로 달려갔다. 김석기 후보가 여섯 명의 국민이 하루아침에 사망한 용산 참사의 진압 책임자라는 사실을 경주 시민들에게 알리고, 진상 규명과 책임자 처벌을 촉구하기 위해서였다.

하지만 책임자 처벌을 촉구하는 기자회견을 하고, 피켓을 든 채 시민들에게 김석기의 용산 참사 관련 행적을 알리는 유인물을 나눠준 행위에 대해 검찰은 『공직선거법』을 위반했다며 유가족과 활동가들 7명을 기소해 징역 1년에서 벌금 300만 원 등을 구형했고, 법원은 벌금형의 유죄를 판결했다. 당시 『공직선거법』은 누구든지 선거일 전 180일부터 선거일까지 선거에 영향을 미치게 하기 위한 현수막 등의 게시(제90조 제1항 제1호), 피켓 등 표시물의 착용(같은 항 제2호), 인쇄물의 배부(제93조 제1항) 등을 금지하고 있었다.

유가족이 법정에 서고 유죄 판결을 받는 상황은 너무 서러웠다. 생애 처음 법정에 선 용산 참사의 한 유가족은 "왜 제가 이 법정에 서야 합니까? 내 남편을 죽인 김석기는 처벌하지 않고, 왜 피해자인 유가족이 재판받아야 합니까?"라고 말하며 흐느꼈다. 살인적인 개발에 저항하는 철거민들의 목소리에 단 하루 만에 살인적인 과잉 진압으로 대응해 사망 사건을 부른 지휘 책임자 김석기 등을 단 한 번도 법정에 세우지 못했는데, 그 피해자 유가족들이 김석기로 인해 법정에 서서 유죄 판결을 받은 원통한 재판이었다.

이제 용산 참사는 시간의 흐름에 따라 과거의 기억으로 잊히고 있다. "참사가 참사로 덮인다"라는 말처럼, 용산 참사 이후로도 수많은 국가폭력 사건과 사회적 참사가 반복되며 과거의 참사를 기억에서 밀어냈다. 하지만 2009년 그날의 기억을 결코 잊을 수 없는 이들은 유가족과 함께 여전히 싸우고 있다.

용산 참사,
잊을 수 없는 그날의 기억

2009년 1월 19일 새벽, 서울 용산구 한강로 3가 용산4구역[97]에서 진행된 재개발 사업으로 대책 없이 쫓겨날 상황에 내몰린 세입자들이 한강로 모퉁이의 비어 있는 남일당 빌딩 옥상에 망루를 세우고 점거 농성에 돌입했다. 당시 철거민 세입자 36명이 농성에 돌입했고, 경찰은 19일 당일 진입 계획을 수립해 20개 중대 1,600여 명의 경찰을 배치, 50여 명의 일명 '용역 깡패'라 불리는 철거용역 직원들과 함께 물대포를 쏘며 진압 작전을 개시했다. 그렇게 성급하고 무리한 과잉 진압 작전은 점거 농성 개시로부터 불과 25시간 만인 1월 20일 새벽 06시 30분, 대테러 진압을 전담하는 경찰특공대 5개 제대 99명을 투입하면서 정점에 달했다.

이러한 경찰력 행사는 경찰비례의 원칙에도 어긋난 과잉 진압이었다. 급기야 특공대 투입을 통해 퇴로를 차단한 토끼몰이식 강제 진압 작전을 실행하는 과정에서 발화 원인을 알 수 없는 망루 내 화재로 철거민 다섯 명과 경찰특공대 한 명이 하루아침에 사망하는 참사가 발생했다. 참사 당일 주요 언론은 경찰의 행위를 "성급하고 무리한 과잉 진압"으로 규정하며 보도를 쏟아냈다. 이후 며칠 사이 보수 언론을 필두로 철거민들의 폭력성과 외부 세력 개입을 강조하는 주장이 불거져 나왔지만, 여섯 명의 국민이 사망한 결과는 '살인 진압'이라는 과잉 진압 문제를 벗을 수 없었다.

그러나 언론 대부분과 시민들이 '용산 참사'로 명명한 것과 달리, 당시 이

---

97) 개발 구역의 정식 명칭은 '국제빌딩 주변 제4구역 도시환경정비사업 구역'이다.

명박 정부와 보수 언론은 이를 '용산 사태'로 명명했다. 이러한 정권 측의 태도는 이 사건을 보상을 노린 폭동으로 규정해 철거민들에게 책임을 전가하려는 것이었다. 그러나 시민들은 국가폭력에 의해 민간인 다수가 사망한 '참사'이자 '학살'이라고 했다. 이에 참사 발생 직후부터 진상 규명과 책임자 처벌은 핵심 구호가 되었고, 법률·인권단체들은 〈용산 철거민 사망 사건 진상조사단〉을 꾸려 검경의 편파 수사 문제를 지적하고 나섰다.

진상조사단은 현장 조사, 농성 철거민 심층 면접, 남일당 빌딩 주변 자영업자와 주민 인터뷰를 비롯해 각종 언론의 영상과 다량의 사진, 개발 관련 자료 분석 등을 통한 조사를 진행했다. 그 결과, 농성 돌입 첫날인 19일 상황이 성급하게 진압해야 할 정도로 철거민들의 농성이 시민들의 안전에 위협적인 상황이 아니었고, 농성을 풀기 위한 충분한 설득과 대화 노력도 없었다는 사실이 드러났다. 19일 오전 철거용역과 경찰이 진입을 시도하면서 충돌이 빚어졌을 뿐, 정오부터는 남일당 건물 아래에서 종일 과일 노점상이 장사했을 정도로 평온한 소강상태를 유지했고, 이는 경찰이 시간대별로 작성한 『정보상황보고서』에서도 사실로 입증되었다. 그런데도 철거민들의 생명과 안전에 대한 아무런 안전조치 없이 농성 시작 하루 만에 경찰특공대를 투입해 전격적으로 강제 진압에 나선 것이 대형 참사를 일으킨 원인이었다고 진상조사단은 밝혔다.

반면 경찰과 검찰은 19일 상황이 온종일 화염병이 난무하는 위험 상황이어서 국민의 안전을 지키기 위해 경찰특공대를 투입할 수밖에 없었다고 주장했다. 그러면서 철거민들이 화염병을 무차별적으로 투척하는 영상을 공개했는데, 검·경이 공개한 영상들은 19일 상황이 아닌 20일 새벽 경찰특공대가 전격 투입되면서 강하게 대치했던 장면들이었다. 진상조사단은 강경 진압을 승인한 당시 김석기 서울경찰청장을 비롯한 경찰 지휘관들을 업무상 과실치사상 혐의로 고발하였고, 검찰의 공정한 수사를 촉구하였다. 그러나 검찰 특별수사본부의 수사와 기소, 이를 바탕으로 진행된 재판은 경찰의 과잉 진압 문제를 삭제했다. 유가족 동의 없이 당일 몇 시간 만에 강제 부검을 단행한 검찰 특별수사본부는 농성 철거민 24명을 기소했고, 발화 원인이 정황상 화염병이라며 화재 발생 이후 검거된 농성자들을 공동정범으로 기소해 '경찰을 죽였다'라는 죄목의 '특수공무집행방해치사죄'를, 화재 발생 이전에 검거된 농성자들에게는 '경찰을 다치게 했다'라는 죄목의 '특수공무집행방해치상죄'를 적용했다.

은폐와 짜 맞추기 수사, 그리고 그걸 받아들인 재판

그와 동시에 검찰은 경찰의 과잉 진압 문제가 제기됐음에도 경찰에 대해서는 봐주기식 수사를 했다는 의혹을 받았다. 진압 작전 지휘 책임자인 김석기 청장에 대해서는 직접 심문 조사도 하지 않고 서면 답변서만으로 무혐의 처분하는 등 경찰 과잉 진압에 대해서는 '혐의 없음'으로 결론 내려 공권력에 면죄부를 줬다는 비판을 받았다. 또한 경찰이 철거용역들과 합동 작전을 펼치며 물대포를 쏘고, 남일당 건물 진입도 경찰과 용역이 합동으로 했으며, 철거용역들이 건물 3층에서 폐가구를 태우며 불길과 연기를 옥상으로 올려보내는 등의 불법이 있었지만, 검찰은 이에 대한 수사도 제대로 하지 않은 채경찰과 용역 합동 작전은 없었다고 했다. 그러다가 MBC 「피디수첩」을 통해 경찰과 용역의 합동 작전이 드러나자, 그제야 겨우 뒷북 수사에 나섰다.

실제로 검찰 수사본부 책임자는 수사에 착수하기도 전에 이미 언론 인터뷰를 통해 "공무집행 과정에서 일어난 일로 형사처분을 할 수 있겠냐?"라고 말하며 경찰 무혐의 각본의 속내를 드러냈다. 철거민들의 불법에 대한 응징의 의지는 드높았던 반면 진압 경찰과 철거용역업체의 불법에 대해서는 눈을 감거나 관용을 베푸는 이중적 잣대를 사용했다. 이러한 검찰의 수사 태도는 수사의 공정성에 중대한 의문을 제기하기에 충분했다. 검찰의 수사는 다수 인명 피해의 원인, 화재 원인, 경찰 진압의 위법성, 용역업체의 불법 행위 등에 대해 편파적인 태도로 일관함으로써 재개발 사업의 최대 피해자인 철거민들을 최대 가해 집단으로 둔갑시켜 버렸다.

재판 과정에서도 검찰은 공정한 재판을 방해했다. 2009년 2월, 특수공무집행방해치사죄로 구속된 철거민들이 국민참여재판을 신청했다. 그러나 검찰은 국민참여재판 신청에 대하여 배제 결정을 요구하였고, 의도적인 방해로 끝내 무산시켰다. 당시 재판부는 이 사건을 국민참여재판으로 진행하기 위해서 검찰과 변호인단에게 심리 시간의 최소화와 쟁점 정리를 주문하였다. 그러나 검찰은 무려 61명의 증인을 신청해 증인 신문 및 증거 조사에만 총 115.5시간이 필요하다고 주장해, 배심원들을 일정 기간 격리해 집중 심리하는 국민참여재판이 사실상 물리적으로 불가하게 했다. 국민참여재판이 무산되고 통상적인 재판으로 전환되자, 검찰은 기존에 신청했던 증인을 취소함으로써 자신들의 행동이 의도적으로 국민참여재판을 무산시키기 위한 방해 행위였다는 것을 스스로 증명했다.

또한 검찰은 피고인 측에 전체 수사 기록의 3분의 1에 해당하는 약

3,000쪽의 수사 기록에 대한 열람·등사를 거부했다. 이러한 수사 기록 은폐 문제로 재판은 파행을 거듭했고, 검찰이 계속 수사 기록을 제공하지 않자 변호인들은 법원에 수사 기록의 열람·등사를 요청했다. 이에 법원도 그를 허용할 것을 결정했으나, 검찰은 법원 명령도 거부하며 3,000쪽의 수사 기록을 제공하지 않았다. 그럼에도 법원은 검찰이 법원의 명령을 위반한 것에 대하여 아무런 제재를 하지 않았다. 결국 검사의 수사 기록 은닉이라는 위헌적이고 불법적인 행위로 인해 생존 철거민들은 공정한 재판을 받을 권리를 박탈당한 채 재판을 받아야 했다.

파행을 거듭하던 재판은 결국 수사 기록 3,000쪽이 없이 그대로 진행되었다. 그런데도 재판 과정에서 화염병에 의한 발화와 화재 참사라는 검찰의 기소 내용이 사실은 구체적인 증거가 없는 짜 맞추기 수사의 결과였음이 드러났다. 다른 발화의 가능성이 존재했지만, 검찰은 유일한 증거인 경찰특공대원 일부의 진술만으로 화염병을 원인으로 단정 지었다. 그러나 재판 과정에서 망루 안에서 불이 붙은 화염병을 봤다고 초기 진술한 특공대원들도 재판 증인 신문에서는 불붙은 화염병을 보지 못했다고 진술했다. '불빛'을 봤다거나, 당시에는 "적개심을 느껴서" 그렇게 진술했다고 하는 등 화염병이 화재 원인이라는 증언을 증인 신문에서 부정한 것이다.

또한 1월 19일 상황이 경찰특공대를 투입할 만큼 심각한 정황이 아니었음에도 무리한 작전이 감행되어 참사가 빚어졌음도 진술을 통해 입증되었다. 재판 과정에서 이미 검찰의 기소 자체는 핵심부터 무너져 내렸다. 그런데도 검찰은 징역 5년~8년의 중형을 구형했다. 피고인들과 변호인들은 공무집행의 정당성이 없었고 발화 원인에 대한 구체적 증거도 무너진 만큼, 정치적 재판이 아닌 공정한 재판이라면 경찰을 죽였다는 '특수공무집행방해치사죄'는 무죄가 날 것을 기대했다. 그러나 1심 재판은 검찰 공소장을 그대로 인정한 판결로 징역 5~6년을 선고했고, 항소심에서도 징역 4~5년이 선고되었다. 양승태 대법관이 주심이었던 대법원판결에서도 철거민들의 항소를 기각해 철거민에게만 책임을 지운 판결이 확정되었다.

특히 용산 참사는 철거민 다섯 명과 경찰특공대 한 명이 사망한 사건이지만, 재판은 경찰특공대 한 명의 사망에 대한 책임만 다뤘다. 다섯 명의 철거민은 생존한 철거민들과 함께 경찰특공대 한 명의 사망에 책임이 있는 이들로만 언급되었다. 다섯 명의 죽음에 대한 책임은 기각되거나, 죽어서도 책임을 뒤집어쓴 원통한 판결이었다. 용산 참사 관련자 중 철거민 외에 법적 처벌을 받은 사람은 당시 남일당 건물 3층에 불을 피우며 철거민들을 위협한 철거용역들뿐이었는데, 1명에게 집행유예를, 4명에게 벌금 각 200만 원을 선고한 것이 고작이었다.

원통하기 그지없던 용산 참사 유가족들은 장례조차 치르지 못하고 진상 규명과 김석기 등 책임자 처벌을 요구하며 싸웠다. 일 년이 다 되도록 시신을 냉동고에 모시고 있어 장례를 더는 미룰 수 없게 되자, 355일 만인 2010년 1월 9일에야 비로소 서러운 장례를 치렀다. 그들은 이후로도 지속해서 진상 규명과 책임자 처벌을 요구해 왔다.

과거사 재조사를 통해 밝혀진 진실, 그러나…

참사 발생 8년이 지나, 문재인 정부에서 경찰과 검찰의 과거 인권침해 사건을 재조사하는 위원회가 구성되었다. 각각 내부에 구성된 자체 조사위원회라는 한계와 조사 권한의 한계가 있었지만, 용산 참사의 과잉 진압과 편파·왜곡 수사를 밝혀내기도 했다. 〈경찰 인권침해 진상조사위원회〉는 2018년 9월 5일 용산 참사에 대한 경찰의 진상조사 결과를 발표했다. 조사 결과, 경찰 지휘부의 안전대책 없는 조기 특공대 투입과 과잉 진압 강행이 "국민의 생명·신체를 보호할 의무 위반"이라고 결정했다. 또한 당시 경찰청장 내정자 신분으로 진압 책임자였던 김석기의 지시로 검찰과 언론사 간부에 접촉해 수사 및 여론에 조직적으로 대응하였고, 사이버수사대 900명을 동원해 대대적인 여론조작을 하는 등의 행위를 계획·실행한 문건을 발견했다. 조사위원회는 이러한 경찰의 조직적인 행위가 경찰법 위반, 직권남용권리행사방해죄, 강요죄가 성립하는 "민주 헌정질서의 근간을 흔드는 행위"라고 판단했다. 그 외에도 이동 상황조를 운영해 유가족 등에 대한 사찰을 저지르고, 청와대발 강호순 연쇄살인 사건 적극 활용 홍보지침[98]이 경찰청 홍보담당관에게 보내진 사실도 확인했다. 그러나 이러한 혐의들이 공소 시효가 지나 수사를 권고하지 못했고, 경찰청장의 사과와 재발 방지 대책 마련 등을 권고하는 데 그쳤다.

법무부 산하의 〈검찰 과거사위원회〉도 2019년 5월 31일 용산 참사 재조

---

98) 경기도 서남부 일대에서 여성 10명을 납치해 살해한 강호순이 2009년 1월 24일 검거되자 청와대 국민소통비서관실 행정관은 "용산사태를 통해 촛불시위를 확산하려고 하는 반정부 단체에 대응하기 위해 '군포 연쇄살인 사건'의 수사 내용을 더 적극 홍보하기 바란다" 등의 내용의 홍보지침 메일을 경찰청 홍보담당관에게 보냈다. 또 "용산 참사로 빚어진 경찰의 부정적 프레임을 연쇄살인 사건 해결이라는 긍정적 프레임으로 바꿀 수 있는 절호의 기회"라며 "언론이 경찰의 입만 바라보고 있는 실정이니 계속 기삿거리를 제공해 촛불을 차단하는 데 만전을 기해 달라"고 당부하기도 했다.

사 결과를 발표했다. 조사 결과, 당시 경찰이 긴박한 진압 작전을 개시할 필요성이 없었고, 위험이 충분히 예견되었음에도 안전을 도외시한 채 철거민 체포에만 집중한 무리한 진압이었으며, 이는 "경찰관 직무 규칙을 위반한 위법한 진압"이었다는 점이 확인되었다. 또한 무리한 진압 작전을 결정하고 졸속으로 작전을 변경, 실행한 책임이 있는 "경찰 수뇌부에 대한 조사가 사건의 실체 규명을 위해 필요했음에도, 김석기 등 경찰의 위법성에 대한 조사는 의지가 없거나 부실"했다고 결론 냈다. 그리고 화재 원인을 밝혀낼 수 있는 특공대원의 망루 내부 촬영 원본 동영상의 존재 여부도 당시 확인하지 않은 점 등의 "부실 수사"였다는 점도 드러났다. 그 외 용역과 경찰의 유착에 대한 수사도 부실했고, 영장 없는 강제 부검도 '긴급한 필요'가 있다고 보기 어려움에도 유가족 동의 없이 진행해 의혹을 키웠다고 판단했다. 그런데도 경찰과 검찰 모두 형사책임을 묻기는 어렵다고 결론 내렸다. 결국 〈검찰 과거사위원회〉 조사도 검찰총장의 사과와 재발 방지 대책 권고에 머물렀다.

경찰과 검찰 조사 결과에 대한 권고 이행에 있어, 경찰은 권고 당시 경찰청장인 민갑룡 청장이 유가족과 생존한 철거민들에게 직접 대면 사과하고 제도개선 방안에 관해 설명했다. 그러나 권고 당시 검찰총장(문무일-윤석열)[99]은 사과도 없었고, 재발 방지 대책 마련도 없었다. 특히 여전히 당시 사망 사건 관련 책임자들의 사과는 전혀 없다.

---

99) 권고 당시 퇴임을 앞둔 문무일 총장은 검찰 과거사 사건으로 조사된 용산 참사를 비롯해 형제복지원 사건, 강기훈 유서 대필 사건 등 총 9건에 대해 포괄적인 사과를 하는 데 그쳤다. 용산 참사 유가족들은 2019년 7월 임명된 윤석열 총장에게 용산 참사 유가족에 대한 사과 및 재발 방지책 마련 권고 이행을 수차례 요구했으나, 검찰에 대한 권고는 이행되지 않았다.

국회의원이 된
김석기

안전을 도외시한 무리한 진압 작전 지휘의 책임자는 김석기 당시 서울경찰청장이었다. 경찰청장 내정자 신분이기도 했던 그는 철거민들이 농성을 시작한 날 정오에 현장을 찾아 "백주 대낮에 시내 한복판에서 어찌 이런 일이 있나, 이런 것을 방치하면 안 된다"라며 조기 진압을 주문했다. 철거민들의 농성 약 3시간 만에 경찰특공대의 관측이 시작되었고, 김석기 청장은 현장의 경찰특공대장을 격려하기까지 했다. 그리고 당일 특공대 투입을 통한 진압계획을 직접 승인했다. 이전에 있었던 다른 지역 철거민들이나 노동자들의 건물 점거 농성의 진압 사례와 비교해도 이례적으로 빠르고 거친 진압계획이었다.

김석기의 지시에 의한 진압의 강행은 결국 비극을 불러왔다. 이는 경찰이 집회·시위 대응을 위해 2008년 만든 『집회시위 현장 법집행 매뉴얼』도 무시한 강경 진압이었다. 당시 매뉴얼에는 고공 점거 농성의 경우 안전 장비 설치, 자진 하강 설득, 인화물질 소진 후 검거 등을 규정하고 있었지만, 조기 검거에만 혈안이 되어 안전 대비와 설득에 필요한 시간도 없이 진압을 강행하는 등 어떤 규정도 지켜지지 않았다.

특히 진압 특공대의 안전을 위해 경찰 스스로 계획한 장비들이 준비되지 않은 것을 알고도, 진압을 미루거나 변경하지 않고 강행했다. 1차 진입 시 투입된 특공대원들이 망루 안에 가득한 유증기로 위험하다는 것을 인지해 보고했지만,[100] 경찰 지휘부는 "내가 올라갈까?"라고 진압을 종용하며 작전 변경이나 철거민 설득 없이 바로 2차 진입 강행을 명령했다. 그 결과 2차 진압 중 화재가 발생했고, 끝내 참사로 이어졌다.

하루아침에 여섯 명의 국민이 사망하는 참사로 경찰 과잉 진압에 대한 책임을 추궁당한 김석기 청장은 아랫사람에게 책임을 떠넘기고 발뺌하기에 급급했다. 국회 대정부 질문에서 야당 의원이 지휘 책임을 추궁하자 "특공대 투입에 대해선 보고만 받았다"라고 지시 책임을 회피했는데, 진압계획에 김 청장이 사인한 문건이 나와 거짓말이 탄로 났다. 수사본부에 제출한 서면 답변서에서는 진압 당시 집무실의 "무전기를 꺼 놨다"라며 발뺌한 것이 알려지면서 사회적인 지탄을 받았고, 결국 서울경찰청장직에서 사퇴했다. 그러더니 이명박 정권 시절이던 2011년 1월 일본 오사카 총영사로 임명됐고, 임명 8개월 만에 중도 사퇴하고 돌아와 2012년 경북 경주에서 19대 국회의원 선거에 출마했다. 당시 새누리당 공천을 신청했다가 뜻을 이루지 못한 김석기는 무소속으로 출마를 고집했다. 유가족들은 이러한 김석기의 출마를 용인할 수 없었다. 경주로 간 유가족들은 김석기 선거사무실 맞은편인 경주역 광장에서 천막농성을 하며 김석기의 처벌을 촉구했다. 유가족들은 참사 당시인 2009년에도 김석기를 대면한 적이 없었는데, 경주에서 선거 유세차에 오른 김석기를 비로소 마주할 수 있었다. 상복을 입고 영정

---

100) 당시 철거민들은 다른 지역 망루 농성 사례에 따라 장기 농성을 대비했다. 용역의 진압에 대비한 화염병뿐만 아니라 전기가 차단된 농성장의 발전기를 가동하기 위해 세녹스(유사 휘발유)를 다량 준비했었다. 그러나 경찰특공대 진압 과정에서 망루 2층 바닥이 무너지면서 세녹스 다량이 바닥으로 쏟아졌고, 망루 내부는 작은 불꽃에도 발화될 수 있을 정도로 유증기가 가득했다. 1차 진압 작전 후 망루에서 나온 특공대원들은 현기증이 날 정도로 망루 안이 유증기로 가득하다며 위험을 보고했었다.

사진을 든 유가족들은 울부짖으며 김석기를 향해 다가갔지만, 지지자들은 유가족들을 가로막고 폭력적으로 끌어냈다. 유세하던 김석기는 용산 참사 유가족들을 바라보며 진압이 정당했다고 강변했다. 유가족들을 앞에 두고 "도심 테러"를 운운하며 희생된 철거민들을 폭도로 몰았다. 이런 식으로 피해자인 철거민 유가족들이 가해자인 김석기를 대면하게 될 줄은 생각지도 못했다. 참으로 분통스러운 순간이었다.

결과적으로, 무소속으로 출마한 김석기 후보는 낙선했다. 그러나 그것도 잠시였다. 2013년 10월, 박근혜 정권에서 김석기는 공기업인 한국공항공사 사장으로 낙하산 취임했다. 이때도 유가족들은 한국공항공사 정문 앞에서 피켓 시위를 했는데 매일같이 보안 직원들에 의해 폭력적으로 끌려 나와야 했다.

2016년 20대 총선을 몇 개월 앞둔 2015년 12월, 한국공항공사 사장으로 경력을 세탁한 김석기는 총선 출마를 위해 또다시 사장직에서 중도 사퇴했다. 그리고 이번에는 경북 경주에서 새누리당 공천을 받았다. 당시 박근혜 정권의 '친박'을 넘어 '진박(진실한 친박)'을 감별하는 '진박 감별사'로 불린 최경환 의원에 의해 진박으로 인정받은 결과였다.

19대 총선에서 김석기를 대면하며 모욕과 폭력을 당해야 했던 원통한 기억에 유가족들의 경주행을 말리고 싶었지만, 그러지도, 그럴 수도 없었다. 김석기가 국민의 대표로 선정되는 것을 두고 볼 수는 없었다. 김석기의 선거사무실 앞에서 용산 참사 책임자 처벌을 촉구하는 기자회견을 하고, 시민들에게 김석기의 용산 참사 관련 행적을 알렸다. 하지만 공천이 곧 당선인 지역에서 공천받은 김석기는 결국 금배지를 달았다.

여섯 명의 국민이 사망한 참사의 책임이 있는 그는 금배지를 달자 더욱 거침이 없었다. 2016년 국정감사에서는 백남기 농민을 죽음으로 내몬 물대포 진압에 대해 "우리나라 해역에 들어와 불법 어업에 종사하는 중국 어선을 상대로 단속하는 과정에서 행사하는 정당한 공권력 행사와 비슷하다"라는 망언을 퍼붓기도 했다. 경찰들에게 권력에 저항하는 시민들에 대한 살인 면허라도 부여하겠다는 듯 경찰 폭력을 정당화하고 강경 진압을 주문했다.

경찰과 검찰의 과거사 재조사로 김석기의 위법 혐의가 드러났지만, 그는 공소 시효와 금배지의 뒤에 숨어 과거사 조사위원회의 조사도 불응했고, 조사 결과를 부정했다. 그는 용산 참사 10주기에 직접 국회 기자회견을 열어 "용산 진압은 정당했고, 법과 원칙을 지켜 국가와 국민을 지켰다. (…) 지금도 같은 일이 벌어지면 똑같이 할 것"이라고 말했다. 국민 여섯 명이 사망하는 참사를 낳았는데도 자신의 행위가 "정당했다"라며 앞으로도 "똑같이 할 것"이라는 그의 말은 너무 소름 끼쳤다. 그에게 개발에 저항하는 철거민들은 국민이 아니었다. 유가족들은 치미는 울분을 참을 수 없었다.

침묵의 선거 강요하는 공직선거법, 헌법재판소로 가다

김석기가 출마한 선거 시기뿐만 아니라 유가족들은 참사 당일부터 줄곧 김석기 등 책임자 처벌과 진상 규명을 촉구해 왔다. 그러나 유가족들의 이러한 절규와 외침에 대해 『공직선거법』은 선거 시기라는 이유로 침묵할 것을 강요했다. 이에 유가족들은 '침묵의 선거'를 강요하는 『공직선거법』에 대해 2017년 2월 헌법소원을 청구했다. 〈천주교인권위원회〉의 '유현석 공익소송기금'의 지원으로 청구한 헌법소원은 선거 시기 특정 후보나 정당을 지지·반대하는 문서 배부와 현수막·피켓 게시, 확성장치 사용 등을 금지하는 『공직선거법』 조항들이 헌법 제21조 제1항의 언론·출판과 집회·결사의 자유를 침해한다는 취지였다.

유가족들은 김석기가 예비후보로 등록한 이후에야 출마한다는 사실을 알게 되었다. 그러나 해당 『공직선거법』 조항들은 선거일 전 180일부터 인쇄물의 배부 등을 금지하고 있어, 선거일 전 120일부터인 국회의원 예비후보 등록 시점에서는 인쇄물의 배부 등이 이미 금지되어 있었다. 후보자에 대한 의견 표명의 욕구가 높아지는 선거 시기에 오히려 의견 표명을 금지하는 『공직선거법』에 따라 표현의 자유는 '향유할 가치가 별반 없는 시기에만 누릴 수 있는 자유'라는 모순에 처했다.

해당 『공직선거법』 조항들이 선거의 공정성을 해하는 결과의 방지를 위한 것이라고 하지만, 선거의 공정성은 후보자에 관한 여러 견해를 내놓고 그에 관한 토론과 논증이 벌어지는 등 후보자에 대한 정보의 자유로운 교환이 전제되어야 가능한 것이다. 표현의 내용이나 사실 여부와 관계없이 표현 '수단'을 전면 금지해 의사 표현 행위 그 자체만으로 처벌하는 『공직선거법』은 표현의 자유를 원천 봉쇄하고, 국민의 기본권을 침해하고 있다는 것이 헌법소원 청구의 이유였다. 표현의 자유를 희생하여 '침묵의 선거'를 치르고, 그러한 '침묵'이 공정한 것이라고 강요하는 『공직선거법』은 정작 민주주의의 장이 되어야 할 선거 제도에서 정치적 표현의 자유를 가로막아 민주주의를 심각하게 훼손하는 위헌적 내용을 담고 있었다.

이에 헌법재판소는 2022년 7월 21일 『공직선거법』 제90조 제1항과 제93조 제1항에 대해 헌법불합치 결정을, 제103조 제3항에 대해서는 단순위헌 결정을 선고했다. 헌재는 선거 기간에 선거에 영향을 미치게 하는 집회나 모임을 금지한 조항을 위헌으로, 현수막, 벽보 등 시설물을 설치, 게시하는 행위를 금지한 조항과 선전물 배포 등을 금지한 조항은 헌법에 어긋난다며 헌법불합치로 판단했다. 그리고 헌법불합치 조항은 2023년 7월 31일을 시한으로 개정할 때까지만 적용을 명했다. 헌재는 "후보자에 대한 정치적 표현의 자유를 상당 부분 제한할 뿐 아니라, 후보자에 비하여 선거운동의 허용 영역이 상대적으로 좁은 일반 유권자에 대하여는 더욱 광범위하게 정치적 표현의 자유를 제한함으로써 민주주의 사회의 근간이 되는 정치적 표현의 자유라는 기본권을 형해화하고 있다"라고 판단했다. 반면, 공개된 장소에서 확성장치 사용을 금지한 조항에 대해서는 합헌으로 판단했다. 아쉬움이 있지만, 유가족들이 행한 대부분의 활동이 헌법에 보장된 권리로 정당한 행위였다는 것이 확인된 결정이었다.

여전히,
침묵의 선거를 강요하고 있다

그러나 2023년 7월 말로 개정 시한이었던 헌법불합치 조항은 거대 양당이 합의하지 못해 기일 내 개정되지 못함으로써 실효되었고, 국회는 2023년 8월 24일 실효된 조항의 일부 요건만 수정해 사실상 위헌적 조항을 부활시키는 선거법 개정안을 통과시켰다. 국회는 헌법불합치 결정을 받은 조항을 삭제하지 않고 해당 조항 적용 시작일을 선거일 전 180일에서 120일로 기간만 단축해 존치시켰다. 또한 각종 집회 등을 제한하는 제103조 제1항을 신설, "누구든지 선거 기간에 선거운동을 위하여 이 법에 규정된 것을 제외하고는 명칭 여하를 불문하고 집회나 모임을 개최할 수 없다"라는 포괄적 규제 조항을 신설했다. 게다가 제103조 제3항의 "그 밖의 집회나 모임" 부분이 단순위헌 결정을 받았음에도, 특별한 근거도 없이 참가 인원 30명의 상한선만 추가하여 그대로 부활시켰다. 즉 사실상 헌법재판소의 결정 취지를 무력화시킨 것이다.

여전히 위헌적인 침묵의 선거를 강요하는 『공직선거법』은 용산 참사 유가족들과 활동가들의 김석기 낙선운동을 위축시켰다. 제한된 선거법의 틀에 갇혀 유가족들이 할 수 있는 활동은 거의 없었고, 무력감만 더해 왔다. 시간이 흘러 용산 참사 15주기를 맞는 2024년 총선에서 김석기는 다시 경북 경주에 출마해 당선되었고, 이제 3선의 중진 국회의원이 되었다. 국민의 대표를 뽑는다는 선거 때마다 침묵을 강요당한 유가족들은 2009년 1월 20일의 고통이 반복되고 배가되었다. 중진 의원으로 TV 뉴스에 등장하는 그를 보는 일이 괴로워, 유가족들은 뉴스를 보기 두렵다고 한다.

> "2009.1.20. 학살의 그 날을 잊지 않은 우리는, 다시는 이러한 비극적인 살인개발과 국가폭력이 발생하지 않도록 온전히 추모하고 싶다. 진상 규명과 책임자 처벌은 온전한 추모를 위한 시작이 되어야 한다."
> – 용산 참사 15주기 추모위원회 입장문 중에서

용산 참사 책임자 처벌을 촉구하는 유가족들의 외침이 선거 시기라고 멈출 수 없는 이유는 너무도 명백하다. 참사의 책임자들을 단죄하지 못해 반복되는 국가폭력과 사회적 참사를 목도해야 하는 지금의 현실이 그 이유를 명백히 밝혀주고 있다.

책임자 처벌 없는 용산 참사 15년은 피해자들에 대한 반복된 모욕의 연속이었다. 그 모욕의 주체가 지금도 TV 뉴스를 통해 마주해야 하는 권력의 중심에 있는 책임자들이라는 점이 더욱 참혹하다. 이러한 현실은 책임자 처벌 없이 매년 맞이해야 하는 추모주기 때마다 온전한 추모도, 애도도 할 수 없게 하고 있다. 이 비극의 고리를 끊기 위해서라도 피해자가 아닌 책임자를 법정에 세워야 한다. 이를 위한 피해자들의 정당한 외침을, 원통한 피해자들의 말할 권리를 부당한 선거법의 틀로 가두지 말아야 할 것이다.

폭도로 몰린 평범한 시민들이 살아가던 동네 용산4구역에는 참사의 흔적을 지운 듯 '용산센트럴파크해링턴스퀘어'라는 고층 주상복합단지가 들어섰다. 주상복합 아파트 가격은 24억에서 50억, 전세가도 15억에서 26억에 이른다. 자연히 그곳에서 살아가던 이웃들은 다시 돌아올 수 없다. 이것이 성급하고 무리한 진압을 강행한 용산 참사의 본질이다. 이 본질을 말하고 책임자를 처벌하는 것이 온전한 애도의 시작일 것이다. 제대로 된 진상규명과 책임자 처벌만이 "지금도 똑같이 할" 국가폭력을 멈추게 하는 길이다. 그래야 우리는 故 이상림, 양회성, 이성수, 윤용헌, 한대성 님, 그리고 김남훈 경사를 온전히 애도할 수 있다.

"최소한의 위치추적만" 헌재의 결정, 국회의 아쉬운 응답

휴대전화 실시간 위치추적 헌법소원 청구 사건

장여경[101]

때로는 우리의 위치가 우리를 설명한다. 우리가 특정 시점에 머물렀던 장소, 시간대별로 움직인 동선은 우리의 정체성을 구성한다. 맛있는 음식을 먹으며 사진을 찍고, 이 사진을 음식점이 소재한 위치정보와 함께 SNS에 올리는 것은 이 순간과 장소에 대한 추억을 기록하고 친구들과 나누기 위해서이다. 우리의 위치는 집 주소나 병원 진료과목처럼 때로 매우 사적인 생활을 드러내기도 한다. 여러 사람의 위치를 겹쳐보면 누가 누구를 만났는지, 어느 정도로 자주 만나는지 알 수 있다. 특정 장소에 출석했다는 위치정보는 우리의 사상·신념, 노동조합·정당 소속 여부, 정치적 견해, 심지어 병원 방문 여부 등 민감정보를 드러내기도 한다.

위치정보가 누군가를 설명하는 적실한 개념이 되기 시작한 것은 모바일 환경과 떼어놓을 수 없다. 우리가 언제 어디서 무엇을 하건, 휴대전화를 손

---

101) 진보네트워크센터 활동가, 사단법인 정보인권연구소 상임이사

에서 떼어놓지 못하게 되었기 때문이다. 미국 연방대법원은 2014년 '라일리 판결'에서 "이제 휴대전화는 지니고 다니지 않는 사람이 드물고, 휴대전화를 가지고 있는 90% 이상의 미국 성인들이 그들 삶의 거의 모든 면에 관한 디지털 기록을 자신들의 몸에 가지고 다닌다"라면서 "날짜, 장소, 설명까지 있는 천 장의 사진은 지갑에 꽂혀있는 한두 장의 사진보다 개인의 사생활에 대해 훨씬 더 많은 정보를 드러낼 수 있다"라고 지적했다.

그런 까닭에 휴대전화를 사용하여 시간 경과별로 다른 사람의 위치와 그 변화 동선을 파악하는 위치추적도 그만큼 많아졌다. 물론 위치추적이 공익을 위하여 허용될 때도 있다. 휴대전화 GPS 위치추적은 실종 아동이나 치매 노인 등을 발견하거나 긴급구조를 할 때 쓰인다. 휴대전화를 넘어 다양한 위치정보를 가장 폭넓게 아우른 사례는 코로나19 확진자 동선추적일 것이다. 코로나19 역학조사 지원시스템은 휴대전화 위치는 물론이고 교통카드와 신용카드 사용 위치, 큐아르QR 체크인 위치까지 폭넓게 수집하였다.

그러나 위치정보가 당사자의 정체성이나 생활에 밀착해 있다 보니 과도한 위치추적은 그 대상이 되는 사람의 사생활을 침해할 우려가 높다. 특히 디지털 위치추적은 원격에서 이루어지기 때문에 위치정보 수집자를 드러내지 않고, 예전보다 더욱 은밀하게 행해질 수 있다. 이처럼 수집자가 가시적으로 드러나지 않는다고 해서 인권 침해가 아닌 것은 아니다. 국가 권력이나 회사가 개인의 위치를 디지털로 추적하고 감시할 때 그 대상이 되는 사람은 누구든지 때로 찜찜하고 때로 고통스러운 생활의 제약을 느낄 것이다. 추적당하고 있다는 사실을 의식하게 되면 심리적으로 뿐만 아니라 행동과 이동까지 위축될 수 있기 때문이다. 더구나 위치정보를 남기게 되는 경로가 휴대전화 서비스처럼 필수적인 생활 서비스라면 이를 피해 갈 방법이 없다는 점에서 더욱 침해적이다. 지나간 소재지의 정보를 수집당할 때보다는 실시간으로 추적당할 때 당사자에게 미치는 침해적 효과가 더욱 클 것이다.

경찰과 디지털 위치추적

디지털 기술이 발달하고 휴대전화 사용이 증가하면서 경찰 역시 휴대전화와 인터넷의 위치를 추적하는 수사 기법을 도입하게 되었다. 이에 2005년 『통신비밀보호법』을 개정하면서 전기통신사실에 관한 자료인 '통신사실확인자료'의 정의에 "정보통신망에 접속된 정보통신기기의 위치를 확인할 수 있는 발신기지국의 위치추적자료(동법 제2조 제11호 바목)"와 "컴퓨터 통신 또는 인터넷의 사용자가 정보통신망에 접속하기 위하여 사용하는 정보통신기기의 위치를 확인할 수 있는 접속지의 추적자료(동법 동조 동호 사목)"를 신설하였다. 즉, 정보·수사 기관이 휴대전화 기지국과 인터넷 IP주소 등의 정보를 수집하여 대상자의 위치를 추적할 수 있도록 근거를 마련한 것이다.

하지만 그 이전부터 정보·수사 기관이 통신사실 확인자료의 조회 권한을 남용하는 문제 역시도 계속 불거졌다. 특히 2000년대 초반 정보·수사 기관이 비판적 보도를 낸 언론사 기자들의 통화 내역을 부당하게 조회한 사건이 여러 건 발생하였다. 그렇게 문제가 불거질 때마다 『통신비밀보호법』은 아주 조금씩 개선되었다. 정보·수사 기관들이 통신사실 확인자료를 요청할 때 서면으로 요청하도록 하거나, 검사장 승인을 얻도록 하는 식이었다. 그럼에도 남용 문제가 해결되지 않자, 아예 정보·수사 기관 외부에서 독립적인 사법 기관의 통제를 받도록 해야 한다는 요구가 높아졌다. 그래서 2005년 『통신비밀보호법』 개정에서는 정보·수사 기관이 통신사에 통신사실 확인자료를 요청할 때 관할 지방법원의 허가를 받도록 하고, 통신사실 확인자료를 제공받은 사건에 관하여 기소, 불기소, 불입건 처분을 한 경우 정보 주체인 전기통신 가입자에게 통지하도록 제도화하였다(동법 제13조).

그런데 2005년 법 개정 무렵 국회는 '통신사실 확인자료'에 대하여 "자료제공요청서 접수시점 이전의 자료에 한정"하는 의미로 받아들이고 있었다.[102] 입법 시점에는 통신사실 확인자료가 말 그대로 통신이 완료되어 과거에 이용한 사실을 '확인'하는 자료를 의미했던 것이다. 과거의 사실을 확인하는 자료는 아무래도 침해 정도가 높지 않다고 볼 수 있다. 하지만 통신기술이 점점 발달하면서 통신사와 정보·수사 기관 사이에서 '장래'의 '통신사실 확인자료'를 제공하고 제공받는 일이 늘어나게 되었다. 디지털 실시간 위치추적이 시작된 것이다. 정보·수사 기관 입장에서는 기술의 발전을 빠르게 수용한 것이었지만, 국민 입장에서는 별다른 공적 통제 없이 과거보다 더 밀착된, 그리고 더 침해적인 디지털 위치추적을 감내하게 된 것이다.

그렇다면 기술 기업과 국가가 자신들의 판단만으로 기존 규정에서 전제하고 있던 것보다 더 침해적인 관행을 도입하고 나아가 이를 주류화하였을 때, 과거의 규율만으로 정보·수사 기관의 오남용을 적절히 통제할 수 있을까. 이 문제에 도전하여 헌법적 해석을 구한 사람들이 있었다. 바로 '희망버

---

102) 과학기술정보통신위원회 수석전문위원(2001). 통신비밀보호법중개정법률안에 대한 의견 제시의 건 검토보고서-김영환의원 대표발의. p.6.

스' 활동가들과 철도 노동자들이다.

활동가와 파업 노동자, 그 가족들의 위치를 실시간 추적한 경찰

2011년 6월 11일 첫 번째 희망버스 17대가 출발했다. 시민 700여 명이 회사의 대규모 정리해고 철회를 요구하며 35미터 타워 크레인에 올라 고공 농성 중인 한진중공업 해고 노동자 김진숙 씨와 노동자들을 응원하기 위해 전국 각지에서 희망버스를 타고 부산 영도에 모였다. 희망버스는 11월 9일 김진숙 씨가 309일 만에 땅을 밟을 때까지 4차례 더 운행되었다.

경찰은 이 희망버스를 기획한 활동가들을 『집회 및 시위에 관한 법률』 위반, 공동건조물 침입 등 5가지 혐의로 수배하였다. 그리고 이들 희망버스 활동가들의 휴대전화는 물론 그 가족들의 휴대전화에 대하여 그해 7월부터 12월까지 5개월에 걸쳐 실시간으로 위치를 추적하였다. 이 사실을 알게 된 희망버스 활동가들은 헌법이 보호하고 있는 개인정보 자기결정권과 통신의 자유를 침해당했다며 2012년 2월과 6월 각각 헌법소원을 제기했다.[103]

뒤이어 2013년에는 경찰이 철도 민영화를 반대하며 파업 중이던 철도 노동자들을 체포한다는 이유로 철도 노동자의 휴대전화 위치를 실시간으로 추적한 사건이 발생했다. 당시 경찰은 노동자 당사자는 물론 부모, 아내, 초등학생 자녀 등 가족의 휴대전화를 한 달 넘게 실시간으로 추적하였고,

---

103) 2012헌마191, 2012헌마550 사건

정부 기관이나 금융 기관 인터넷 아이디의 접속 위치에 대해서도 실시간으로 추적하였다. 휴대전화 위치를 실시간으로 추적당한 철도 노동자 15명과 그 가족 21명은 2014년 5월 헌법소원을 제기했다.[104]

실시간 위치추적은 휴대전화를 '발신'하는 경우는 물론이고 발신하지 않는 대기모드인 경우에도 통신사가 매 10분 간격으로 대상 휴대전화 기지국의 위치를 자동으로 추적하여 수사관에게 문자 메시지로 알리는 방식으로 이루어진다. 이 사건 청구인들과 그 가족들의 경우 10분 간격의 현재 위치가 짧게는 한 달간, 길게는 5개월간 제공되었다. 실시간 위치추적은 과거의 위치가 아니라 장래의 위치와 동선을 장기간 계속하여 추적한다는 점에서 입법자가 입법 당시 예정하지 않았던 수사기법이며, 그 인권 침해 수준이 과거 관행보다 높았다. 그러나 이 신종 수사기법을 통제하는 별다른 규율 없이 기존 통신사실 확인자료의 한 유형에 포함되어 실무에 활용되어 온 것이다. 정보 주체가 의견을 제시할 수 있는 적법 절차를 보장하기 위하여 마련된 통지 조항의 경우에는 수사가 장기간 계속되면 통지가 늦어지기 때문에 견제 효과가 무색하였다.

무엇보다 통신사실 확인자료의 중요성에 대한 인식 면에서 차이가 있었다. 모바일 의존도가 갈수록 높아지는 환경 속에서 정보 주체 당사자들은 통화 내역이나 위치정보가 부당하게 조회되는 사건이 발생하면 이를 매우 중대한 정보인권 침해 문제라고 생각한다. 그러나 그간 위치추적을 비롯하여 통신으로 발생하는 외형적인 사실 관계 조회의 경우 그 보호 가치와 필

---

104) 2014헌마357 사건. 참고로, 당시의 철도 파업은 2017년 대법원에서 무죄 판결이 확정되었다.

요성이 비교적 낮다고 간주되어 왔다. 일례로 주류 법학계는 헌법에서 보호하는 통신의 비밀은 주로 통신의 '내용'을 보호하는 것으로 이해하고 있었다. 『통신비밀보호법』 또한 통신 내용 감청에 대해서는 매우 엄격한 법원의 허가를 요구했지만, 통신사실 확인자료의 제공에 대해서는 "수사를 위하여 필요한 경우"만 충족하면 법원이 허가하도록 요건을 완화하고 있었다.

이와 관련해 헌법재판소는 위 사건들을 병합하고, 2018년 6월 이에 대한 결정을 내렸다. 실시간 위치추적에 관한 현행 법률이 헌법에 불합치한다는 것이었다.

정보·수사 기관의
과도한 위치추적은 위헌

이 결정에서 특히 눈에 띄는 부분은 실시간 위치추적에 대하여 헌법재판소가 매우 중대한 인권 침해라고 인정한 부분이다. 더불어 헌법재판소는 헌법이 보호하는 통신의 비밀보호가 통신 내용뿐 아니라 외형적인 통신 사실관계도 포함한다는 점을 분명히 밝혔다.

"헌법 제18조는 '모든 국민은 통신의 비밀을 침해받지 아니한다.'라고 규정하여 통신의 비밀보호를 그 핵심 내용으로 하는 통신의 자유를 기본권으로 보장하고 있다 (…) 자유로운 의사소통은 통신 내용의 비밀을 보장하는 것만으로는 충분하지 아니하고 구체적인 통신으로 발생하는 외형적인 사실관계, 특히 통신관여자의 인적 동일성·통신시간·통신장소·통신횟수 등 통신의 외형을 구성하는 통신이용의 전반적 상황의 비밀까지도 보장해야 한다."

- 2018. 6. 28. 선고 2012헌마191·550,

2014헌마357(병합) 결정 중에서

나아가 헌법재판소는 수사 절차에서 요건이 엄격한 감청의 활용은 점차 줄어드는 반면 통신사실 확인자료 활용이 빈번해지고 있는 까닭은 그에 대한 요건이 상대적으로 완화되어 있기 때문이라고 지적하였다. 수사 기관의 통신사실 확인자료 제공 요청에 대한 법원의 기각률이 1%에 불과한 것 역시 이 요청이 수사의 필요성만을 요건으로 규정하고 있기 때문이라는 것이다. 통신사실 확인자료 제공 요청에 대한 요건이 완화된 상태에서는 법원의 통제가 충분히 이루어지기 어려울 수밖에 없다.

해당 결정이 내려진 바로 그날 헌법재판소는 특정 지역 기지국에서 불특정 다수의 휴대전화 번호를 수집해 가는 일명 '기지국 수사'에 대해서도 헌법불합치로 결정하였다.[105] 이 결정에서도 헌법재판소는 휴대전화의 이용과 관련하여 필연적으로 발생하는 통신사실 확인자료는 여러 정보의 결합과 분석을 통하여 정보 주체에 관한 다양한 정보를 유추해 내는 것이 가능하므로 통신 내용과 거의 같은 역할을 할 수 있으며, "비내용적 정보이긴 하지만 강력한 보호가 필요한 민감한 정보로서 통신의 내용과 더불어 통신의 자유를 구성하는 본질적인 요소에 해당"한다고 선언하였다.

헌법재판소는 특히 실시간 위치추적 자료가 "정보 주체의 현재 위치와

---

105) 2012헌마538 사건. 참고로, 이 사건은 '유현석 공익소송기금'의 지원을 받은 사건은 아니다.

이동 상황을 제공한다는 점에서, 비록 내용적 정보가 아니지만 충분한 보호가 필요한 민감한 정보"라고 밝혔다. 그런데도 이 사건의 요청조항(『통신비밀보호법』 제13조 제1항)이 "수사를 위하여 필요한 경우"라는 요건만으로 피의자·피내사자뿐 아니라 그 가족을 비롯한 관련자들에 대하여 광범위하게 실시간 위치추적을 실시할 수 있도록 규정하고 있는 것은 정보 주체의 기본권을 과도하게 침해하고 있다는 것이다.

이 대목에서 눈에 띄는 부분은 헌법재판소가 직접 덜 침해적인 실시간 위치추적의 대안을 제시하고 있다는 점이다. 예를 들어 실시간 위치추적이나 불특정 다수에 대한 위치추적 등 침해 정도가 큰 위치추적의 경우에는 그 요건으로 수사의 필요성뿐 아니라 보충성을 더하여, 다른 방법만으로는 범죄 실행을 저지하거나 범인의 발견·확보 또는 증거의 수집·보전이 어려운 경우에 한하여 허용하는 방안이 있을 수 있다. 또 다른 대안으로는 현재의 감청 대상 범죄 이외의 범죄에 대한 위치추적의 경우 그 요건으로 필요성뿐 아니라 보충성을 요구하는 방안도 있다. 헌법재판소는 이러한 방안들이 수사의 신속성과 효율성을 달성하고, 공권력을 적정하게 행사하면서도 위치추적의 남용을 방지할 수 있다고 설명하였다. 이러한 관점에서 보면 기존의 실시간 위치추적 요청조항은 정보 주체의 기본권을 최소한으로 침해하기 위한 노력을 도외시한 채 수사기관의 수사 편의와 효율성만을 도모한 것이다. 나아가 이와 같은 요청조항은 공익목적 달성에 필요한 범위를 벗어나 정보 주체의 통신의 자유와 개인정보 자기결정권을 과도하게 제한하는 것으로, 법익의 균형성 침해도 함께 인정되었다.

또한 수사의 밀행성은 확보되어야 하겠지만, 위치추적에 대해서는 정보 주체에게 적절하게 고지하고 의견 진술의 기회를 부여해야 한다. 이는 헌법이 보장하고 있는 적법절차 원칙에 따라 수사기관의 권한 남용을 방지하고, 정보 주체의 기본권을 보호할 수 있는 방안이다. 그러한 통지를 통하여 정보 주체는 위치정보 추적자료의 제공이 적법한 절차에 따라 이루어졌는지, 위치정보 추적자료가 제공 목적에 부합하게 사용되었는지, 그리고 제공된 위치정보 추적자료가 『개인정보 보호법』 등에 규정된 적법한 절차에 따라 폐기되었는지 등을 확인할 수 있다.

그런데 당시 『통신비밀보호법』에 규정된 통지 조항에서는 수사가 계속 진행 중이거나 기소중지 결정이 이루어지면 통지할 의무가 없었고, 통지 항목에 위치추적 사유를 포함하고 있지 않았다. 통지 의무를 위반하는 경우에 대하여 실효적으로 제재하는 조항도 두지 않았으며, 그 결과 통지 의무를 이행하지 않는 사례가 상당히 많이 발생하였다. 이는 결국 헌법에서 요구하는 적절한 고지라고 볼 수 없으므로 적법절차 원칙을 위반한 것이다.

더불어 헌법재판소는 덜 침해적이면서 적법절차를 충족하는 통지 방안이 있다고 지적하였다. 통지 예외를 최소화하기 위하여 통신사실 확인자료 제공 이후 일정 기간이 경과하면 원칙적으로 수사나 내사 대상인 정보 주체에게 이를 통지하도록 하고, 다만 수사에 지장을 초래하는 경우 사법부 등의 허가를 받아 통지를 유예할 수 있다는 것이다. 실시간 위치추적 사유에 대해서는 정보 주체의 신청에 따라 통지하는 대신 일부 예외를 인정하는 방법이 가능하고, 통지 의무를 위반하는 경우 이를 제재할 수 있도록 입법할 수도 있을 것이다.

위치추적 통제가
예전보다 강화되긴 했지만

당시의 결정은 헌법재판소가 실시간 위치추적과 더불어 통신사실 확인 자료의 보호 필요성을 명확히 밝혔다는 점에서 큰 의미가 있다. 특히 위치 정보와 그에 대한 추적자료를 가리켜 충분한 보호가 필요한 민감한 정보라고 인정한 것은, 오늘날과 같은 모바일 환경 속에서 위치정보가 사생활에 관한 핵심적인 정보일뿐더러 때로는 정보 주체의 정체성을 구성하기도 한다는 사실을 매우 타당하게 설명하여 제시한 부분이 아닐 수 없다.

다만 헌법재판소가 '수사의 필요성'이라는 통신사실 확인자료의 현재 요건 규정이 충분히 명확하다며 명확성의 원칙을 부인한 점에 대해서는 아쉬움이 남는다. 통신사실 확인자료가 통신의 내용까지는 담지 않은 정보이긴 하지만, 통신의 자유를 구성하는 본질적인 요소로 인정될 수 있고 강력한 보호가 필요하다는 사실이 확인된 만큼 그에 걸맞은 요건 강화에 대한 요구로까지 나아갈 수도 있었기 때문이다.

이와 관련해 독일은 통신사실 확인자료 제공에 대한 보호 필요성이 높아지면서 2015년에 통신사실 확인자료의 제공에 관한 『형사소송법』 규정이 강화되었다. 구체적으로는, 특정한 사실을 근거로 범죄 혐의가 확인되고 대상 범죄가 4년 이하의 자유형 선고가 예상되는 "중요한 의미를 가지는 범죄"와 "전기통신을 수단으로 행한 범죄"인 경우에 한해 통신사실 확인자료 제공을 요청할 수 있도록 하였다. 이 가운데 전기통신을 수단으로 행한 범죄의 경우에는 사실 관계의 조사가 다른 방법으로는 예견될 수 없는 보충적인 경우에만 통신사실 확인자료 제공이 허용된다. 과거 위치정보의 경우는 중요한 의미를 가지는 범죄에 대해서 수집이 가능하고, 장래, 즉 실시간 위치정보의 경우는 감청 대상 범죄에서 사실 관계의 조사나 피의자의 소재 지를 파악하기 위해서 필요한 경우에 한하여 제공될 수 있다.[106]

마찬가지 맥락으로 우리나라의 〈국가인권위원회〉 역시 『통신비밀보호법』 개정에 대한 의견을 통해 실시간 위치추적의 경우 감청 대상 범죄로 대상 범죄 및 대상자를 한정하고, 구체적인 범죄 혐의 또는 해당 사건과의 관련성을 소명할 것과 보충성 요건을 강화할 것을 요구하였다. 나아가 통신사실 확인자료 제공 일반에서도 대상 범죄 및 대상자의 한정, 구체적인 범죄 혐의 또는 해당 사건과의 관련성 소명, 보충성 요건 강화를 요구하였다.[107]

이와 같은 새로운 규범을 종합해 보면, 통신사실 확인자료 일반의 제공 대상은 일정하게 중대한 범죄를 수사하는 경우로 제한하고 보충성을 요구할 필요가 있으며, 만약 그 대상 범죄에 '전기통신을 수단으로 행한 범죄'를 포함하는 경우에도 보충성을 요구할 수 있다. 실시간 위치추적이나 대규모 기지국 수사의 경우에서처럼 침해성이 더욱 큰 통신사실 확인자료 제공의 경우에는 감청 대상 범죄처럼 대상 범죄를 강화하고, 보충성도 강화하여야 할 것이다. 그리고 어떠한 경우에도 범죄 혐의 또는 사건 관련성을 소명하도록 하여 피의자 이외에 피해자, 참고인, 증인 등으로 대상을 확대해서는 안 될 것이다.

---

106) 민영성, 박희영(2017). 독일에서 위치추적 수사방법으로서 IP트래킹의 허용근거에 대한 논의와 그 시사점. 형사정책연구 제28권 제2호(통권 제110호, 2017·여름); 박혜림(2020). 위치정보추적수사 현황과 개선방안. 국회입법조사처 *NARS* 현안분석 제146호.

107) 국가인권위원회 결정(2019. 7. 25). "「통신비밀보호법 일부개정법률안」에 대한 의견표명".

그러나 헌법재판소의 소극적인 판단 이후 국회는 입법 과정에서 적극적인 보호 규정 마련에 이르지 못하였다. 2019년 개정된 『통신비밀보호법』은 앞서 언급한 사건에서 헌법불합치 결정을 받은 실시간 위치추적이나 같은 날 헌법불합치 결정을 받은 기지국 수사에 대하여 해당 정보를 제공할 때 "다른 방법으로는 범죄의 실행을 저지하기 어렵거나 범인의 발견·확보 또는 증거의 수집·보전이 어려운 경우"를 요건으로 추가하여 보충성을 다소 보완하였다. 그러나 이 보충성 요건은 '감청 대상 범죄'와 '전기통신을 수단으로 하는 범죄'에서 모두 면제된다. 이는 헌법재판소가 실시간 위치추적에 대해서는 모두 혹은 '감청 대상 범죄'를 제외하는 모두에 대하여 보충성 요건을 요구한 대안의 수준에 미치지 못한다. 통신사실 확인자료 제공 일반에 대한 통제를 강화한 독일의 최근 입법 사례나 〈국가인권위원회〉의 의견과도 크게 차이가 난다.

개정 『통신비밀보호법』에 따르면 '전기통신을 수단으로 하는 범죄' 등의 면제 대상에 대하여 헌법불합치 결정 이전의 과거와 변함없는 실시간 위치추적이 가능하다. 그런데 오늘날 우리의 활동 중에 휴대전화 통화나 인터넷을 수단으로 하지 않는 경우가 과연 얼마나 될까? 이와 같은 규정으로 노동조합 파업이나 그에 대한 지지 활동, 집회·시위가 또다시 표적이 되었을 때 수사 기관이 당사자는 물론 그 가족들의 위치정보를 또다시 무차별적으로 추적하지 않을 것이라고 누가 보장할 수 있을까?

게다가 헌법재판소가 여러 차례 문제를 지적하였음에도 개정 『통신비밀보호법』에서는 통신사실 확인자료 통지 의무를 위반하는 경우에 대한 처벌 규정을 역시나 신설하지 않았다. 통지하지 않아도 처벌받지 않기 때문에 현재도 미통지하는 사례가 많은데, 앞으로는 정보·수사 기관이 이 귀찮은 업무를 하게 될까?

공권력의 신종 통신 감시를
계속 견제해야

헌법불합치 결정을 받은 『통신비밀보호법』이 개정된 이후 2020년 한 해 동안 실시간 위치추적의 대상이 된 사례는 3만 7,638건, 2021년 사례는 3만 1,359건으로 집계되었다.[108] 이 모든 사례가 헌법재판소가 말한 대로 범죄 수사를 위하여 꼭 필요한 최소한의 경우에 해당하면 좋을 것이다. 그러나 안타깝게도 이번 『통신비밀보호법』의 개정은 헌법재판소 결정 취지를 최소한도 반영하지 않았다고 볼 수 있다. 결국 헌법재판소의 결정에도 불구하고 정보·수사 기관의 실시간 위치추적 권한의 오남용 가능성이 여전히 남아있는 것이다.

코로나19 위기 속에서 확진 환자가 되었던 우리 중 다수는 국가가 우리의 동선과 위치를 추적하였을 때 어떻게 사생활이 침해될 수 있는지 직접 경험해 보았다. 우리가 내키지 않아도 이렇게 민감한 사생활을 포기하였던 이유는 대재난을 극복하고자 하는 공익적 염원에서였다. 그러나 아무리 공익을 이유로 하더라도 권력의 지나친 감시나 추적을 통제할 수 없다면 우리의 사생활은 그 기반부터 철저하게 파괴될 수 있다. 2021년 12월 경기도 부천시는 시에서 운영하는 모든 공공장소 CCTV에서 확진자는 물론이거니와

---

108) 필자가 정보공개를 청구해서 받은 결과에 근거한 통계이다.

확진자를 접촉한 모든 밀접 접촉자에 대하여 얼굴을 인식하고, 휴대전화를 자동으로 추적하겠다는 계획을 추진하여 국제적인 물의를 빚었다.[109] 감염병 대응이라는 공익을 위한 목적이라 하더라도 국가의 지나친 사생활 침해에 대하여 국민이 마냥 수긍하고 받아들일 수는 없을 것이다.

특히 공권력의 신종 통신 감시에 대해서는 계속 견제할 필요가 있다. 이번에 문제가 된 무차별적인 실시간 위치추적 남용이 또다시 발생한다면 그것이 범죄 수사를 위한 목적이라 하더라도 그 적절성에 대한 고발이 이루어져야 한다. 실시간뿐만 아니라 과거의 위치추적에 대해서도 지금보다 강화된 보호를 요구할 수 있으며, 대규모 기지국 수사의 경우 더욱 강화된 통제가 필요하다.

무엇보다 통신사실 확인자료, 즉 통신 내용이 아닌 통신 메타데이터에 대한 전반적인 인식과 보호 수준 자체가 제고되어야 한다. 우리는 이미 남녀노소 모든 국민이 휴대전화를 필수적인 생활 수단으로 어디든 소지하고 다니는 디지털 시대 한가운데에 이르지 않았는가. 지금은 위치정보가 문제되었지만, 우리 자신을 설명할 수 있는 통신 사실에 관한 정보가 앞으로도 여러 가지 모습으로 등장할 것이다. 공권력이 신종 수사기법이라는 명목으로 새로운 통신 정보를 별다른 제한 없이 사용하는 동안, 국민을 보호하는 규범은 낡은 채로 남아서 이에 대한 통제에 무력한 상황이 반복되어야 하겠는가.

---

109) 박진형(2021년 12월 13일). 부천시, CCTV 얼굴인식 기술로 확진자 동선확인 추진 논란. 연합뉴스.

경찰이 가족의 병원 정보까지
다 가져갔다

노동자 건강보험 정보의 경찰 제공 헌법소원 청구 사건

장여경[110]

경찰이 등장하는 범죄 수사 드라마를 좋아하는가? 경찰이 의심 가는 용의자를 추적할 때, 예전 드라마는 거리 곳곳을 돌아다니며 탐문하는 경찰관을 보여주었다. 그러나 요즘 드라마에서 경찰관은 주로 컴퓨터 앞에 앉아있다. 이른바 '첨단' 수사이다. 우리나라의 경찰이 비교적 쉽게 추적할 수있는 정보에는 이름, 주민등록번호, 주소, 가족 관계, 수사 경력, 범죄 경력, 전화번호, 인터넷 아이디, 통신사 가입 또는 해지일, 그리고 폐쇄회로 텔레비전[CCTV] 영상 등이 있다. 여기서 절차를 더 거치면 통화 내역, 인터넷 이용기록, 휴대전화 위치에도 접근할 수 있다.

경찰은 늘 이것으로 부족하다고 느낀다. 다른 사람이나 다른 기관이 보유한 정보까지, 더 많은 정보를 더 손쉽게 입수할 수 있기를 원한다. 정보를더 많이 가질수록 더 신속하고 수월한 수사가 가능하다는 이유를 대면서말이다. 우리 사회의 법과 제도 역시 경찰의 개인정보 처리를 느슨하게 통

---

110) 진보네트워크센터 활동가, 사단법인 정보인권연구소 상임이사

제해 왔다. 공익성이 강한 법 집행 직무를 제대로 수행할 수 있도록 하자는 취지에서다.

하지만 국민이 늘 시청자 입장이 되어 경찰을 응원할 수는 없다. 경찰의 광범위한 개인정보 추적 권한을 그대로 내버려둘 경우, 바로 나 자신이 개인정보를 추적당하는 그 당사자가 될 수 있다. 이렇게 예외적인 권한을 부여받은 경찰관이 일탈하여 개인정보 유출 사건의 주범이 되는 경우도 종종 발생한다. 무엇보다 법치국가라면, 경찰로 대표되는 국가가 개인정보에 대한 국민 개개인의 권리를 압도하는 공권력을 발동할 때 헌법과 법률로 통제해야 마땅하다.

그렇다면 범죄 수사라는 공익과 국민의 개인정보에 대한 권리 사이에 어떻게 균형을 잡을 것인가? 특히 그 정보가 민감한 사생활에 관한 정보일 때 경찰 공권력의 한도를 어떻게 정할 것인가? 2018년 8월 30일 헌법재판소의 결정은 그 한계의 문제를 다루었다.

우리의 개인정보는 어떻게 경찰에게 제공되는가

수사 기관이 통신사나 인터넷 회사들에 저장된 이용자의 문자 메시지나 이메일 등을 제공받기 위해서는 법관의 압수수색 영장을 발부받아야 한다(『형사소송법』 제219조). 또한 금융기관에서 금융 거래의 내용을 제공받으려면 법원의 제출 명령이나 영장이 있어야 한다(『금융실명거래 및 비밀보장에 관한 법률』 제4조). 범죄 수사를 위하여 통화 내용을 실시간으로 감청할 때는 법원의 엄격한 허가를 받아야 하며(『통신비밀보호법』 제6조), 수사에 필요한 통화 내역, 인터넷 이용기록, 휴대전화 기지국 위치를 입수하려면, 다소 완화되어 있기는 하지만, 역시 법원의 허가가 있어야 한다(『통신비밀보호법』제13조). 물론 압수수색 영장 발부율이 90%에 달하는 상황에서 법원이 수사 기관을 실질적으로 통제하고 있는지에 관해서는 비판적 문제 제기가 있어 왔다. 그래도 사법 기관이 수사 기관의 권력 남용을 견제하며 균형을 취해야 한다는 명분과 외형을 갖추고 있는 경우는 상대적으로 나은 형편이라고 할 수 있다.

가장 큰 문제는 수사 기관이 내부적으로 수집, 보관, 심지어 생성하고 있는 정보들에 대해서는 그 남용을 견제할 수 있는 독립적 통제가 거의 이루어지고 있지 못하다는 것이다. 물론 우리나라는 개인정보를 보호하기 위해 『개인정보 보호법』을 두고 있다. 2011년에 이 법이 제정됨에 따라 본래 공공기관이 "소관 업무를 수행하기 위하여 필요한 범위 안에서" 거의 무제한으로 개인정보를 수집·이용할 수 있도록 하였던 『(구)공공기관의 개인정보 보호에 관한 법』제5조의 과거 규율이 다소 강화되었다. 공공기관이 적법하게 개인정보를 수집·이용할 수 있는 경우가 "법령 등에서 정하는 소관 업무의 수행을 위하여 불가피한 경우"로 엄격해진 것이다(『개인정보 보호법』제15조 제1항 제3호).

그러나 『개인정보 보호법』과 그 시행령은 '범죄의 수사' 목적으로 광범위한 예외를 인정하는 규정을 여러 곳에 두고 있다. 대표적인 문제가 우리나라 공공기관이 보유한 모든 개인정보에 대하여 '범죄의 수사' 목적으로는 별다른 제한 없이 제공할 수 있도록 한 조항이다(『개인정보 보호법』제18조 제2항 제7호). 이로 인하여 경찰은 공공기관이 보유한 자료에 대해서 자기 기관 정보와 다름없이 자유롭게 제공받아 왔다. 그리고 이렇게 거의 아무런 제한 없이 경찰에 제공되는 개인정보 중에는 '민감정보'도 포함되어 있다.

『개인정보 보호법』은 법령에서 건강정보 등 사생활을 현저히 침해할 우려가 있는 민감정보가 무엇인지를 정하고, 이에 대하여 다른 개인정보를 처리할 때보다 엄격한 조건 아래서만 처리하도록 하였다(제23조). 이는 일반 개인정보가 다소 포괄적인 정보 주체의 동의나 공공기관의 소관 업무 수행을 이유로 수집·이용될 수 있는 것에 비하여, 민감정보를 보다 엄격하게 보호하려는 입법 취지가 반영된 것이다. 이와 같은 민감정보 보호 조항은 세계 여러 나라의 『개인정보 보호법』들이 공통적으로 가지고 있기도 하다. 그런데 경찰이 거의 아무런 제한 없이 공공기관이 보유하고 있는 민감정보를 광범위하게 가져갈 수 있다면 민감정보 보호 조항의 취지는 이미 사라진 것이 아닐까?

실제로 이런 우려는 공공기관 개인정보가 경찰에 제공될 때 드러나는 문제들을 여실히 보여주는 하나의 사건으로 인해 그대로 현실화하였다.

파업 노동자 추적을 구실로 넘어간 민감정보

2013년 12월 22일, 민주노총이 입주한 경향신문사 건물에 경찰이 무력으로 진입하는 사건이 발생했다. 쇠망치와 최루액까지 동원된 당시 진입은 이른바 '망원'이 제공한 정보에 따라 그 건물에 은신 중인 것으로 알려진 파업 철도 노동자를 체포한다는 이유에서 이뤄진 것이었다.

민영화를 반대하며 시작된 그해 철도 파업은 몇 년 후인 2017년 대법원에서 무죄 판결을 받았다. 철도 파업이 사전에 예고되어 사측인 철도공사가 예측과 대비를 할 수 있었으므로 업무방해죄에 해당하지 않는다는 것이었다. 경찰의 폭력적인 민주노총 수색도 헌법불합치 결정을 받았다. 그러나 당시 경찰에게 파업 노동자는 흉악한 수배자일 뿐이었다. 경찰은 그들을 체포하기 위해 디지털 시대에 가능한 추적 수법을 총동원하였다.

이 사건 수사를 맡은 서울용산경찰서는 우선 수배 대상이 된 철도 파업 노동자들과 그 가족의 휴대전화와 인터넷 계정의 위치를 추적하였다. 통신사와 인터넷 포털, 은행, 인터넷 쇼핑, 게임 사이트들은 한 달 혹은 두 달 내내 대상자가 현재 어디서 접속하였는지 그 위치를 경찰에 실시간으로 알려줬다. 이 중에는 어느 철도 노동자의 자녀인 초등학생의 위치도 포함되어 있었다. 통화 내역을 입수한 경찰은 이들과 통화한 적이 있는 사람들에게 무작위로 전화해서 관계를 캐묻기도 했다. 그뿐만 아니라 그들은 차량도 추적하였다. CCTV와 연결된 차량번호 검색시스템을 동원해서 지난 6개월간 전국에서 노동자 본인이나 가족들의 차량이 이동한 경로를 소급하여 추적한 것이다.

경찰의 추적에 가장 헌신적인 협조자는 공공기관들이었다. 국민건강보험공단(이하 건보공단), 국민연금관리공단, 교육청 등 공공기관은 경찰의 요청을 받는 대로 철도 노동자는 물론 그 가족에 대해서도 자기 기관이 가지고 있는 정보를 거리낌 없이 제공하였다. 경찰은 이런 방식으로 노동자의 부인과 장모의 직업을 파악하고, 자녀들의 학교를 찾아갔으며, 임신한 부인의 진료 기록까지 제공받을 수 있었다.

공공기관이 공적인 서비스 제공을 위하여 보유해 온 이들 개인정보가 경찰에 제공된 목적은 수배 노동자의 소재지를 파악하기 위한 데 있었다. 특히 경찰은 전국철도노동조합(이하 철도노조)의 위원장과 부위원장의 소재지 파악을 위하여 건보공단에 병원 방문 일자, 병원명, 병명 등을 제공해 줄 것을 요청하였다. 그래서 건보공단이 당시 용산경찰서에 제공한 정보는 철도노조 위원장의 약 2년간 건강보험 기록 44회분, 수석부위원장의 약 3년간 건강보험 기록 38회분에 달했다. 그럼에도 이와 관련된 영장은 아예 없었다.

사실 건보공단은 이 사건에서뿐 아니라 연간 1백만 건에 달하는 요양급여 정보를 같은 방식으로 경찰에 제공해 왔다. 2014년 10월 당시 새정치민주연합 김용익 의원의 국정감사 자료에 따르면 건보공단이 경찰과 검찰에 제공한 급여 정보의 규모가 4년 6개월 동안 435만 1,507건에 달했다.[111] 반면 법원의 허가라는 통제를 받는 계좌 추적의 경우 같은 기간 연간 34만 8,000건, 통신 감청의 경우 2,492건에 그쳤다. 건강정보의 제공 규모가 계좌 추적의 2.8배, 통신 감청의 389배에 달하는 것이다. 이에 대해 김용익 의원은 건강정보 역시 금융정보나 통신 내용만큼 민감한 정보임에도 아무런 통제가 없다고 비판하였다.

그와 동일한 맥락에서 2014년 5월 철도노조 위원장과 부위원장은 헌법소원을 청구하였다.[112] 경찰서장의 사실조회 행위와 건보공단의 정보제공 행위 및 그 근거 조항들이 개인정보 자기결정권 등을 침해한다는 것이었다.

---

111) 박수지(2014년 10월 16일). 검·경, 매일 수천명 의료정보 본다. 한겨레신문.

112) 헌법재판소 2018. 8. 30. 선고 2014헌마368 결정

반면 경찰과 건보공단은 『형사소송법』 제199조 제2항과 『경찰관직무집행법』 제8조 제1항, 『개인정보 보호법』 제18조 제2항을 들어 건강정보의 수집과 제공이 적법하다고 주장하였다.

방금 언급된 『형사소송법』 조항과 『경찰관직무집행법』 조항의 경우 경찰이 "필요한" 사항을 공사단체에 조회할 수 "있다"라고 규정하고 있다. 따라서 이와 같은 경찰의 사실조회는 통상 강제력이 개입되지 않은 '임의' 수사에 해당한다. 다만 종이 서류로 정보를 관리하였던 과거에는 이와 같은 방식으로 조회될 수 있는 정보의 유형이나 규모에 한계가 있었을 것이다.

그런데 디지털 시대가 되면서 엑셀 파일 하나로도 방대한 대상에 대한 방대한 양의 정보가 손쉽게 수집되고 제공될 수 있게 되었다. 특히 공공기관과 경찰의 밀월 관계는 디지털 시대 수사 편의를 크게 증가시켰다. 디지털 행정이 확산할수록 공공기관이 보유하고 있는 국민의 개인정보가 갈수록 방대해지고 있으며, 이를 제공하고 제공받는 방법 역시 매우 간편해졌기 때문이다. 심지어 대상자를 특정하지 않아도 수백 명, 때로 수만 명의 개인정보를 공공기관에서 통째로 제공받는 저인망 수사가 횡행하기 시작하였다.

일례로 2014년 경찰은 박근혜 대통령을 비판하는 내용을 낙서한 기초수급자를 찾는다며 관내 5개 구청에서 기초수급자 수천 명의 정보를 제공받았다. 인천과 김포에서는 사회 복지 급여의 부정수급자를 찾는다며 관내 시청에서 장애인과 활동 보조인 수백 명의 정보를 제공받았거나 제공받으려 하였다. 경찰은 이런 방식으로 개인정보를 광범위하게 제공받은 후 '먼지떨기식 수사'에 나선다. 특정한 혐의점이 없는데도 처음부터 유죄 추정을 당하며 수사 대상이 된 사회적 약자들은 자신이 무죄임을 입증해야 하는 고통에 처할 수밖에 없다.

결국 디지털 시대의 막대한 기술적 힘을 갖추게 된 공권력이 시민 각자가 자신에 관한 정보의 유통을 스스로 통제할 수 있어야 한다는 헌법적 권리를 '최소한'이 아니라 '최대한'으로 침해하는 상황이 잦아지고 있는 것이다. 범죄 수사의 공익적 목적을 인정하더라도 국민의 개인정보에 대한 권리를 완전히 무력화하는 방식의 수사는 위헌적이 아닐 수 없다. 공권력이 국민의 개인정보에 대한 권리를 제한할 때 이를 통제하는 법률이 없거나 효과적으로 통제하지 못한다면 이 또한 헌법에 위배된다. 이렇게 제공되는 개인정보에 건강에 관한 민감정보가 포함되어 있다면 그 위헌성은 더욱 커질 수 있다.

이처럼 사안이 중대한 만큼 2016년 6월 헌법재판소는 이 사건에 대하여 공개 변론을 열기도 하였다. 그리고 마침내 2018년 8월 30일 헌법재판소가 결정을 선고했다. 위헌이었다.

불가피하지 않은
민감정보의 경찰 제공은 위헌

헌법재판소는 건보공단이 수사에 불가피하지 않은 민감한 요양급여 내역을 경찰에 제공한 행위가 과잉금지 원칙을 위반한 개인정보 자기결정권 침해로서 위헌이라고 보았다. 경찰의 막연한 요청만으로 무차별적으로 민감정보를 제공해 온 공공기관의 관행에 제동이 걸린 것이다.

우선 이 사건의 쟁점 중의 하나는 '병명이 포함되어 있지 않은 요양급여 내역은 민감한 건강정보인가'에 대한 것이었다. 경찰과 건보공단은 병원명 등이 민감정보가 아니므로 엄격한 통제의 대상이 아니며, 오히려 병원명 등은 경찰이 대상자의 소재를 파악하는 데 꼭 필요한 정보라고 주장하였다.

이에 헌법재판소는 『개인정보 보호법』이 민감정보로서 특별히 보호하는 건강정보에 대하여 다음과 같은 기준을 제시하였다.

"상병명은 그 자체로 개인의 정신이나 신체에 관한 단점을 나타내기 때문에 인격의 내적 핵심에 근접하는 민감한 정보에 해당한다. 그 외에 누가, 언제, 어디에서 진료를 받고 얼마를 지불했는가라는 사실 역시 그 자체만으로도 보호되어야 할 사생활의 비밀일 뿐 아니라, 요양기관이 산부인과, 비뇨기과, 정신건강의학과 등과 같은 전문의의 병원인 경우에는 요양기관명만으로도 질병의 종류를 예측할 수 있고, 요양급여횟수, 입내원일수, 공단부담금, 본인부담금 등의 정보를 통합하면 구체적인 신체적·정신적 결함이나 진료의 내용까지도 유추할 수 있다. 앞서 본 바와 같이 거의 모든 국민의 국민건강보험에 관한 방대한 정보가 국민건강보험공단에 집적되고 있으므로, 국민건강보험공단이 처리하는 요양급여정보는 개별적인 요양급여내역에 불과한 것이 아니라 정보주체의 건강에 관한 포괄적이고 통합적인 정보를 구성할 수 있는 것이다."

— 2018. 8. 30. 선고 2014헌마368 결정 중에서

이 결정으로 인하여 『개인정보 보호법』에서 말하는 민감정보로서의 '건강정보'가 무엇인지에 대한 기준이 다소나마 명확해졌다. 결국 건강정보는 단순히 병명을 적시하고 있느냐 아니냐를 넘어 한 개인의 정신이나 신체적

인 건강 상태에 대하여 총체적인 정보를 구성할 수 있을 때 민감정보에 해당하는 것이다. 민감정보에 해당하면 그 처리 역시 일반 개인정보 처리에서보다 더 특별한 보호를 받는다. 정보 주체의 동의를 별도로 받거나(『개인정보보호법』 제23조 제1항 제1호) 법령상 규정이 있을 때도 이 민감정보의 처리를 구체적으로 요구하거나 허용하는 경우(동법 동조 동항 제2호)에 한하여 민감정보를 처리할 수 있는 것이다. 이 기준이 공공기관뿐 아니라 오늘날 민간 기업이 디지털 헬스 정보를 취급함에 있어서도 지켜야 하는 기준이 됨은 물론이다.

이 사건에서 가장 중요한 부분은 민감정보를 경찰에 제공할 수 있는 경우가 수사상 "불가피한 경우"에 국한된다고 헌법재판소가 밝힌 것이다. 『개인정보보호법』 제23조 제1항 제2호에서 말하는 "법령에서 민감정보의 처리를 허용하는 경우"에 해당하는 조항으로는 『경찰관 직무집행법 시행령』 제8조, 『검사의 사법경찰관리에 대한 수사지휘 및 사법경찰관리의 수사준칙에 관한 규정』 제9조를 들 수 있는데, 이들 조항은 경찰관이 범죄 수사 등의 업무를 수행하기 위하여 "불가피한 경우" 민감정보를 처리할 수 있다고 규정한다. 이 규정들을 종합하면 경찰관이 범죄의 수사 등을 위하여 "불가피한 경우" 민감정보를 처리하는 것이 허용되고, 공공기관은 "불가피한 경우"에 해당할 때 『개인정보보호법』 제18조 제2항 제7호에 따라 민감정보를 경찰관에게 제공할 수 있는 것이다.

헌법재판소는 청구인인 철도 노동자의 소재를 파악한다는 이유로 2~3년에 달하는 상당한 기간 동안 38회~44회에 달하는 요양급여 정보를 건보공단이 제공하고, 경찰이 그것을 제공받은 것이 "불가피한 경우"에 해당한다고 인정하지 않았다. 당시 용산경찰서장은 건보공단에 대상 노동자의 성명, 사건 번호, 죄명과 "피의자들은 철도노조 간부들로 코레일 불법파업을 주동하고 있기에 검거하고자 한다"라는 사유만을 밝힌 채 청구인들에 대한 장기간의 요양급여 정보를 '포괄적으로' 요청하였다. 이와 같은 사유만으로는 경찰이 각각의 요양급여 정보를 제공받는 것이 불가피할뿐더러 정보 주체 또는 제삼자의 이익을 부당하게 침해할 우려가 없다는 점이 명확하지 않다. 따라서 건보공단은 해당 사건에 대한 정보제공 요청에 응하지 않거나, 제공을 요청하는 요양급여 정보의 구체적인 항목과 필요성, 다른 방법으로 청구인들의 소재를 파악할 수 없어 각 요양급여 정보를 이용하는 것이 불가피한 사유 등을 추가로 밝히라고 용산경찰서장에게 요구했어야 한다고 헌법재판소는 보았다.

결국 경찰은 요양급여 정보를 제공받는 것이 불가피한 상황이 아니었음에도 정보제공 요청을 하였고, 건보공단은 이러한 정보제공 요청을 구체적으로 검토하지 않은 채 민감정보에 해당하는 장기간의 요양급여 정보를 수사기관에 제공하였으므로 청구인들의 개인정보 자기결정권에 대한 침해를 최소화하지 않은 것이다. 헌법재판소는 "요양급여 정보는 건강에 관한 민감정보로서 개인의 인격 및 사생활의 핵심에 해당"한다며, 이러한 정보제공 행위로 인한 청구인들의 개인정보 자기결정권에 대한 침해가 "매우 중대하다"라고 강조하였다.

경찰이 아닌
제공 기관의 재량 문제라는 한계

헌법재판소의 이런 결정은 철도 노동자 당사자에 대한 구제를 넘어 공공 기관이 보유한 국민의 건강정보, 나아가 민감정보의 제공에 대한 기준을 제시하였다는 점에서 의미가 있다. 그러나 헌법재판소가 이 사건을 민감정보 제공이라는 행위에만 국한하여 판단했다는 사실은 이 결정에 중대한 한계점을 남겼다.

건보공단의 민감정보 제공 행위는 경찰의 사실조회 행위가 원인이다. 그럼에도 헌법재판소는 경찰의 사실조회 행위에 관한 청구에 대하여 경찰의 그러한 행위는 건보공단의 자발적인 협조가 있어야 완성될 수 있다는 취지로 각하하였다. 경찰이 사실조회를 "할 수 있다"라고 규정한 『형사소송법』 및 『경찰관 직무집행법』의 사실조회 조항에 대해서도 "공사단체 등이 응하거나 협조하여야 할 의무를 부담하는 것이 아니다"는 이유를 들어 각하하였다. 사실조회 행위는 강제력이 개입되지 아니한 임의 수사에 해당한다는 비슷한 이유를 들어 영장주의 위반 주장에 대해서도 역시 기각하였다. 특히 『개인정보 보호법』 제18조 제2항 제7호의 정보제공 조항이 민감정보 제공의 근거가 되었음에도 이 조항의 직접성을 부인하여 각하하고, 공공기관이 보유한 방대한 민감정보 제공에 있어 아무런 사법적 통제가 이루어지지 않은 데 대해서도 영장주의 위반이 아니라고 기각한 점은 깊은 아쉬움이 남는다.

헌법재판소는 경찰이 정보제공을 요청했을 때 그 제공 여부가 순전히 건보공단 등 제공 기관의 재량에 달린 문제라고 일관되게 바라보았다. 그러나 경찰의 협조 요청이 있을 때 건보공단과 같은 공공기관이 이 요청을 사실상 거부할 수 있는지, 경찰이 "수사상 불가피하다"라고 주장하였을 때 공공기관이 이에 대하여 독립적인 검토와 판단을 할 수 있는 역량과 권한이 있는지 매우 의심스럽다. 이 사건에서처럼 디지털 정보의 제공은 장기간에 걸쳐, 다양한 항목을 아우르는, 방대한 양의 정보에 대하여 이루어질 수 있다. 하지만 헌법재판소는 이에 대하여 판단하지 않았다.

공공기관이 보유한 방대한 디지털 정보를 경찰이 손쉽게 요청하고 제공받는 데 대해 법률적으로 구체적인 요건을 마련하지 않은 채 그 어떤 절차로도 통제하지 않는 현재의 상태는, 국민의 정보인권을 계속하여 침해할 가능성이 높다. 특히 경찰이 공공기관이나 국민에 대하여 압도적으로 가지고 있는 공권력을 생각해 보면, 경찰의 요청에 대한 통제를 제공 기관인 공공기관의 '재량'에 맡겨두는 것으로 충분하다는 말은 어불성설이 아닐 수 없다.

위헌 결정 이후 2019년 10월, 건보공단은 정의당 윤소하 의원의 국정 감사 질의에 대하여 "수사기관에 제공되는 요양급여 내역 등 개인 의료정보에 대해서 영장이 있는 경우에만 제공하며, 제공되는 내용도 질병의 종류를 제공하지 않고 요양기관이 드러나지 않도록 해 최소한의 정보제공이 이뤄지도록 하겠다"라고 밝혔다. 그러나 위헌 결정 이후로도 정보·수사 기관에 제공되는 개인 의료정보는 줄지 않고 오히려 늘었다. 특히 경찰에 수사를 목적으로 제공된 개인 의료정보 건수는 2018년 19만 8,358건에서 헌재 결정 이후 55만 7,292건으로 3.5배 이상 증가했다.[113]

---

113) 곽성순(2019년 10월 7일). 국민 건강정보는 공단 것?···과도한 개인정보 수사기관 제공 도마. 청년의사.

경찰의 개인정보 처리,
법적 통제 필요하다

유럽연합은 2016년 『경찰의 개인정보 보호에 대한 지침』(Directive (EU) 2016/680, 일명 '경찰 지침')을 제정하였다. 이에 따라 유럽연합 각 회원국 정부는 경찰의 개인정보 처리에 관한 법률 규정을 마련하였다. 이 규정들은 범죄 수사를 목적으로 경찰이 개인정보를 처리할 때 일부 예외를 제외하고는 개인정보 보호 원칙을 준수하도록 하였다. 여기서 눈에 띄는 부분은 경찰 역시 개인정보를 처리할 때 독립적인 감독을 받도록 한 것이다. 이에 비하여 우리 경찰의 개인정보 수집과 처리 관행은 과도하게 많은 원칙에서 예외를 인정받고 있으며, 누군가 이를 독립적으로 감독하고 있다고 보기도 어렵다. 헌법재판소는 범죄 수사 목적의 경찰 개인정보 처리에 대하여 이러한 규범을 마련할 기회를 놓친 듯하다.

공공기관의 민감정보 제공을 넘어 개인정보를 수사기관에 제공하는 문제 일반을 언제까지나 제공 기관의 재량 문제로 남겨둘 수는 없다. 경찰은 수많은 개인정보를 때로는 매우 민감한 정보까지 임의로 제공받는다. 경찰이 가지고 있는 압도적 공권력과 범죄 수사라는 공익적 명분 때문이다. 그나마 민간이 보유한 개인정보의 경우에는 사법 기관이 압수수색 영장을 발급하는 과정에서 다소나마 통제하는 데 비하여, 공공기관이 보유한 개인정보의 경찰 제공에 대한 통제는 특히 취약한 상황이다. 때로 경찰은 자신이 가지고 있는 막대한 공권력을 오남용한다. 정부를 비판하는 인터넷 글을 올리거나 집회·시위에 참여했다는 이유로 평범한 사람들을 집요하게 추적하고, 먼지떨기식으로 수사하기도 한다. 강제 수사가 아니라 임의 수사라

하더라도 정보 주체의 권리 측면에 과도한 제한이 있다면 헌법적으로 적극적인 판단이 이루어질 필요가 있다.

더구나 디지털 시대에 접어들어 누군가를 추적하고 감시할 수 있는 경찰의 공권력이 그 어느 때보다 막강해졌다는 사실에 주의를 기울일 필요가 있다. 2014년 유엔 인권최고대표는 디지털 시대 국가가 역사상 그 어느 때보다 동시다발적이고, 매우 침입적이며, 무차별적인 표적 감시를 수행할 수 있는 능력을 갖추게 되었다고 경고하였다. 경찰이 수집한 방대한 개인정보는 해당 사건 수사를 넘어 인공지능 훈련에 사용되고, 이것이 다시 국민에 대한 의사결정에 쓰이기도 하는 시대이다. 하지만 경찰, 공공기관, 때로는 빅테크 기업에 이르기까지 압도적으로 커지는 디지털 권력에 비하여 개인의 개인정보에 대한 권리는 갈수록 취약해져 간다. 이런 상황에서 헌법이 형식적인 균형만 취한다면 개인정보 자기결정권은 명목상의 권리로만 남을 것이다.

결론적으로 경찰이 개인정보를 수집하고 이용하는 방식에 대해 체계적으로 통제하고 한계를 설정하는 법제도를 마련할 필요가 있다. 그리고 경찰이 건강정보를 비롯해 사상·신념, 노동조합과 정당의 가입·탈퇴, 정치적 견해, 성생활 등에 관한 정보와 같은 민감정보를 제공받거나 대규모로 감시하는 개인정보를 제공받을 때는 한층 더 엄격한 외부적이고 독립적인 통제, 가능하다면 사법 기관의 통제를 받도록 할 필요가 있다. 수사의 밀행성을 이유로 은밀하게 이루어지는 경찰의 개인정보 처리 일반에 대하여 독립적인 기구의 감시 감독이 이루어져야 한다. 디지털 시대에 갈수록 막강해지는 수사기관의 권력과 국가 감시로부터 국민의 정보인권을 지킬 수 있는 길은 적극적인 견제와 균형 속에서 찾을 수 있을 것이다.

3
장

평등을 향한 여정

공시 면접 탈락한 청각장애인, 벽을 넘다

청각장애인 공무원 임용시험 불합격처분 취소 사건

최현정[114]

    중증 청각장애인 A씨는 2018년 B시 지방공무원 임용시험의 9급 일반행정 장애인 구분모집에 지원했다. B시는 이 직렬에서 최종 2명을 선발할 예정이었다. 3년 동안 열심히 시험을 준비했던 A씨는 필기시험에 합격했다. 장애인 구분모집 전형의 유일한 필기시험 합격자였다. A씨와 가족들은 면접시험을 무난하게 치르면 합격하리라고 기대했다. 면접시험에서 '보통' 이상의 등급을 받으면 최종 합격할 수 있었기 때문이다.[115]

장애인이
공무원 시험에 이르는 길

    면접시험이 다가오자 한 가지 걸리는 점이 있었다. A씨는 주로 구어를 사

---

114) 공익인권변호사모임 희망을만드는법('희망법') 변호사

115) 지방공무원 임용시험 면접시험 결과는 우수, 보통, 미흡 세 등급으로 평가된다. '우수' 등급을 받으면 필기시험 성적과 무관하게 합격하고, '보통' 등급을 받으면 필기시험 성적 순서대로 합격하며, '미흡' 등급을 받으면 필기시험 성적과 무관하게 탈락한다(『지방공무원 임용령』 제50조의3 제3항).

용해서 의사소통하는데, 면접위원들이 A씨의 말을 이해할 수 있을지 걱정되었던 것이다. 구어는 상대방의 입 모양을 통해 상대방의 말을 이해하고, 자신도 음성언어로 말하는 의사소통 방식이다.[116] A씨는 가족이나 가까운 친구들과 일상적인 대화를 할 때는 주로 구어로 하고, 진지한 대화를 하거나 처음 만나는 사람들과 대화할 때는 필담을 병행해서 사용했다. 이에 구어보다는 필담으로 면접시험을 치르는 것이 나을 것 같았다.

B시는 시험을 공고하면서 필기시험에서의 장애인 편의 제공만 안내하고, 면접시험에서의 편의 제공에 대해서는 공지하지 않았다. 필기시험과 면접시험은 시험 방식이 다르므로 장애 유형과 특성에 따라 필요한 편의의 내용도 다르다. 실제로 필기시험에서 A씨는 B시가 공고한 편의의 예시를 참고해 '응시요령 등 서면 자료 제공'을 요청했고, 이를 제공받았다. 처음 만나는 필기시험 감독관이 응시요령을 음성언어로만 설명하면 A씨가 잘 이해하지 못할 수 있으므로 응시요령을 서면으로 제공해 달라고 요청한 것이다.

하지만 면접시험이 다가오는데도 아무런 안내가 없자, A씨는 B시에 문의하려 했다. 그런데 면접시험 관련 문의는 유선 전화를 통해서만 하도록 공지되어 있어서, 청각 장애가 있는 A씨가 직접 통화할 수 없었다. 이에 A씨의 어머니가 B시 담당자와 몇 차례 통화한 끝에 문자 통역 방식으로 면접시험을 치르기로 협의했다. 면접위원이 음성언어로 하는 질문을 보조요원이 노트북과 연결된 블루투스 키보드를 통해 문자로 입력하면, A씨가 노트북 화

---

116) 국립국어원의 '2020년 한국수어 활용 조사'에 따르면, 주된 의사소통 방식이 수어인 청각장애인은 54.2%, 그 외의 방식을 사용하는 사람은 45.8%로 나타난다. 청각장애인은 수어 외에도 구어, 보청기, 필담 또는 손짓이나 몸짓(홈사인) 등 다양한 방식으로 의사소통하는 것이다.

면으로 질문을 확인한 후 그에 대한 답변을 노트북 키보드로 입력하고, 그 답변 내용을 면접위원들이 정면에 설치된 대형 스크린을 통해 확인하는 방식으로 면접시험을 치르기로 한 것이다.

그리고 마침내 면접시험일이 되었다. 면접위원들은 A씨에게 여러 질문을 했는데, 그중에는 A씨의 장애와 관련된 질문들이 있었다. 면접위원들은 "집과 학교에서의 의사소통 방법", "수화를 배우지 않은 이유", "동료들과 어떻게 소통할 것인지"를 물었고, A씨가 동료들과는 SNS를 통해 소통하겠다고 답하자 "SNS를 쓸 줄 모르는 민원인을 어떻게 응대할 것인지"를 재차 물었다. 또 "장애 때문에 오해와 갈등이 있었던 경험"에 관해서도 질문했다. 이처럼 장애에 관한 질문이 이어지자 A씨는 혹시 장애로 인하여 불이익을 받지 않을까 염려가 되었고, 심리적으로 위축되기 시작했다. 면접시험 시간이 20분으로 제한되어 있어 빨리 답변해야 한다는 압박감과 초조감도 느꼈다. 문자 통역을 거치면 음성언어에 의한 의사소통보다 시간이 더 소요되기 때문이다. 그래도 A씨는 끝까지 최선을 다해 답변하고 면접시험을 마쳤다.

그런데 나흘 뒤 A씨는 B시 담당자로부터 "면접시험에서 '미흡' 등급을 받았으니, 추가 면접시험을 치러야 한다"는 통지를 받았다.[117] A씨는 장애로 인해 차별받은 것 같다는 절망감이 들어 추가 면접시험을 보지 않으려고 했지만, 가족들의 설득에 마음을 다잡고 추가 면접시험을 치렀다. 추가 면접시험에서는 장애 관련 질문이 없었다. 그러나 결과는 최종 탈락이었다.

---

117) 국립국어원의 '2020년 한국수어 활용 조사'에 따르면, 주된 의사소통 방식이 수어인 청각장애인은 54.2%, 그 외의 방식을 사용하는 사람은 45.8%로 나타난다. 청각장애인은 수어 외에도 구어, 보청기, 필담 또는 손짓이나 몸짓(홈사인) 등 다양한 방식으로 의사소통하는 것이다.

A씨가 제기한
두 가지 질문

A씨와 A씨의 부모님은 〈한국농아인협회〉에 상담을 했고, 사회복지사의 안내로 〈공익인권변호사모임 희망을만드는법〉(이하 희망법)에 방문했다. A씨의 이야기를 듣고 자료를 살펴보니, A씨가 비장애인 응시자와 동등하게 면접시험에 참여했다고 하기에는 편의 제공이 불충분했다는 생각이 들었다. 다만 법원에서 절차적 위법성을 인정한 다른 불합격처분 취소 사건들과는 달리, B시는 A씨에게 나름의 편의를 제공했다는 점에서 절차적 위법성을 확실히 인정받을 수 있을지 고민이 되었다. 면접위원이 장애 관련 질문을 한 것도 문제라는 생각이 들었지만, 그동안 법원이 면접시험에서 면접위원의 재량권을 폭넓게 인정해왔기 때문에 A씨가 받은 질문들이 그 자체로 차별이라고 인정받을 수 있을지 불투명했다.

승소 가능성이 높아 보이지는 않았지만, A씨와 A씨의 부모님은 문제 제기하고 싶다는 의사가 확고했다. 소송을 하지 않으면 비슷한 문제가 계속 반복될 것 같다는 것이었다. 다만 B시는 작은 도시여서, 이름을 밝히지 않더라도 기자회견까지 하면서 소송을 진행하는 것은 부담스럽다고 했다. 충분히 이해할 수 있는 상황이었다.

이에 2018년 10월 17일 불합격처분 취소 소송을 제기했다(이제 A씨를 "원고"라 한다). 원고는 이 사건을 통해 두 가지 질문을 제기한 것이었다. 첫째, 사전에 협의했으나 과연 원고에게 정당한 편의가 제공되었다고 할 수 있는가? 둘째, 면접위원이 원고에게 했던 장애 관련 질문은 차별로서 금지되어야 하지 않는가?

242 낮은 자를 위한 지혜

이 질문들에 대한 답을 찾기 위해서는 먼저 공무원 임용시험이 장애인에게 어떤 의미인지 짚어볼 필요가 있다. 고용 영역에서 장애인에 대한 차별은 심각하다. 『장애인복지법』에 따라 보건복지부가 3년마다 실시하는 '장애인 실태조사'에 의하면 장애인 고용률은 전체 인구 고용률의 절반 수준으로 나타난다. 가장 최근인 '2023년 장애인 실태조사' 결과, 2023년 기준 장애인 고용률은 37.2%로 전체 인구 고용률 63.3%의 절반을 겨우 넘는 수준에 그쳤다.[118] 이마저도 장애 정도나 성별 등에 따라 격차가 크다. 〈한국장애인고용공단 고용개발원〉의 '2023년 하반기 장애인경제활동실태조사'에 따르면 장애 여성 취업 인구는 장애 남성의 약 절반 수준이며, 중증장애인 취업 인구는 비중증장애인 취업 인구의 절반 수준이다.[119]

이런 상황에서 많은 장애인들이 사기업에 지원했다가 차별을 경험한 후 공공기관 취업을 알아보고, 결국 공무원 임용시험을 준비하곤 한다. 적어도 국가나 지방자치단체 공무원 임용시험이라면 차별이 없으리라고 기대하는 것이다.

공무원 임용시험도
차별로부터 자유롭지 않다

그런데 통계에 의하면, 공무원 임용시험도 차별로부터 자유롭다고 보기는 어렵다. 〈한국장애인고용공단〉 심진예 연구원의 2018년 '중앙행정기관

---

118) 보건복지부(2024). 2023년 장애인 실태조사 결과 발표. 참고자료 24면.

119) 한국장애인고용공단 고용개발원. 이윤지 외(2024). 2023년 하반기 장애인경제활동실태조사. 116, 118면.

장애인공무원의 인사관리 실태 및 인식 조사'에 따르면, 중앙행정기관 장애인 공무원 중 중증장애인 수는 비중증장애인의 5분의 1 수준으로 나타났다.[120] 또한 장애 여성은 장애 남성의 약 5분의 1 수준이었다. '2020년 장애인 실태조사'에 의하면, 2020년 기준으로 장애인 등록을 한 재가장애인 중에서 중증장애인은 37.5%, 비중증장애인은 62.5%이고, 장애 여성은 42.2%, 장애 남성은 57.8%이므로,[121] 장애 정도 및 성별에 따른 장애인 공무원 수의 격차는 인구 통계와 맞지 않다. 이런 결과를 만들어 낼 것으로 의심되는 과정 중 하나가 바로 면접시험이다. 면접시험에서는 응시자의 장애, 성별 등에 대한 정보가 면접위원에게 노출되기 때문이다.

그렇다면 어떻게 해야 할까? 먼저 절차적으로는 장애인이 비장애인 응시자와 동등하게 면접시험에 참여할 수 있도록 정당한 편의를 제공해야 한다. '정당한 편의'란 "장애인이 장애가 없는 사람과 동등하게 같은 활동에 참여할 수 있도록 장애인의 성별, 장애의 유형 및 정도, 특성 등을 고려한 편의 시설·설비·도구·서비스 등 인적·물적 제반 수단과 조치"를 말한다.[122] 정당한 편의를 제공받을 권리는 2007년 제정된 『장애인차별금지법』이 명시적으로 보장하는 장애인의 권리이다. 사용자는 채용 절차에서도 장애인 지원자에게 정당한 편의를 제공할 의무가 있다. 2015년 신설된 『장애인복지법』 제46조의2는 특히 국가와 지방자치단체 등이 실시하는 채용 시험과 자격

---

120) 한국장애인고용공단 고용개발원. 심진예(2018). 중앙행정기관 장애인공무원의 인사관리 실태 및 인식조사, [연구자료 2018-01] 장애인고용 현안과 이슈. 6면.

121) 보건복지부. 김성희 외(2020). 2020년 장애인 실태조사. 7~8면.

122) 『장애인차별금지 및 권리구제 등에 관한 법률』('장애인차별금지법') 제4조 제2항

시험에서도 정당한 편의를 제공하도록 명시한다.

구체적으로, 시험실시기관은 시험공고와 함께 어떠한 편의를 어떠한 기준에 따라 제공하는지 응시자들에게 안내해야 한다. 장애인에게 필요한 편의 중에는 '면접시험 시간 연장'처럼 다른 응시자와의 형평성과 관련된 편의도 포함되어 있다. 따라서 시험실시기관이 시험의 방식에 맞추어 구체적인 편의의 예시와 제공 기준을 미리 안내하지 않으면, 장애인 응시자로서는 자신이 어떤 편의를 어떤 기준에 의하여 제공받을 수 있는지를 예상하기가 어렵다. 이에 2016년 신설된 『장애인복지법 시행규칙』 제37조의2는 국가와 지방자치단체 등에 편의 제공의 기준을 마련하여 시험공고와 함께 공고할 의무를 부과하고 있다. 편의 제공 고시는 청각장애인 응시자에게 지원 가능한 편의로서 '면접시험 시간 연장', '면접위원에게 장애 특성 사전 고지' 등을 예시한다.[123]

이 글에서 소개하는 사건에서는 B시가 면접시험의 편의 제공에 대해 안내하지 않았으므로, 원고는 의사소통을 위해 필요한 최소한의 편의인 문자 통역만을 요청하여 지원받았다. 앞서 말했듯이 문자 통역을 거치는 경우 음성언어를 통한 의사소통보다 더 긴 시간이 소요되기 때문에 면접시험 시간을 연장해야 한다. 또한 응시자는 자신의 장애 특성을 미리 면접위원에게 고지해줄 것을 신청할 수 있다. 면접위원이 응시자의 장애 특성에 대해 무지한 채로 시험에 응시할 경우, 면접위원이 장애를 이해하지 못한 채 차별적 질문을 하거나 응시자의 능력을 잘못 평가할 수 있기 때문이다. 원고

---

123) 『장애인 응시자에 대한 시험 편의제공의 내용·방법 등』(보건복지부 고시 제2021-304호) [별표1]

는 이러한 편의에 대해서는 알지 못했고, 따라서 미리 신청도 할 수 없었다.

차별적 질문을 제한하는 것이
왜 필요한가

그런데 절차적으로 정당한 편의만 제공하면 충분한가? 절차를 다 갖춘 다음 면접위원들끼리 암묵적으로 합의해서 장애인 응시자를 떨어뜨리면 어떻게 할까? 혹은 면접위원들 각자의 편견과 고정 관념이 작용해서 장애인 응시자를 낮게 평가하는 경우도 있지 않을까? 더구나 이 사건에서는 면접위원들이 원고의 장애에 대해 직접적으로 질문했다. 그렇다면 면접시험에서는 어떤 질문이든 허용되는가? 면접위원들의 질문에 대한 재량권의 범위는 어디까지인가?

그동안 법원은 면접위원의 재량권을 폭넓게 인정해 왔다. "공무원 임용을 위한 면접전형에서 임용신청자의 능력이나 적격성 등에 관한 판단은 면접위원의 고도의 교양과 학식, 경험에 기초한 자율적 판단에 의존하는 것으로서 오로지 면접위원의 자유재량에 속하고, 그와 같은 판단이 현저하게 재량권을 일탈·남용하지 않은 한 이를 위법하다고 할 수 없다"라는 것이다.[124] 면접위원의 재량권은 자유재량 행위의 대표적 예로 행정법 교과서에 포함되곤 한다. 이에 법원에서 면접위원의 질문이나 평가가 재량권의 일탈·남용이라고 판단된 사례는 거의 없었다.

그런데 이 사건처럼 면접위원이 응시자의 업무 능력이 아니라 장애나 성

---

124) 대법원 2008. 12. 24. 선고 2008두8970 판결

별 등에 대하여 질문하면 어떨까? 예를 들어, 공공기관 면접시험에서 면접위원이 다리에 장애가 있는 응시자에게 "축구는 할 수 있나요?"라고 묻거나,[125] 임기제 공무원 면접시험에서 여성 응시자에게 "결혼했습니까?"라고 묻는다면 어떨까?[126] 이 사례들은 〈국가인권위원회〉와 서울특별시 시민인권보호관이 차별로 인정한 실제 사례이다. 면접위원이 응시자에게 이런 질문을 하면 응시자는 자신의 장애, 성별 등이 불리하게 작용하지 않을까 위축되기 쉽다. 더 나아가 이런 질문들은 그 질문을 하지 않은 다른 면접위원들의 고정 관념과 편견에도 영향을 줄 수 있다. 또한 면접 시간은 한정되어 있으므로, 이러한 질문들로 인해 정작 업무 능력을 측정할 수 있는 질문을 할 시간이 그만큼 줄어들게 된다. 더구나 공무원 임용시험에서 면접시험은 임용의 최종 관문으로, 그 결과에 따라 필기시험 성적과 무관하게 합격과 불합격이 나뉘기도 한다는 점에서 차별적 질문은 금지되어야 한다. 이런 문제점 때문에 몇몇 공무원 임용시험에서는 면접시험 전에 업무 능력을 측정할 수 있는 질문을 미리 개발하여 면접위원들이 응시자에게 동일한 질문을 하도록 한다. 이런 방식은 차별적 질문을 방지하는 데 도움이 된다.

소송 과정에서 추가로 밝혀진 위법성

다소 불안한 시작이었지만, 막상 소송을 시작하고 보니 위법성이 더 드러났다. B시는 편의 제공 공고 의무를 위반하지 않았다고 주장하면서, 필기시

---

125) 국가인권위원회 2018. 7. 19.자 18진정0019900 결정
126) 서울특별시 시민인권보호관 2016. 3. 16.자 15신청-102 결정

험에 대해서만 편의 제공 안내를 한 공고문을 증거로 제출했다. 필기시험과 면접시험은 시험의 유형이 완전히 다르므로, 장애 유형과 특성에 따라 필요한 편의를 각 시험 유형별로 구분해서 안내해야 한다. B시는 필기시험과 면접시험의 편의가 달라야 한다는 사실조차 이해하지 못한 것이다. 물론 B시가 편의 제공 공고 의무를 위반했더라도 면접시험 진행 과정에서 원고의 어머니와 편의 제공에 대한 협의를 거쳤기 때문에 절차적 하자가 치유되었는지는 별도의 규범적 판단이 필요한 쟁점이었다. 원고 측은 어떠한 편의가 제공될 수 있는지를 안내받지 못한 상태에서 최소한의 편의만 요청하여 제공받은 것이므로 절차적 하자가 치유되지 않았다고 주장했다.[127]

또한 B시가 면접위원들에게 원고의 장애 특성을 부정적으로 고지한 사실도 드러났다. B시는 면접위원들에게 원고의 장애 특성을 "수화 불가능"이라거나 "수화 및 대화 불가능"이라고 고지했다. 마치 청각장애인이라면 당연히 수어를 알아야 하는데도 이를 모르는 원고에게 문제가 있는 것처럼, 그리고 원고가 수어를 몰라서 대화가 불가능한 사람인 것처럼 고지한 것이다. 면접위원들이 "수어를 배우지 않은 이유"나 "집과 학교에서의 의사소통 방법"을 질문한 것이 바로 이런 부정적인 사전 고지 내용 때문이라는 생각이 들었다.

그뿐만 아니라 면접위원들이 원고의 업무 능력이 아니라 실질적으로 장애를 평가한 것으로 보이는 사실도 확인되었다. 공무원 임용시험 면접시험

---

127) 대법원은 하자 있는 행정행위에 있어서 하자의 치유는 원칙적으로 허용될 수 없고, 예외적으로 허용되더라도 국민의 권리와 이익을 침해하지 않는 범위 내에서만 인정된다고 판시해 왔다(대법원 1998. 10. 27. 선고 98두4535 판결). 편의 제공 공고를 하지 않은 절차적 하자가 치유되었다는 B시의 주장은 이런 대법원 판시에 배치되는 주장이었다.

에서는 다섯 가지 평정 요소(공무원으로서의 정신 자세, 전문 지식과 그 응용 능력, 의사 표현의 정확성과 논리성, 예의·품행 및 성실성, 창의력·의지력 및 발전 가능성) 각각에 대해 '상', '중', '하'로 평가하는데, 면접위원 과반수가 그중 하나의 동일한 평정 요소를 '하'로 평가하면 '미흡' 등급이 부여된다.[128] B시가 제출한 면접위원의 평정표를 보니, 원고에 대하여 최초 면접위원 3인과 추가 면접위원 3인, 이렇게 총 6인이 모두 '의사 표현의 정확성과 논리성' 항목을 '하'로 평정했다. 면접시험에서 '의사소통 방법'을 집요하게 물은 다음 '의사 표현의 정확성과 논리성'을 '하'로 평가한 것이다. 본래 '의사 표현의 정확성과 논리성'은 문자 그대로 '의사 표현'을 정확하고 논리적으로 하느냐를 평가하는 것이지, 의사소통 방식을 평가하는 항목이 아니다. 원고의 답변 내용을 복기해보았을 때나 우리가 받은 원고의 진술서, 원고와의 평소 대화 내용을 볼 때 이 평정 요소에서 모든 면접위원이 '하'로 평가한 것은 원고의 장애를 평가한 것으로 보이는 정황이었다.

법원보다
먼저 변하고 있던 사회

그동안 법원이 면접시험을 면접위원의 자유재량에 맡기고 그 권한의 일탈·남용을 거의 인정하지 않았던 것과는 달리, 사회는 먼저 변하고 있었다. 이 사건 당시 판결문 검색 사이트에서 검색했을 때 법원이 면접위원의 재량

---

128) 『지방공무원 임용령』 제50조의3 제1항 제2호

권 일탈·남용을 인정한 사건은 단 한 건이었다.[129] 그러나 이미 〈국가인권위원회〉는 채용 절차 중 면접시험에서 성별 또는 외모와 관련된 차별적 질문들을 한 후 불합격시킨 사례에서 그러한 질문 사실을 차별로 판단하고 재발 방지 대책을 마련하도록 권고한 바 있었다.[130] 또 서울특별시 시민인권보호관이 면접위원의 성차별적 질문에 대해 차별이라고 인정한 사례도 한 건 있었다.[131]

심지어 정부가 발간한 매뉴얼에도 면접시험에서의 질문과 관련한 각종 주의 사항이 안내되어 있었다. 행정안전부가 펴낸 『장애인 공무원 인사관리 매뉴얼』에는 "몸이 불편한데 출퇴근이나 출장은 가능합니까?"와 같이 신체장애에 대한 직접적 질문이나 직무 배치 이후 발생할 일에 관한 질문이 부적절하다고 안내되어 있다.[132] 인사혁신처가 펴낸 『공정 채용 가이드북』도 "보조자 없이 직무수행이 가능합니까?"라거나 "전화 통화는 가능한가요?" 등의 질문을 지양하도록 안내한다.[133] 더 나아가 인사혁신처가 실시하는 중증장애인 국가공무원 경력 채용시험에서는 면접시험 전에 면접위원 교육을 실시한다. 여기서는 장애인식개선 교육 강사 자격이 있거나 면

---

129) 지방공무원 특별임용시험 면접시험에 면접위원도 아닌 시장이 참여하여 응시 자격 요건과 무관한 질문을 하여 면접 결과에 영향을 미친 사안이었다(대법원 2008. 12. 24. 선고 2008두8970 판결).

130) 국가인권위원회 2007. 33. 9.자 06진차618 결정, 국가인권위원회 2017. 7. 10.자 17진정127000 결정. 소 제기 이후에도 비슷한 권고들이 있었다. 국가인권위원회 2018. 7. 19.자 18진정0019900 결정, 국가인권위원회 2019. 6. 25.자 18진정0066500 결정 등 참조

131) 서울특별시 시민인권보호관 2016. 3. 16.자 15신청-102 결정

132) 행정안전부(2012). 장애인 공무원 인사관리 매뉴얼. 94면.

133) 인사혁신처(2018). 공정 채용 가이드북. 49면.

접위원 참여 경험이 있는 〈한국장애인고용공단〉 종사자가 면접위원을 교육한다. 교육 내용에는 기본적인 장애 유형 및 특성에 대한 안내와 함께 『장애인차별금지법』상 사용자의 정당한 편의 제공 의무에 대한 개괄적 내용도 포함되어 있다. 교육이 차별을 완전히 방지하지는 못하더라도 최소한의 안전장치로 기능할 수 있다.

그와 동시에 채용 차별에 관한 연구도 점차 확대되어서 외국의 제도도 국내에 소개되어 있었다. 예를 들어, 독일에서는 중증장애 여부에 관한 질문은 그 자체가 장애를 이유로 한 불이익 취급이거나 혹은 불이익 취급의 준비행위로서 금지된다.[134] 캐나다에서는 면접위원에게 차별·괴롭힘을 포함하여 기회 진입을 막는 장벽에 대해 교육하고, 직무상 필수적인 내용에 관한 질문을 미리 개발하여 모든 지원자에게 같은 질문을 하도록 함으로써 차별적 질문을 방지한다.[135] 또한 차별적 질문을 한 경우 차별 의도가 없더라도 차별로 판단하고 있다.

이 사건의 경우 사실 관계 자체에는 큰 다툼이 없었고, 결국 이러한 사실 관계를 규범적으로 어떻게 평가할 것인가가 관건이었다. 소송 과정에서 위 자료들을 리서치하고 정리하여 제출하면서[136], 조심스럽지만 승소할 수도 있겠다는 생각이 들었다. 원고에게 승소 가능성이 있다고 말하지는 않았지만, 결과가 어떻게 되든 판결 선고 후에는 사건의 내용과 의미를 사회적으

---

134) 박귀천(2007). 근로자 채용시 사용자의 질문에 대한 제한 : 독일의 상황과 논의. 116-117면.

135) 고용노동부. 박귀천 외(2015). 채용상 차별에 관한 해외사례 및 실태조사 연구. 249-252면.

136) 연구 논문은 충분히 제출하지 않았지만, 〈국가인권위원회〉 등의 판단 사례들, 정부 발간 매뉴얼들은 모두 제출했다.

로 알리자는 이야기를 나누고 모 신문사 기자를 섭외했다.

A씨의 청구를 기각한
1심 법원

그러나 1심 법원(수원지방법원 제3행정부, 재판장 이상훈)은 원고의 청구를 모두 기각했다. 원고에 대한 불합격처분이 절차적으로나 실체적으로 위법하지 않다고 판단한 것이다.

법원은 B시가 면접시험에서의 편의 지원에 관하여 공고하지 않은 사실을 인정하면서도, 그 절차적 하자가 경미하고 실제로 원고가 아무런 불이익을 받지 않았다고 보았다. 원고의 어머니가 신청한 편의가 대부분 제공되었다는 것이다. 또한 B시가 면접위원에게 "수화 불가능", "대화 및 수화 불가능"이라고 사전 고지한 사실을 인정하면서도, 그것이 위법하지 않다고 판단했다. '장애 특성 사전 고지' 편의의 취지는 면접위원들이 개별 장애인 응시자의 특성을 미리 파악하여 면접시험이 원활하게 이루어지도록 돕기 위한 것이고, 원고가 수화를 할 수 없다는 사정은 원고의 장애에 부수한 현 상태를 설명하는 것이어서 이것이 면접위원들에게 부당한 선입견을 심어주었다고 단정하기 어렵다는 것이다.

법원은 면접위원이 재량권을 일탈·남용하지도 않았다고 판단했다. 면접위원이 한 질문들은 전체적인 맥락에서 원고가 장애를 극복한 경험이나, 직무에서 요구되는 여건이나 기능을 수행할 수 있는지에 관련된 것이어서 그 자체로 차별적이지 않다는 것이다. 편의를 모두 제공했고, 원고가 유일한 필기시험 합격자라고 하여 면접시험에 당연히 합격할 것으로 기대할 수도 없다는 것이다. 2013년과 2015년에도 원고처럼 '의사 표현의 정확성과 논리성'에서 면접위원 과반수로부터 '하'로 평가받고, 결과적으로 '미흡' 등급을 받아 불합격한 사례가 있다는 점도 덧붙였다.

결과를 받아들이기 어려웠다. 평소 선배들이 말하던, "사건은 끝날 때까지 끝난 게 아니"라던 말의 의미를 절감했다. 원고는 "유일한 필기시험 합격자이니 당연히 합격해야 한다"라고 주장하지 않았다. 원고는 비장애인 응시자와 동등한 절차의 신뢰성, 기회의 평등을 요구한 것이었다. 원고가 절차적, 실체적으로 문제가 있다고 주장한 사실들에 대하여 법원은 그러한 사실이 있었음은 전부 인정하면서, 그 사실들이 규범적으로 보아 위법하지 않다고 판단한 것이다. 결국 이것은 법리나 논리가 아니라 관점의 문제였다. 법정은 내가 예상했던 것 이상으로 기울어진 운동장이었던 셈이다.

원고도 선고 결과를 듣고 속상했을 것이다. 그럼에도 원고와 원고의 가족들은 다시 힘을 냈다. 결과가 어떻게 나오든 판결 후 기사화해서 사안을 알리기로 했으니, 우리는 이참에 판결의 문제점을 알리고 항소하자고 마음을 다잡았다. 그러나 그것도 벽에 부닥쳤다. 애초 기사를 쓰기로 했던 기자가 판결문을 확인하더니 기사화가 어렵겠다고 했다. 자신이 판결문을 봤을 때나 편집부에서 다른 기자들과 함께 판결문을 검토했을 때, 판결의 문제점을 지적하기 어렵겠다는 것이었다. 소를 제기할 때 기자회견을 적극적으로 권하지 않았던 것이 그제야 후회가 되었다. 소 제기 당시에는 원고의 의사를 존중한다고 착각했지만, 결과적으로 내가 미숙했다. 법원이 이 사안을 장애에 대한 무지와 구조적 차별의 문제로 이해하지 못하고, 시험에서 탈락한 개인의 트집 잡기 정도로 인식할 가능성을 고려했어야 했다. 기자회견을 강요했어야 한다는 의미가 아니다. 문제를 사회적으로 알리는 것이 다른 당사자뿐만 아니라 사건의 진행에도 도움이 될 수 있다는 점까지 원고가 고려해서 결정하도록 조언했어야 했던 것이다.

변화를 위한
준비

1심에서의 깨달음을 거울삼아 항소할 때는 기자회견을 통해 사안을 최대한 널리 알리기로 했다. 장애인권단체인 〈장애의 벽을 허무는 사람들〉이 추가로 원고를 지원하기로 했고, 김철환 활동가가 기자회견 조직과 언론 대응 등을 맡아주었다. 또한 〈천주교인권위원회〉 '유현석 공익소송기금'의 지원 덕분에 대리인단 회의비도 마련할 수 있었다.

대리인단도 확대하고, 여러 연구자들의 자문도 받았다. 평소 장애 인권이나 차별 사건에 관심이 있는 변호사들에게 대리인단 합류를 제안한 결과 〈희망법〉에서는 김두나 변호사가, 외부에서는 이수연(법조공익모임 나우), 이정민(현 법률사무소 지율S&C), 곽예람(법무법인 오월), 장영재(현 법무법인 에셀), 김정환(법무법인 도담), 박종운 변호사(현 대한법률구조공단)가 흔쾌히 대리인단에 합류해 주었다. 오랫동안 국내외 고용 차별을 연구해 온 이수연 교수(경남대학교 극동문제연구소), 황수옥 연구위원(현 독일정치경제연구소 노동법·차별금지법 센터장), 박선영 연구위원(한국여성정책연구원)과 성차별 사건을 많이 대리했던 이종희 변호사(공공운수노조 법률원), 장애 차별 사건에 경험이 풍부한 서치원 변호사(현 법무법인 원곡)의 자문은 큰 힘이 되었다.

항소 제기 기자회견은 항소심의 첫 변론기일이 지정된 후 서울의 광화문 광장에서 진행하기로 했다. 2020년 2월 12일 오전 11시, 날씨는 춥고 비까지 뿌렸다. 원고와 원고의 부모님도 기자회견에 참석했다. 연대 발언들이 이어졌고, 원고의 아버지도 몸소 마이크를 잡았다. 원고는 직접 발언을 하지는 않았지만, 사전에 발언문을 작성해서 김철환 활동가가 대신 읽어 내려갔다.

"처음 소송을 제기하면서 법과 의무에 따라 공정하게 처리될 것이라는 기대가 있었습니다. 그런데 법의 적용이 제대로 공정하게 이뤄지지 않아서 패소하게 되었기에 실망이 매우 큽니다. B시에서는 면접시험을 시행하면서 장애인 편의 제공 안내 및 신청 기회 등 기본적인 안내와 절차도 이행하지 않았는데도 판결문에서는 '흠결이 있으나 경미하다고 본다'라고 판결했습니다. 이것이 어찌 경미한 문제입니까? 장애를 가진 저에게는 저의 인생이 걸린 아주 큰 문제인데 어떻게 경미하다고 보는지 이해가 되지 않습니다. (…) 면접시험에서, 그리고 이번 소송에서 지방자치단체인 B시와 다투면서 저와 같은 중증장애인은 국민이지만 국민이 아닌 것 같은 소외감을 느껴야만 했습니다. 저와 같은 중증장애인은 어떻게 살아가야 합니까? 저도 열심히 제 일을 하면서 행복하게 살고 싶습니다. 이번 사건에서 최종 승소하여 장애인에게도 고용차별 없이 일할 수 있는 기회가 주어지는 좋은 계기가 되었으면 좋겠습니다. 저와 같은 장애인들이 자신의 능력을 발휘하며 사회의 일원으로 함께 더불어 사는 그런 나라가 되었으면 좋겠습니다."

– 원고의 발언문 중에서

원고의 말처럼 이 사건에서 절차적 하자는 경미하지 않았다. 실체적 하자도 꼭 인정받아야 했다. 문제는 무엇을 더 근거로 들 것인가였다. 대리인단은 위법성을 더 명확히 확인하기 위하여 면접시험과 추가 면접시험에서 면접위원의 질문을 문자로 통역한 보조요원들을 증인으로 신청하고, 원고 본인에 대한 당사자 신문도 신청하기로 했다. 문자 통역을 거치는 경우 음성언어로 같은 양의 정보를 전달할 때보다 시간이 얼마나 더 걸리는지를 구체적으로 확인하기 위하여 영상도 촬영하여 제출하기로 했다. 실제로 시간을 측정해 보니, 같은 내용을 문자 통역을 거쳐 소통하는 경우 음성언어로 소통하는 것보다 시간이 약 세 배 더 걸렸다. 이에 속기사가 아닌 일반 공무원이 문자 통역을 한 것이 정당한 편의 제공 의무 위반이라는 주장을 추가하기로 했다. 면접위원에게 장애 특성을 사전 고지한 내용이 위법하다는 점을 뒷받침하기 위해서는 국가공무원 경력 채용시험에서 면접위원 교육을 진행하고 있는 〈한국장애인고용공단〉에 사실조회를 신청하기로 했다.

항소심 첫 변론기일에 재판부(수원고등법원 제1행정부, 재판장 이광만)는 이 사건을 매우 중요하게 생각하고 있다는 말로 재판을 시작했다. 그리고 면접위원에 대한 증인 신청을 제외한 원고 측의 증거 신청을 모두 받아들였다. 다음 변론기일에는 보조요원 두 명에 대한 증인 신문과 원고 본인에 대한 당사자 신문도 모두 진행하기로 했다.

증인 신문과 당사자 신문을 위해 다양한 편의 지원이 필요했다. 원고에게 문자 통역이 필요했기에 재판부는 속기사가 입력하는 증인 신문 내용이 원고석 노트북 모니터에 나타나도록 준비하고, 법정에서 오가는 말을 전부 그대로 속기해달라고 속기사에게 요청했다. 당사자 신문에서는 양측 소송 대리인의 질문을 속기사가 속기하면, 원고가 원고석 노트북으로 답변을 입력했다. 그 답변 내용은 법정 왼쪽에 설치된 대형 스크린에 나타나 다른 사람들도 원고의 답변 내용을 볼 수 있었다. 원고 대리인단의 김재왕 변호사는 전맹인 시각장애인이었기 때문에 〈희망법〉의 김광민 모금홍보국장이 동석하여 대형 스크린에 나타난 원고의 답변 내용을 김재왕 변호사에게 음성으로 읽어주었다.

면접시험 보조요원이었던 증인들은 대부분의 질문에 기억나지 않는다고 답했다. 증인들이 B시 소속 공무원이었으므로 예상했던 답변이었다. 시간이 꽤 흐르기는 했지만 증인 한 명은 소 제기 직후 B시 측 진술서를 직접 작성하여 제출했고, 다른 증인은 원고의 진술에 배치되는 사실들에 대해서는 선택적으로 진술하는 터라 기억나지 않는다는 답변을 그대로 신뢰하기는 어려웠다. 다만 두 사람 모두 이전에 청각장애인과 함께 일해 본 경험이 없을뿐더러 문자 통역을 해 본 경험이 없다는 사실, 이 사건의 면접시험을 위해 따로 교육을 받지 않았다는 사실은 인정했다. 또한 두 사람 모두 속기사 자격증이 없었다. 당사자 신문에서 원고는 면접시험에서 제공받을 수 있는 편의에 대해 안내받지 못했고, 면접시험 시간 연장이 가능하다는 사실을 몰랐기에 조급함과 압박감을 느끼면서 면접시험을 치렀다고 답했다. 원고는 이 사건 이후 공무원 임용시험에 응시하지 않고 있었는데, 그 이유를 다음과 같이 설명했다.

"국가와 지방자치단체에서 채용하는 공무원 시험에는 장애인에 대한 차별과 편견 없이 채용될 거라고 생각했으나, 현실은 장애인에 대한 차별과 편견이 있음을 느꼈고, 장애인은 아무리 노력해도 사회가 받아주지 않고 인정해 주지 않는다는 사실에 절망하게 되었습니다. 그래서 더 이상 공무원 시험에 응시하지 않습니다."

변론기일 후 〈한국장애인고용공단〉이 사실조회에 대한 회신을 보내왔다. 현재 국가공무원 경력 채용의 경우, 인사혁신처는 면접시험 전에 〈한국장애인고용공단〉에 의뢰하여 면접위원 교육을 실시한다. 1회 20~30분 정도라 짧지만, 〈한국장애인고용공단〉 종사자가 직접 장애 유형별 특성과 주의 사항, 사용자의 정당한 편의 제공 의무 등을 포괄하여 교육하기 때문에, 이는 장애에 대한 이해가 전무한 면접위원에게는 도움이 될 것이다. 우리는 사실조회 신청서에 "구어를 사용하는 청각장애인 응시자를 대하는 면접위원에게 특히 필요한 교육 내용이 무엇인지"를 질문했었다. 이에 대해 〈한국장애인고용공단〉은 "청각장애인의 의사소통 방식은 수어, 구어, 필담, 보청기 등 다양하며, 요즘 젊은 사람들은 수어보다는 문자 통역을 선호하는 추세"라는 점을 교육한다고 답했다. 우리가 기대했던 내용이었다. 마지막 변론기일에 우리는 이 사건에서 면접위원의 질문이 왜 차별이고, 이러한 차별적 질문이 왜 금지되어야 하는가에 대해 집중적으로 구두변론을 한 후 변론을 종결했다.

원심 판결을 취소한
2심 법원

2020년 11월 18일 선고일이 되었다. 항상 선고 직전의 긴장감을 견디기가 쉽지 않다. 우리 사건 번호가 불렸다. 원고가 앞으로 나가 원고석에 앉았다. 선고기일에 참석하는 원고를 위해 재판부는 문자 통역을 제공했다. 이광만 재판장이 주문을 낭독했다.

"제1심 판결 중 피고 B시 인사위원회 위원장에 대한 부분을 취소한다. 피고 B시 인사위원회 위원장이 2018. 7. 24. 원고에 대하여 한 2018년 제1회 B시 지방공무원 공개경쟁 임용시험 9급 일반행정 장애인 구분모집 최종 불합격처분을 취소한다."

위자료 청구도 지연손해금 일부를 제외하고 500만 원이 전액 인정되었다. 원고를 위해 재판장은 간단히 판결 이유를 설명했는데, 우리의 주장이 대부분 받아들여졌다. B시가 『장애인복지법』과 『장애인차별금지법』을 위반한 중대한 절차적 위법을 저질렀고, 면접위원의 장애 관련 질문과 '미흡' 등급 부여도 모두 위법하다는 것이다. 1심 판결 선고 때와는 정반대의 상황에서, "사건은 끝날 때까지 끝난 게 아니"라는 말의 의미를 실감하던 순간이었다.

수원고등법원은 B시가 정당한 편의 제공 의무를 위반했다고 판단했다. B시가 편의 제공에 대해 공고하지 않아 원고는 어떤 편의를 신청할 수 있는지를 모르는 상태에서 면접시험을 치를 수밖에 없었으므로 불이익을 받았다는 것이다. 시험 시간 연장이 가능하다는 것을 몰랐던 원고는 빨리 답변해야 한다는 압박감과 조급함 속에서 면접시험을 치러야 했다. B시는 질문을 신속하고 정확하게 전달할 수 있는 정도의 속기 능력을 보유한 사람이 아닌 일반 공무원으로 하여금 문자 통역을 담당하도록 했고, 이로 인해 원고는 비장애인 응시자와 동등한 조건에서 시험을 치르지 못했다. 한편 "수화 불가능"과 같은 사전 고지는 면접위원에게 선입견과 편견을 갖게 할 수 있어 '장애 특성 사전 고지' 제도의 취지에 위배된다고 보았다. "면접위원이 장애 특성을 제대로 이해하지 못하여 응시자에게 차별적인 질문을 하거나 응시자의 장애 종류 및 정도에 관하여 선입견과 편견을 가지는 것을 사전에 방지하기 위한 것"이 바로 그 취지라는 것이다.

더 나아가 법원은 면접위원의 질문과 평가도 모두 차별이라고 판단했다. 법원은 "청각장애인 공무원은 근로지원인으로부터 대화·전화통화 지원 등을 제공받을 수 있고, 위와 같은 편의 제공 의무는 근로자가 아니라 사용자에게 있다는 점에서 위 질문들은 원고가 공무원으로 임용된 후 공무원으로서 수행할 업무와 관련된 사항이라고 할 수 없다"라고 지적했다. 면접위원의 질문은 원고의 직무 능력이 아닌 장애를 평가한 것이어서 위법하다는 것이다.

면접시험에서 장애인 응시자에게 장애에 대한 내용을 질문하는 것은 장애가 없는 사람에게는 물어보지 않는 내용을 물어보는 것으로서 장애인과 장애가 없는 사람을 다르게 대하는 것이다. 장애에 대한 질문은 면접위원의 의도와 관계없이 다른 면접위원에게 장애인 응시자에 대한 편견이나 선입견을 갖도록 영향을 미칠 수 있고, 장애인 응시자를 당황하게 하거나 위축되게 할 수 있으며, 다른 질문에 할애할 시간을 빼앗기 때문에 장애인 응시자에게 불리한 결과를 초래할 수 있다. 따라서 특별한 사정이 없는 한 장애인 응시자에게 장애에 대한 질문을 하는 것은 장애인을 장애를 사유로 불리하게 대하는 경우로서 장애인차별금지법이 금지하는 차별행위에 해당한다.

– 수원고등법원 판결문 중에서

그리고 면접위원이 차별적 질문을 한 후 '의사 표현의 정확성과 논리성' 항목을 '하'로 평가하여 원고에게 '미흡' 등급을 부여한 행위도 『장애인차별금지법』이 금지하는 차별 행위로서 위법하다고 보았다.

이 변화가
더 확산될 수 있기를

B시가 상고하지 않아 이 판결은 확정되었다. B시는 원고에 대한 재면접 절차를 진행했다. 재면접 절차에서는 면접시험에서의 편의 제공에 대해 충실히 안내했고, 원고가 신청한 편의를 모두 제공했다. 그중 특히 의미 있었던 것은, 면접시험 전에 면접위원들을 교육하겠다고 한 것이었다. 원고는 마침내 최종 합격했다.

원고가 기자회견에서 말했던 그 바람처럼, 수원고등법원 판결은 그 후 다른 사건에서 차별을 판단할 때 중요한 근거가 되었다. 이후 경기도 C시 지방공무원 임용시험에서 면접위원이 정신장애인 응시자에게 장애 관련 질문을 여러 차례 한 것이 차별임을 인정하고 불합격처분을 취소한 판결이 있었고, 이 판결은 2023년 12월 대법원에서 확정되었다. 2024년 1월에는 법원행정처가 실시하는 법원직 공무원 임용시험에서 면접위원이 언어 장애가 있는 응시자에게 언어 장애 관련 질문을 여러 차례 하고 불합격처분을 한 사건에 대하여 서울행정법원이 차별을 인정하고 불합격처분을 취소했다.

기대만큼 빠른 속도는 아니지만, 변화는 계속되고 있다. 이 변화를 더 확산시키는 것이 우리에게 남은 과제일 것이다.

닫힌 법정을 넘어, 변화의 씨앗이 되다

성기 성형 없는 트랜스젠더 여성 성별 정정 사건[137]

류민희[138]

법정 안 울려 퍼진 목소리

"많은 사람들이 오늘의 일에 대하여, 대체 무엇을 위해 이러느냐 의문을 가지고 이야기할 수 있습니다. 그렇습니다. 주민등록번호 뒷자리가 2로 바뀐다 한들, 아마도 엄청난 변화는 생기지 않을 것입니다. 하지만 제 성별을 되찾음으로써, 저는 포털 사이트에서 여자로서 실명인증을 받을 수 있습니다. 제대로 된 직장을 구하지 못하고 음지에서 일하지 않아도 될 것입니다. 앞으로는 마음 편히 화장실을 이용할 수 있을 것입니다. 더 이상 제가 트랜스젠더임을 상대에게 설명하고, 양해를 구하고, 불쾌하지 않을까, 혹은 제게 해코지를 하지 않을까, 매

---

137) 이 글은 한가람 변호사가 「오마이뉴스」에 기고한 "트랜스젠더의 성별 정정, '성기 성형수술' 꼭 필요한가"라는 제목의 글을 바탕으로 공동대리인이었던 필자가 최근 정보를 더해 정리한 글이다. 여기서 등장하는 소송은 동료인 공동대리인 한가람(주 수행), 조혜인 변호사와 함께 수행했다.

138) 공익인권변호사모임 희망을만드는법('희망법') 변호사

순간 눈치를 보지 않아도 될 것입니다. 지하철에서 성추행을 겪어도 참거나 도망 다니지 않고 마음 편히 경찰에게 도움을 청할 수 있을 것입니다. 몸이 아파 응급실에 가도 제가 본인임을 여러 차례 증명하거나, 의료진에게 둘러싸여 동물원 원숭이처럼 검사를 받거나, 불쾌한 경험을 하지 않고 빠르고 마음 편히 진료를 받을 수 있을 것입니다. 더 이상 유령도, 범죄자도, 수상한 사람이 되지 않아도 됩니다. 다른 사람들과 비슷한 기준에서 경쟁할 수 있고, 다른 사람들과 비슷한 대우를 받을 수 있습니다. 존경하는 판사님, 누군가에겐 아무것도 아닐 수 있는 이것은, 저에게는 엄청난 변화이자, 전부입니다. 제게 지금, 그리고 미래의 '삶'을 허락해 주시기를 바랍니다. 감사합니다."¹³⁹⁾

 – 신청인 김민선(가명)의 2016. 2. 17. 심문기일 마무리 진술 중에서

 한 사람의 인생에서 법정에 서는 순간은 드문 만큼, 그 순간처럼 긴장되는 경험도 없을 것이다. 특히 자신의 삶과 정체성의 본질적 문제를 드러내야 할 때, 그 떨림은 더욱 커진다.

 지난 10여 년간 우리 사회는 변화의 물결을 타고 있다. TV 드라마나 영화 같은 대중문화, 예술 작품, 언론, 학문과 연구에 이르기까지 다양한 영역에서 트랜스젠더의 이야기를 들을 수 있다. 하지만 이런 가시성의 증가가 곧바로 실질적인 변화로 이어지지는 않았다. 법과 제도의 세계에서 트랜스젠더의 권리와 존엄성을 보장하는 일은 여전히 더딘 걸음을 걷고 있다.

---

139) 각주 137에 밝힌 글에서 재인용

그럼에도 불구하고 전국 곳곳의 법정에서는 용기 있는 목소리들이 울려 퍼지고 있었다. 자신의 이야기를 통해 동시에 수많은 이들의 현실을 대변하는 사람들이다. 이 사건의 주인공들도 역시 그런 용감한 사람들이었다.

트랜스젠더와
성별의 인정

우리는 모두 누구나 자신의 성별에 대한 본질적인 감각을 지니고 있다. 대부분의 경우 성별 정체성은 태어날 때 출생 신고된 성별과 일치한다. 하지만 어떤 사람들은 태어날 때 남성 혹은 여성으로 지정된 성별이 실제 자신과 일치하지 않는 경우도 있다. 이런 사람들을 우리는 트랜스젠더라고 부른다.

전 세계를 통틀어서도 다양한 문화와 역사 속에서 히즈라hijra, 투 스피릿two-spirit, 파파핀fa'afafine, 메티meti처럼 이들을 지칭하는 여러 이름이 있다. 물론 한국의 역사 속에서도 그 흔적을 찾을 수 있다. 『조선왕조실록』에 등장하는 '사방지'라는 인물이 바로 그 예다. 해당 인물은 현대의 시각으로 보면 트랜스젠더나 인터섹스(간성)로 해석될 수 있는 존재이다.

그렇다면 우리 주변에는 얼마나 많은 트랜스젠더가 있을까? 보수적인 추정치인 인구의 0.6%[140]로만 계산해도 한국에는 약 30만 명 이상의 경기도

---

140) 2022년 미국 〈윌리엄스 연구소〉 연구에 따르면 미국 성인 인구 중 0.6%, 13~17세 인구 중 1.4%가 트랜스젠더이며. 2018년 〈정부 평등사무소(Government Equalities Office)〉에서는 그 비율을 0.3~0.8%, 보건의료 체계 기반 연구에서는 0.02~1%, 성인을 대상으로 한 설문조사 기반 연구에서는 0.3~0.5%(트랜스젠더)와 0.3~4.5%(TGD 전체), 아동 및 청소년 대상 연구에서는 1.2~2.7%(트랜스젠더), 2.5~8.4%(TGD 전체)로 추산하고 있다.

광명시 인구에 맞먹는 트랜스젠더가 살아가고 있다. 이들 중 많은 이들이 자신의 정체성에 맞는 이름과 성별을 법적으로 인정받기를 원한다.

트랜스젠더의 성별 정체성 인정과 이에 따른 공문서를 발급받는 일은 너무나도 중요한 기본권이다. 성별 정체성은 지극히 개인적이고 주관적이므로 자신이 인식하고 결정한 성별을 인정받는 것은 법 앞에 인간으로서 인정받을 권리에 해당한다.[141] 그리고 이는 정신 건강과 전반적 삶의 질 향상에도 직결된다. 가족, 친구, 동료로부터 지지를 받는 안전망이 있는 사람이라 하더라도 포털 사이트의 실명 인증과 같은 간단한 절차에서조차 다른 성별을 강요당하는 공적 불인정은 소수자 스트레스, 불안, 우울증을 초래할 수 있다.

무엇보다 민선 씨가 언급했듯이 성별 정체성의 인정은 고용, 의료 서비스 이용, 기본적 시설 접근, 안전과 보호, 주거 등 삶의 다양한 측면에 있는 장벽과 불안을 제거할 수 있다. 이러한 권리, 서비스에 대한 접근의 어려움은 삶의 많은 가능성을 포기하게 만들 수 있다.

'밖에 나가면 화장실에 가지 않기 위해 물을 마시지 않는다', '신분증을 제출해야 하는 4대 보험이 보장되는 직장은 피한다', '망신을 당할까 봐 병원 가는 일을 피하게 된다', '대학교에서 출석부를 부를 때마다 성별이 언급될까 봐 불안하다' 등등, 이 모든 어려움은 불필요하고 차별적이며, 성별 인정 절차를 통해 예방할 수 있는 일들이다.

---

141) 『세계인권선언』 제6조 : 모든 사람은 어디에서나 법 앞에 인간으로서 인정받을 권리를 가진다.

한국 '성전환자 성별 정정'의
역사와 현실

한국에서 트랜스젠더의 법적 성별 인정은 긴 여정을 거쳐왔다. 1980년대 후반부터 일부 법원에서 호적부(현재 가족관계등록부)상 호적 기재를 정정하는 조항을 근거로 트랜스젠더의 성별을 인정한 사례들이 있었다.[142] 그러나 이는 일반화된 절차라고 보기는 어려웠다.

진정한 전환점은 2006년에 찾아왔다. 그해 6월 22일, 대법원은 전원합의체 결정을 통해 『호적법』(현재 『가족관계의 등록 등에 관한 법률』)상 호적 기재의 정정 조항[143]을 근거로 성별 정정을 허가하는 결정을 내린다.[144] 이어 대법원은 『성전환자의 성별정정허가신청사건 등 사무처리지침』이라는 예규를 제정, 성별 정정에 대한 요건과 절차를 구체화했다.

하지만 이 예규는 한계를 품고 있었다. 입법 공백 상황에서 성별 인정의 가능성을 열어주었지만, 그 요건들은 트랜스젠더의 실제 삶과는 거리가 있었다. 제정 이후 몇 번의 수정이 있었지만, 해당 소송 당시 예규에서 제시한 요건들은 다음과 같았다.

○ 만 19세 이상의 행위능력자로서 ○ 사회생활상 전환된 성으로 살고 있고 ○ 혼인 중이 아니면서 ○ 부모의 동의를 얻었으며 ○ 의료적으로 2인 이상의 정신과전문의의 성전환증 진단이 있고 ○ 생식능

---

142) 청주지방법원 1989. 7. 5.자 89호파299 결정 등
143) 구(舊)『호적법』 제102조. 현행 『가족관계의 등록 등에 관한 법률』 제104조
144) 대법원 2004스42 전원합의체 결정

력을 상실하였으며 ○ 전환된 성으로의 외부성기 성형수술 등을 포함한 '성전환수술'을 받을 것 ○ 미성년의 자녀가 없을 것.

이 요건들은 현대적 인권 기준과 의학적 이해에 비추어 볼 때 많은 문제점을 안고 있었다. '성전환자'와 '성전환증'이라는 병리적 개념 사용, 신체를 침해하는 수술의 강제, 혼인 중인 사람에게 이혼 강요, 성인의 결정에 부모 동의 요구 등이 대표적이다. 특히 외부 성기 성형 수술 요건은 현실과 가장 동떨어진 것으로 여겨졌다.

그러던 2013년, 작은 변화의 바람이 불기 시작했다. 서울서부지방법원은 여러 명의 트랜스젠더 남성에 대해 외부 성기 성형 수술 없는 성별 정정 허가 결정을 내렸다.[145] 그 과정에서 법원은 인간의 존엄성과 행복 추구권을 중요한 권리로 들었다. 이후 여러 지방법원에서 유사한 결정이 이어졌다.

그러나 이러한 진전에도 불구하고, 트랜스젠더 여성에게는 같은 기준이 적용되지 않았다. '여성성'에 대한 사회의 고정 관념이 더 강하게 작용한 것일까. 이는 해결해야 할 새로운 과제가 되었다. 그리고 우리에게 찾아온 많은 트랜스젠더 여성 당사자들의 간절한 목소리가 이 문제의 시급성을 더욱 부각시켰다.

---

145) 서울서부지방법원 2013.3.15. 2012호파4225 외 4인 허가. 서울서부지방법원 2013.11.19. 2013호파1406 (결정 이유에 외부 성기 형성 요구의 위헌성 포함)

문제 제기의
장벽들

가장 심각한 문제는 때로 가장 조용히 숨어있곤 한다. 한국의 많은 트랜스젠더들에게 법적 성별 정정은 시작조차 어려운 여정이기 때문이다. 특히 '현재의 법원 입장에 어긋날 것 같은' 등록부 정정 허가 신청은 첫발조차 떼지 못하는 경우가 많았다. 감수해야 하는 과정이 험난하기 때문이다.

먼저 진단서 등 의료문서, 가족관계등록부 등의 각종 증명서를 포함해서 많은 서류를 마련해야 한다.[146] 예전에는 온라인 접근성도 떨어져 주민센터를 직접 방문해야 발급받을 수 있는 서류도 많았다. 아이러니하게도, 이 때는 성별을 인정받아 새로운 신분증을 얻기 위해 '맞지 않는' 현재의 신분증을 계속 사용해야 한다.

성장환경 진술서 작성은 또 다른 어려움이다. 성별 규범의 강요나 사회적 편견으로 인한 부정적인 경험을 되살리거나, 지극히 개인적인 깊은 감정을 설명해야 하는 일이 감정적으로 부담스러울 수 있다.

이렇게 하나하나씩 서류를 다 모으면 비로소 법적 절차를 시작할 준비

---

146) 성전환자의 성별정정허가신청사건 등 사무처리지침 (가족관계등록예규 제550호) 제3조(참고서면)
① 법원은 심리를 위하여 필요한 경우에는 신청인에게 다음 각 호의 서면을 제출하게 할 수 있다.
1. 가족관계등록부의 기본증명서, 가족관계증명서 및 주민등록표등(초)본
2. 신청인이 성전환증 환자임을 진단한 정신과 전문의사의 진단서나 감정서
3. 신청인이 성전환수술을 받아 현재 생물학적인 성과 반대되는 성에 관한 신체의 성기와 흡사한 외관을 구비하고 있음을 확인하는 성전환시술 의사의 소견서
4. 신청인에게 현재 생식능력이 없고, 향후에도 생식능력이 발생하거나 회복될 가능성이 없음을 확인하는 전문의사 명의의 진단서나 감정서
5. 신청인의 성장환경진술서 및 인우인의 보증서

가 된다. 등록부 정정 허가 신청은 가족관계등록 비송의 하나인데 2015년부터야 전자소송이 가능해졌다. 따라서 그전에는 법원에 직접 가야 했다. 가족관계등록 비송의 대부분은 개명 아니면 성별 정정이다. 이를 위해서는 우선 법원 가족관계등록과 창구에서 직원에게 성별 정정 사건임을 알리고 접수한다. 그리고 법원의 연락을 기다린다. 그러면 필수적 절차인 심문기일이 정해져 통지가 온다. 이후 법원에 출석하여 법관의 여러 질문에 답한다.

그리고 또 기다린다. 불안한 마음으로 결과를 기다리는 시간은 좀처럼 잘 가지 않는다. 그리고 결국, 정정이 인정되지 않는다. 법원에 불합리함을 전달해야 할 때도 있지만, 어떤 사람에게는 이 모든 과정이 애초에 시도조차 하지 않았을 때보다 더 힘들기도 하다.

그래서 성별이 드러나는 상황은 되도록 피하고, 불가피한 경우엔 긴 사연을 준비해 이해를 구한다. 제한된 삶의 가능성과 불편함을 받아들이고, 현실에 적응한다. 매일을 투쟁처럼 살 수는 없으니까. 결국 정말 절실한 사람들의 이야기가 법원까지 가 닿지 않게 되는 것이다.

두드려야 열린다

이 소송의 주인공 두 사람을 우리는 각기 다른 기회에 만났다. 그들은 혹시라도 법원이라는 국가 기관의 공식적인 '거부'를 감당할 준비가 되어 있었고, 실패의 가능성에도 불구하고 변화를 만들어보겠다는 의지가 있었다. "(허가된다고 하더라도) 이후의 내 삶에 엄청난 변화가 있을 것 같지도 않지만"이라는 말로 기대와 현실 사이의 균형을 잘 이해하는 이들이기도 했다.

대리인들은 성별 정정에서 외부 성기 성형의 요구는 법적, 의료적으로 불필요한 요소를 일률적으로 요구함으로써 기본권을 침해하는 것임을 법리적으로 주장하기 위해 서류를 준비해 나갔다. 공익소송의 변호사로서 당사자 제출 서류를 준비하는 과정에서 우리는 딜레마를 느낄 때도 있었다. 당연한 권리를 주장하기 위해 '열심히' 준비하는 행위가 의도치 않게 트랜스젠더 커뮤니티를 취약한 위치에 놓는 것은 아닌지 고민했다. 오히려 이들을 '도움이 필요한 존재'로 그리거나 법원의 온정주의적 접근을 유도하는 건 아닐까, 하는 불안감이 때때로 밀려왔다.

그러나 이러한 고민은 두 당사자와 이야기를 나눌수록 해소되었다. 그들의 삶의 이야기는 단순한 개인사를 넘어, 성별 정체성을 그대로 인정하지 않는 국가와 사회의 구조적 문제를 자연스레 드러내는 강력한 '증거'였다. 민선 씨가 준비한 직장 동료, 상사, 친구들의 진술은 사회 내 존재하는 선의와 연대의 힘도 보여 주었다. 법원이 사람의 성별을 '결정'하는 것이 아니라, 이미 스스로에게 분명한 성별 정체성을 그저 사후적으로 확인한다는 의미도 더하는 것 같았다.

정성 어린 준비 끝에 드디어 2015년 10월 12일 청주지방법원 영동지원에 사건을 접수했다. 접수 이후, 심문기일 지정을 기다리는 시간이 이어졌다. 이 기간에 주 수행 변호사인 한가람 변호사는 법원의 온라인 사건 진행 상황부를 정기적으로 확인하고, 때로는 법원에 직접 전화하여 예상 심문기일에 대해 문의하기도 했다.

2016년 2월 어느 추운 겨울날, 심문기일이 열렸다. 법정에서 민선 씨는 "엄청난" 변화는 없겠지만 사라질 수 있는 삶의 수많은 장벽들에 대해 차분히 말했다. 법정에서 나오고 또 기다림이 시작되었다. 이 시간 동안 당사자들이 준비한 진술서와 몇 가지 최신 자료들을 몇 차례 제출했다.

그리고 심문기일이 열린 지 1년이 지난 2017년 2월 14일, 한가람 변호사는 법원으로부터 문자 메시지 한 통을 받았다. 마침 업무차 방문 중이던 국회의원회관의 휴게실에서 떨리는 마음을 애써 누르며 온라인으로 결정문을 열람했다. 기다리던 허가 결정이었다.

한 변호사는 즉시 두 당사자에게 전화를 걸어 기쁜 소식을 전했다. 그날 저녁 세 사람은 〈희망을만드는법〉 사무실에서 만나 기쁨을 나눴다. 이날은 우연히도 밸런타인데이였다.

"신분 관계 정립의 기준을 보다 명확하고 일의적으로 할 필요는 있다. 그러나 연령, 출생지, 부모 등과 달리 현실에서도 쉽게 다양함이 목격되는 성별 특성 등을 감안한다면, 성전환증을 인정하고 따라서 그에 따른 성별 정정을 인정하는 한, 또한 그 성별 정정이 제3자의 이익을 해하거나 탈법적인 수단으로 성행할 우려가 없는 한 성전환자들의 특성은 최대한 반영될 필요가 있다. 이들의 외관이 일반적인 성별 기준에 미치지 못한다는 데서 오는 일반인의 혼란감은, 경제적 어려움, 수술의 위험성 또는 자신의 성생활 방식 등에 대한 선택으로 외부 성기 수술을 받지 않은 채 살아가는 성전환자들이 외부 성기를 갖추지 못했다는 이유로 성별 정정이 되지 않음으로써 겪게 되는 사회적, 경제적, 인격적 고통에 비하면, 당연히 감내되어야 할 것이기 때문이다."

　　　　　　　- 청주지방법원 영동지원 2017. 2. 14.자 2015호기302 결정 중에서

외부 성기 성형 수술 없이 트랜스젠더 여성에 대해 이루어진 첫 성별 정정 허가 결정이었다. 이 결정은 성별 정정에 있어 외부 성기 성형 수술 요구가 갖는 위헌성을 지적했다. 트랜스젠더들이 처한 구체적 현실에 관심을 두면서, 성별 정정 허가를 위해 외부 성기 성형 수술을 일률적으로 요구하는 것은 트랜스젠더의 기본권을 침해한다는 점을 명확히 했다.

진전과 인내

변화는 연쇄 반응을 일으킨다. 당사자들의 목소리가 모이면서 여러 진전이 있었다. 특히 비공개된 법정에서 발생한 일들을 모아 최소한 절차상의 문제를 짚고, 트랜스젠더들이 어떤 경험을 하는지에 대한 이야기를 수집해야 한다는 목소리가 높았다.

2018년 〈서울지방변호사회〉는 성별 정정을 완료한 70여 명의 트랜스젠더를 대상으로 경험 조사를 실시했다. 응답자들은 신체 침해적 요건, 불필요한 서류 요구, 심문 과정의 불쾌한 질문들, 긴 대기 시간 등의 어려움을 호소했다. 이에 대한 개선 방안으로 요건 완화, 불필요한 서류 삭제, 절차 정보 제공 개선, 심리 기간 단축 등이 제시됐다. 또한 보고서는 신청자 친화적인 일본 법원의 사례를 참고 모델로 언급했다. 이를 통해 성별 정정 '허가' 뒤에 숨겨진 실제 어려움들이 점차 드러나기 시작했다.

뒤이어 2020년 한국 〈국가인권위원회〉의 트랜스젠더 혐오차별 실태조사 보고서는 총 591명의 응답자를 대상으로 트랜스젠더들이 한국 사회에서 경험하는 차별과 혐오의 실태를 조사하였다. 조사 결과, 많은 트랜스젠더가 직장, 의료, 교육 등 여러 분야에서 차별을 겪고 있으며, 특히 법적 성별 정정 과정에서의 어려움과 트랜스젠더 정체성에 대한 사회적 인식 부족으로 인해 심리적 고통을 경험하고 있다는 점이 두드러졌다. 또한 성별 이분법에 기반한 제도적 장벽으로 인해 의료 서비스 접근에 어려움을 겪는 사례도 빈번했다. 보고서는 이러한 차별과 혐오를 해소하기 위해 포괄적 차별금지법의 제정과 성별 정정 절차의 개선 등 법적·제도적 개혁이 필요하다고 권고하였다.

이러한 노력의 결과, 몇 가지 제도적 변화가 있었다. 성별 정정 사건에 독자적 사건 번호 '호기'가 부여되어 통계 분석이 가능해졌고, 이 통계는 사법 편람을 통해 공개된다. 2019년 7월 인천가정법원의 결정을 계기로 8월에는 대법원 예규에서 부모 동의서 요건이 삭제됐다. 예규의 표현도 2011년 '허가기준'에서 '조사사항'으로, 2020년에는 '참고사항'으로 점진적으로 변경됐다. 예규는 늦게라도 불완전하게나마 성별 정체성에 대한 현대적 이해를 일부 반영하고 있었다.

또 한 번 예규가 변경될 수밖에 없는 중요한 판례가 있었다. 2022년 11월 24일 한국 대법원은 미성년 자녀가 있는 트랜스젠더도 성별 정정을 허가할 수 있다고 결정하며, 이전까지 성별 정정이 불가능했던 기존 2011년 판례를 변경했다.[147] 대법원은 트랜스젠더의 성 정체성 법적 인정 권리를 인간의 존엄과 행복 추구권에 근거해 인정했다. 성별 정정이 부모-자녀 관계의 본질을 변화시키지 않으며, 자녀의 복리에 반드시 부정적 영향을 미치는 것

---

147) 대법원 2022. 11. 24. 자 2020스616 전원합의체 결정

은 아니라고 판단했다. 이 판결은 트랜스젠더의 기본권과 미성년 자녀의 복리를 종합적으로 고려해야 하며, 미성년 자녀의 존재만으로 성별 정정을 금지해서는 안 된다는 점을 명확히 했다.

2018년 〈세계보건기구WHO〉가 발표한 ICD-11(국제질병분류 제11차 개정판)은 트랜스젠더 정체성에 대한 중요한 변화를 반영했다. 이전 ICD-10에서는 트랜스젠더 정체성이 "성 정체성 장애"로 분류되어 정신 질환 항목에 포함되었으며, 이는 트랜스젠더를 병리화하는 접근 방식이었다. 그러나 ICD-11에서는 이를 "성 불일치"라는 용어로 대체하고, 정신 질환 항목에서 "성 건강 관련 상태"라는 새로운 장으로 재분류하였다. 이는 트랜스젠더 정체성을 정신 질환으로 간주하지 않으면서도, 호르몬 치료나 수술과 같은 의료적 지원이 필요한 경우를 인정하는 방식이다. 이러한 분류 체계의 변화는 의료 정책뿐 아니라 법적 인식에도 큰 영향을 줄 수밖에 없는 일이었다.

더구나 수술 요건 같은 신체 침해 강제는 언제나 부당한 일이었지만, ICD-11의 의료적 비병리화의 상황에서는 더욱 말이 안 되는 일이었다. ICD-11의 변화의 의미는, 트랜스젠더 정체성이 의료적 또는 정신적 문제가 아니고, 개인의 성별 정체성은 자기결정권에 기반해 인정해야 한다는 의미다. 성별을 법적으로 인정받기 위해 성 확정 수술을 필수로 요구하는 것은 트랜스젠더 개인의 기본적인 인권과 신체적 자율성을 침해할 수 있다. 모든 트랜스젠더가 성 확정 수술을 원하는 것도 아니며, 경제적 여건이나 의료적 조건 때문에 수술을 받을 수 없는 경우도 많다. 결과적으로, 성별 정정을 위한 수술 요건은 현대 인권 기준과 자율성의 원칙에 부합하지 않는다는 점은 더욱 명확해졌다.

이러한 상황에서 〈국가인권위원회〉는 2023년 5월 트랜스젠더의 기본권 보호와 성별 정정 절차 개선을 위해 대법원장과 국회의장에게 중요한 권고를 했다. 대법원장에게는 『성전환자의 성별정정허가신청사건 등 사무처리지침』의 전반적 개정과 '성별정정허가신청사건'에서 신청인의 인격권 보호를 위한 새로운 지침 제정을 요청했다. 국회의장에게는 성전환자의 성별 정정 관련 요건, 절차, 방법 등을 규정하는 특별법 제정을 권고했다. 이는 일부 재판부가 '참고사항'인 지침을 판단 기준으로 사용하여 불필요한 수술을 강요하는 문제와 이로 인한 신체 온전성의 자유와 자기결정권 등 기본권 침해 우려에서 비롯되었다. 인권위는 특정 수술 요구가 헌법상 권리를 침해할 뿐만 아니라 비례성 원칙에도 위배된다고 판단했으며, 이는 국제인권규범과 2022년 대법원판결의 취지와도 배치된다고 보았다.

국제인권규범에 기반한 국제 커뮤니티의 권고도 있었다. 2023년 11월 〈유엔 자유권위원회〉는 한국 제5차 국가보고서 심의에서 트랜스젠더 성별 정정 절차를 외과적 수술이나 정신과 진단 없이 '비병리화'할 것을 권고했다.

이러한 흐름 속에 수술을 하지 않은 트랜스젠더에 대한 성별 정정 허가 결정이 연이어 나왔다. 2021년 수원가정법원과 2023년 서울서부지방법원에서 각각 수술을 하지 않은 트랜스남성과 여성에 대한 성별 정정을 허가했다. 다만 이 두 사건은 1심에서 기각된 후 2심에서 이루어진 결정이었다. 그에 비해 2024년 청주지방법원 영동지원 결정[148]은 최초의 1심 결정으로 성 확정 수술 요구의 위헌성을 구체적으로 설명했다. 법원은 "2022년 11월

---

148) 청주지방법원 영동지원 2024. 4. 3. 자 2023호기1034, 2023호기1037 결정

대법원 전원합의체 결정은 (사무처리지침) 제3조 제1항 제3호뿐 아니라 제4호 조항을 성별 정정 허가 요건으로 보고 있다고 보기 어렵다"라고 밝혔다. 더 나아가 "그럼에도 법원이 사무처리지침 조항을 들어 성별 정정을 불허가한다면 이는 (전원합의체) 판례에서 요구하지 않은 성전환수술 등 여부를 성별 정정 허가 요건으로 삼는 것이 돼 법리에 반한다"라고 판시했다. 이 결정은 대법원 전원합의체 결정의 취지를 정확히 해석하고 적용했다는 점에서 많은 트랜스젠더와 인권 활동가들에게 희망을 안겨준 결정이었다.

그러나 여전히 대법원 예규는 문제로 남아 있다. '참고사항'이라는 표현에도 불구하고 일부 법원에서 성 확정 수술을 실질적 '요건'으로 적용하고 있기 때문이다. 2024년 5월 국회에서 신체침습적인 의료 조치를 요구하지 않는 '성별인정법'이 발의되었지만, 임기 만료로 폐기되었다. 수술 요건이 여전히 예규에 남아 있는 한 이렇게 매년 크고 작은 진전 속에서도 한국의 성별 인정 절차는 불완전한 절차로 남아 있을 수밖에 없다.

법적 성별 인정의 기준점

법적 성별 인정Legal Gender Recognition은 개인이 자기 식별한 성별과 일치하도록 공식 문서에서 법적으로 인정된 성별을 변경할 수 있는 절차이다. 유엔은 이에 대해 1) 자기결정, 2) 단순한 행정 절차, 3) 기밀 유지, 4) 비병리, 5) 다양한 성별 표기, 6) 접근성과 비용 최소화, 7) 당사자 영향 조사 등을 권고한다. 이는 자기결정권 존중, 정신 건강, 권리 및 서비스 이용, 안전을 위해 중요하다.

성별 인정에는 사법적 판단이 필요하지 않으며, 의료적 조건도 필요하지 않다. 많은 트랜스젠더에게 의료 개입은 자신의 정체성에 필수적이지 않거나 바람직하지 않다. 보건의료 수준이나 기술이 충분하지 않거나, 혹은 비용상 부담스럽거나 접근이 불가능한 경우도 많다. 〈세계 트랜스젠더보건 전문가협회WPATH〉는 2017년 성명에서 "법적 성별이나 성별 표지를 변경하고자 하는 이들에게 장벽으로 작용하는 모든 의료적 요건에 반대한다"라고 밝혔다.

이와 관련해 아르헨티나 모델은 좋은 비교법례로, 의료적 진단, 성 확정 수술, 판사 의견 등의 법적 장벽을 제거한 최초의 법이다. 2012년에 이 법이 제정된 이후 2023년 4월까지 17세 미만 1,529명을 포함해 16,090명이 새로운 국가 신분증을 발급받았다. 이 법은 또한 공공 병원에서 트랜스젠더에게 무료 의료 서비스를 제공하며, 보건부는 트랜스 아동과 청소년을 위한 교육 과정과 훈련을 제공하도록 하고 있다.

반면 한국 법원 통계에 따르면 2023년 국내에서의 성별 정정 허용 건수는 159건에 그쳤다. 2022년 1월부터 8월까지 성 주체성 장애 진단을 받은 사람은 1,936명으로, 이는 호르몬 요법 등 의료적 전환의 첫 단계로 여겨진다. 따라서 오늘날 추정되는 트랜스젠더 인구에 비춰보면, 성별 정정 허용 건수는 여전히 적은 편이다.

이처럼 현재 한국의 상황은 국제적인 인권 기준에 크게 미치지 못할 뿐만 아니라 트랜스젠더의 실제 삶과도 괴리가 크며, 많은 이들을 소외시키고 있다.

변화의 씨앗은
우리 안에

대법원 예규를 만든 2004스42 사건이 20주년을 앞둔 현재, 한국의 성별 정정 제도는 여전히 한계를 안고 있다. 침해적인 수술 요건과 구시대적인 병리학적 기준에 기반한 예규가 존재하는 한, 또는 트랜스젠더의 기본권을 보장하는 입법이 없는 한, 이 제도는 일부에게만 권리를 보장하는 불완전한 상태로 남아있을 것이다.

성별 정정 사건들은 여전히 닫힌 법정에서 진행된다. 그러나 우리는 이 이야기들이 고립되지 않도록 해야 한다. 더 이상 개인들이 외롭게 각개 격파로 뚫고 나가야 하는 상황을 방치해서는 안 된다. 이는 트랜스젠더뿐만 아니라 모든 이들의 책임이다.

물론 우리 모두가 할 수 있는 일이 있다. 차별적 언어와 해로운 고정 관념에 대응하고, 트랜스젠더의 경험과 문제에 대해 스스로 학습하는 것이 그 시작점이 될 수 있다.

다행히도 변화의 조짐이 보인다. 대중문화에서 트랜스젠더 당사자와 그들의 이야기를 접할 수 있게 되었고, 사법부 내에서도 트랜스젠더에 대한 이해가 깊어지고 있다. 심문기일에서 만나는 사려 깊은 법관들, 전문성을 갖춘 보건의료 전문가들, 그리고 대법원의 예규 개정 준비 소식은 희망적인 신호다.

진전은 계속될 것이다. 이 사건의 민선 님과 같이 자신의 목소리로 말하는 사람들, 그리고 그들의 삶을 이해하고 지지하는 동료와 친구들이 있는 한, 변화는 멈추지 않을 것이다.

건강하지 못한
노동자의 노동권 보장이
모두의 노동 안전을 증진한다
HIV 감염 구급대원 의원면직 무효 소송 사건

소리[149]

 2023년 6월, HIV 감염인이라는 이유만으로 해고당한 '119 구조구급대원 의원면직처분 무효' 사건의 대법원판결[150]이 있었다. 이 노동자는 HIV 감염인이라는 이유 하나만으로 퇴사를 강요받아 직장을 잃게 되었다. 대법원판결에 앞선 1심의 경우 기각되었지만, 항소심에서는 차별 행위가 있었다는 판결로 손해배상금 지급이라는 일부 승리를 거뒀다. 하지만 노동자 A씨가 진정 원하는 것은 복직하여 119 구조구급대원 노동자로 살아가는 것이었기에 상고를 진행했다. 그러나 결국 대법원에서 의원면직처분 무효에 대해 기각 판결을 내려 끝내 A씨는 복직하지 못했다. HIV로 인한 노동권 차별은 인정하면서 의원면직 무효는 불가능하다는 사법부의 판결을 어떻게 이해해야 할까.

---

149) HIV/AIDS인권행동 알 상임활동가
150) 대법원 2023. 6. 1. 선고 2021두59915 판결

119 대원 사직 종용으로 보는
HIV 감염인 노동권 차별

119 구조구급대원은 공무원 중 특정직 공무원에 해당하며, 채용 전 신체검사 및 자격 요건, 결격 사유에 HIV가 포함되어 있지 않다. 다만 『119 구조·구급에 관한 법률』 제23조, 동법 시행령 제27조, 동법 시행규칙 제22조에 따라 1년에 2차례 실시하도록 규정되어 있는 정기 건강검진 항목에 AIDS(HIV 검사)가 존재한다.

수년간 119 구조구급대원으로서 일하고 있던 A씨는 정기 건강검진을 진행하는 중 HIV 검사를 발견하여 검진 기관에 HIV 검사 결과를 공란으로 표기하도록 요청하였다. 이후 해당 검진 결과를 소방서장이 확인하는 과정에서 A씨만 HIV 항목에 공란으로 표기되어 있자 B 소방서장은 A씨를 추궁했고, A씨는 어쩔 수 없이 HIV 감염인이라는 것을 밝혔다. B 소방서장은 A씨에게 "HIV 감염인은 소방관을 할 수 없"고, "채용 자체가 무효 처리될 수 있"으며, "소방본부로 올라가면 당연 퇴직으로 처리되어 퇴직금 및 경력 인정도 받을 수 없게 될 것"이라고 말했다. 그리고 "1주일간 시간을 줄 터이니 사직서를 제출하고 자진하여 사퇴하라"고 지시했다. A씨가 주치의의 소견서와 혈액 검진 결과를 제출하며 바이러스가 미검출 상태로 억제되어 있고, HIV가 일상생활을 통해 전파되는 것이 아니라고 재차 설명했으나, B 소방서장은 "HIV 감염인이라는 것이 알려지면 관할 소방서의 입장이 난처해진다. 서장의 권한으로 직권면직시킬 수 있는 사안이다"라며 차별과 무지가 섞인 말로 퇴사를 강요했다. 결국 A씨는 지속되는 압박과 차별 속에서 사직서에 서명할 수밖에 없었고, 그대로 의원면직되었다.

현행법상 119 구조구급대원의 HIV 감염 사실은 결격 사유가 아니다. 직장 건강검진은 기본적으로 노동자가 자신의 건강 상태를 잘 알고 점검할 수 있도록 지원하는 권리 보장 제도다. 또한 『후천성면역결핍증 예방법』 제8조의2 제3항에 따라 사업주는 노동자에게 후천성면역결핍증에 관한 검진 결과서를 제출하도록 요구할 수 없으며, 같은 법 제3조에 따라 사업주는 HIV를 이유로 업무에서 불이익을 주거나 차별해서는 안 된다. 이는 현재 법률로써 HIV 양성 확진을 받은 사람에 대해 노동을 제한하고 있는 유흥업소 종사자[151], 직업 군인[152], 운항승무원과 항공교통관제사[153]를 제외한 대부분 직업에 적용되며, 특정직 공무원에 해당하는 119 구조구급대원 또한 마찬가지이다. 특히 공무원의 경우 법으로 명시한 것이 아니라면 일반적으로 병력을 사유로 한 직권면직은 불가능하다. 그러나 B 소방서장은 A씨에게 HIV 검진 결과를 요구하고, 직장 건강검진 제도를 HIV 감염인을 걸러

---

151) 『후천성면역결핍증 예방법』 제8조 및 동법 제18조, 『감염병의 예방 및 관리에 관한 법률』 제45조 제2항, 『성매개감염병 및 후천성면역결핍증 건강진단규칙』에 따라 HIV 감염인은 유흥업소, 티켓다방, 안마시술소 종업원을 할 수 없다.

152) 『군인사법』 시행규칙 제53조, 동법 시행규칙 제53조 제3항 제3호, 동법 시행규칙 [별표1], [별표2]에 따라 'HIV 감염자'는 '8급'에 해당한다. 신체장애가 2개 이상이면 급수가 더 낮아져 퇴역 또는 제적의 대상이 된다. 이에 해당할지라도 현역 복무를 원하는 경우 〈전역심사위원회〉의 심의를 거쳐 현역 복무를 하게 할 수도 있으나, "전염성 질환 등으로 타인의 건강에 중대한 해를 끼칠 염려가 있는 경우"에는 현역 복무를 할 수 없도록 한다. HIV에 대해 편견과 무지가 팽배한 한국 사회에서 HIV 감염인은 제적될 가능성이 매우 높다.

153) 『항공안전법』 제42조에 따라 항공신체검사증명의 기준에 적합하지 않은 운항승무원과 항공교통관제사는 항공업무에 종사할 수 없는데, 『항공안전법』 시행규칙 [별표9], [별표2]에는 AIDS 검사가 규정되어 있고, 항공신체검사 기준으로 "AIDS가 없을 것. HIV 양성자의 경우에는 모든 검사에서 질병이 없을 것"이 요구된다. 과학의 발전으로 조기에 치료를 시작하여 지속적으로 약을 복용하는 HIV 감염인은 AIDS로 진행되지 않는 만큼, 모든 검사에서 질병이 없다는 조건을 충족하면 항공신체검사증명을 통과할 수 있기에 조종사나 항공교통관제사로 근무하는 것이 불가능하지 않으나 조건이 매우 엄격하다.

내기 위한 스크리닝 도구로 사용했다. 거기에 더해 HIV 감염 사실이 직권면직의 사유라는 잘못된 정보를 이용하여 A씨에게 사직을 강요한 것이다.

119 구조구급대원은 A씨의 꿈이었다. 위급한 타인을 구조하고 응급처치를 통해 살리는 것이 그의 오랜 꿈이었다. 그런 꿈을 단지 자신이 HIV 감염인이라는 이유로 그만둬야 하는 상황은 A씨에게 큰 상실감과 좌절감을 안겼다. A씨는 〈한국HIV/AIDS감염인연합회 KNP+〉와 〈공익인권변호사모임 희망을만드는법〉 등에 연락을 취하여 HIV 감염인이 119 구조구급대원을 할 수 없는지, 복직할 방법은 없는지 문의하며 HIV/AIDS 인권운동과 상의하기 시작했다. HIV/AIDS 인권운동은 A씨와 함께 논의하여 〈국가인권위원회〉에 차별 진정을 신청하기로 했다. 진정에는 감염내과 전문의와 HIV/AIDS 인권활동가들의 의견서, 인사혁신처 및 소방청 국정감사를 통해 받은 'HIV 감염이 직권면직의 사유가 되지 않으며 HIV 감염인도 소방 공무원을 할 수 있다'라는 내용을 제출했다. 그 결과 〈국가인권위원회〉는 이 사안에 대해 HIV를 이유로 한 노동권 차별이라며 A씨의 복직 등 구제 방안을 마련할 것을 권고했다.

끝내 물거품이 되고 만
복직의 꿈

119 구조구급대원은 지방 공무원에 해당하므로 해당 근무지가 소속되어 있는 C 도지사에게 복직 등 구제 방안을 마련할 권한과 책임이 있다. 그러나 C 도청은 〈국가인권위원회〉의 권고를 수용하지 않았다. 꾸준한 문제 제기에도 복직은커녕 다른 그 어떤 구제 방안도 제시되지 않은 채로 의원면

직을 취소할 수 있는 기간이 지나버렸다. 〈국가인권위원회〉의 권고와 A씨, HIV/AIDS 인권운동의 목소리는 무시된 것이다. 그러나 A씨와 HIV/AIDS 인권운동은 포기하지 않았다. 〈국가인권위원회〉 결정문을 포함하여 인권위 진정 과정에서 정리했던 법적 근거, 국정감사 답변서 등 다양한 근거 자료를 활용하여 복직 권한이 있는 C 도청을 상대로 법적 대응을 진행하기로 했다. 하지만 1심의 판결[154]은 기각이었다. "구급대원으로서 긴급한 상황에서 불특정 다수의 시민과 신체적으로 접촉해야 하는 직무 특성상 원고의 혈액이 환자의 개방조직에 노출, 접촉될 위험이 존재하고, 다수의 직장 동료들과 함께 빈번하게 합숙 생활을 할 수밖에 없어 그로 말미암은 타인에 대한 감염의 위험성을 전적으로 배제할 수는 없다는 우려에서 비롯된 것으로 위와 같은 면담 과정을 두고 합리성과 정당성이 완전히 결여된 위법한 조치였다고 평가하기는 어렵다"라는 문구와 같이 판결문에는 HIV/AIDS에 대한 무지와 편견에 기반한 내용이 가득했다. 납득할 수 없었던 A씨와 대리인단은 결국 항소를 택했다.

A씨와 HIV/AIDS 인권운동의 고집스러운 노력은 더 나은 판결을 고등법원으로부터 끌어낼 수 있었다. 119 구조구급대원 소방 공무원의 결격 사유 및 직권면직 사유에 HIV 감염 사실은 포함되어 있지 않은데 B 소방서장이 이를 검토하지도 않았다는 점, 그러면서 A씨의 HIV 감염 사실이 당연 퇴직 또는 직권면직 사유에 해당한다며 근거 없이 사직을 권고했다는 점, 그로 인해 A씨가 사직하게 된 것에 큰 영향을 끼친 점, 〈국가인권위원회〉가 A씨

---

154) 수원지방법원 2021. 1. 14. 선고 2020구합62403 판결

의 복직 등 구제 방안을 마련하여 조치할 것을 권고했으나 C 도지사가 권고 이행을 거부한 점 등의 부당한 조치들을 지적한 판결이 나온 것이다. 앞선 이유를 근거로 고등법원은 A씨에게 손해배상을 지급하라고 판결했다. 『후천성면역결핍증 예방법』 제3조 제5항 "사용자는 근로자가 감염인이라는 이유로 근로관계에 있어서 법률에서 정한 사항 외의 불이익을 주거나 차별대우를 하여서는 아니 된다"가 공무원의 신분 관계에서도 적용되어야 한다는 것을 명확히 판시하며 HIV로 인한 노동권 침해가 부당하다는 내용을 담은 의미가 큰 판결이었다. 이는 A씨가 포기하지 않고 대응을 지속한 노력의 성과였다. 하지만 고등법원은 A씨의 의원면직처분 무효에 대해서는 여전히 기각 결정을 내렸다. 그 이유는, 어쨌든 사직서에 서명한 것은 A씨 본인이니 100% 강요에 의한 퇴사가 아니라는 것이었다. A씨가 원하는 것은 복직, 즉 자신의 꿈을 실현하는 것이었기에 재차 상고했지만, 대법원도 항소심처럼 강요에 의한 것이 아니라며 기각했다. HIV로 인한 노동권 차별을 인정받았다는 것은 HIV/AIDS 인권운동 차원에서는 매우 큰 성과였으나, A씨가 원하는 복직은 결국 이루지 못한 채 A씨에게 청구된 재판 비용인 약 2,000만 원만이 남았다.

HIV 감염을 이유로 한
노동 제한은 차별이다

119 구조구급대원 A씨의 차별 사건 대응 과정에서 확인한 부분이 몇 가지 있다. 『119구조·구급에 관한 법률』에서 명시하고 있는 119 구조구급대원 대상 정기 검사에 포함된 HIV 항목에서 양성이 확인될 때 사후 어떠한

조치를 취해야 하는지에 대한 내용이 없다는 것이다. 119 구조구급대원의 건강검진을 법률로써 규정하게 된 취지를 살펴보면 노동 강도가 높고 감염병 감염에 취약한 119 구조구급대원의 건강 관리 및 건강 상태에 따른 적절한 조치를 취하기 위해 마련된 법률이라는 것을 알 수 있다. 소방 공무원 채용 신체검사서에 HIV/AIDS에 대한 항목이 존재하지 않는 점, 2017년 인사혁신처 및 소방청 국정감사 질의를 통해 HIV 감염 사실만으로는 소방 공무원의 징계 사유가 되지 않으며 직권면직 사유에도 해당하지 않는다는 답변을 확인한 만큼 HIV 감염이라는 이유 하나만으로 HIV 감염인이 119 구조구급대원을 하지 못할 이유가 없다. 그런데도 정기 건강검진 제도를 HIV 감염인을 스크리닝하는 용도로서 악용하고 있는 것이다.

　HIV는 공동생활로 감염되지 않는다. 염소가 포함된 물에 닿거나 71도의 물에 끓이면 사멸하며, 공기 중에 노출되면 곧바로 비활성화되거나 사멸한다. 침, 땀, 눈물 등으로는 전파하지 않는다. 정확히 감염 확률이 낮다는 의미가 아니라 감염 가능성이 없다는 의미이다. 그리고 HIV 감염인이 ARV 치료를 진행하여 바이러스 수치가 미검출[155] 이하로 낮아진다면 콘돔 없이 비감염인과 성관계를 하더라도 HIV 전파 가능성은 0%이라는 과학적인 결과를 기반으로 한 U=U(Undetectable=Untransmittable) 캠페인이 전 세계적으로 진행되고 있다. 이는 HIV 감염인의 치료가 예방 수단으로서 작용한다는 의미이다. 〈세계보건기구WHO〉에서는 2013년부터 예방으로서 치료

---

155) WHO는 미검출 기준을 고소득 국가의 경우 1ml당 HIV 개체 수 50개 미만으로, 중저소득 국가의 경우 1ml당 HIV 개체 수 1,000개 미만으로 책정했다. U=U 캠페인에서는 미검출 기준을 바이러스 활동 억제 수준과 같은 1ml당 HIV 개체 수 200 미만으로 규정한다.

Treatment as prevention, TasP를 강조하고 있다. 또한 국제 사회에서는 이미 오래전부터 HIV 감염인의 노동권 보장에 대해 여러 목소리를 내고 있다. 〈국제노동기구ILO〉는 2010년에 채택한 HIV/AIDS에 관한 국제 노동 기준[156]을 통해 "HIV 감염이 채용이나 고용의 지속, 1958년 차별(고용 및 직업) 협약 조항에 따른 평등한 기회 추구를 방해하는 차별의 근거가 되어서는 안 되고, 고용 종료의 원인이 돼서는 안 되며, HIV 관련 질병을 앓고 있는 사람이 의학적으로 필요한 경우 합당한 편의를 제공하여 업무를 계속 수행할 가능성이 거부되어서는 안 된다"라고 권고하고 있다. 또한 보건의료서비스 및 HIV/AIDS에 관한 ILO/WHO 공동 가이드라인[157]에는 "HIV 감염을 근거로 노동자에 대한 차별이나 낙인이 없어야 하고, HIV 검사를 진행하더라도 사업장에서 실시하는 HIV 검사는 자발적이고 비밀에 부쳐져야 하며, 취업 지원자나 노동자를 스크리닝하는 데 사용되어서는 절대 안 된다"라고 권고한다.

물론 119 구조구급대원의 업무 특성상 주사침 찔림이 발생할 수 있다. 이 경우 감염 확률은 0.3%로서 B형 간염 > C형 간염 > HIV 순으로 HIV가 제일 감염력이 낮고, HIV 노출이 발생하더라도 노출 후 예방요법Post-exposure prophylaxis, PEP을 통해 HIV 전파를 막을 수 있다. 만약 HIV 감염인이 치료를 진행 중이고 바이러스 미검출인 상태라면 전파되지 않는다. 실제 1998년부터 2008년까지 영국에서 10,000명의 환자를 대상으로 한 39

---

156) HIV and AIDS Recommendation, 2010 (No. 200).

157) Joint ILO/WHO guidelines on health services and HIV/AIDS (International Labour Office, Geneva, 2005).

건의 룩백 조사[look-back investigations]에서 HIV 전파가 확인되지 않았다. 또한 1992년부터 2005년까지 전 세계적으로 119 구조구급대원과 같은 보건의료인으로부터 서비스 받는 환자 쪽으로 HIV가 전파된 사례는 학술적으로 증명된 게 단 4건에 불과하다. 그 4건 모두 자신이 감염된 사실을 몰라 치료를 받고 있지 않은 HIV 감염인 사례였다. 영국의 경우 '보건의료인의 인권 보호'와 '환자의 안전'이라는 두 가치 사이에서 최신의 학술적인 근거를 바탕으로 적절한 균형을 찾은 사례로 평가받는다. 영국 보건부가 2014년 발간한 공식 관리 지침[158]과 2017년 업데이트한 통합 안내 지침[159]에는 HIV 양성인에 대하여 첫 근무 배치 전에 200 copies/ml 이하의 바이러스 억제 상태를 확인하고, 바이러스 억제가 원활히 유지된다면 절차상 노출되기 쉬운[EPPs] 업무에서 배제되지 않으며, 기관의 동료나 직무 수행 대상자에게 감염 사실을 알릴 의무가 없다고 정하고 있다.

119 구조구급대원의 업무 특성과 업무 환경상 HIV를 포함한 감염병 노출에 대한 위험도가 높은 것은 사실이지만, HIV의 특성, 과학적인 사실, 국제기구의 권고, 영국의 사례를 살펴보았을 때 HIV 감염인이라고 하더라도 업무를 수행할 수 있고, 업무에서 배제될 이유 또한 없다. 오히려 국가 차원에서 감염병 예방 대책으로 PEP과 같은 HIV 예방요법의 접근을 확대하고, HIV 감염인이 적절한 치료를 받을 수 있는 환경과 보편적 감염병 관리 지침을 활성화하는 등 119 구조구급대원의 노동 환경을 보다 안전하도록 개

---

158) The Management of HIV infected Healthcare Workers who perform exposure prone procedures: updated guidance.

159) Emergency healthcare workers, exposure prone procedures (EPPs) and the exposure prone environment advice.

선하는 일을 우선시하는 것이 중요하다.

노동을 포기한
HIV 감염인

감염병이 있는, 아픈 몸을 가진 사람을 노동 시장에서 배제하는 과정은 비단 HIV 감염인만의 문제는 아니다. 이는 한국의 감염병 대책 및 정책의 변화를 살펴보면 일부 원인을 추측할 수 있다. 과거 『전염병예방법』 제정 당시부터 위생접객업(1994년 개정 시 추가), 식품접객업, 의료업, 교육기관 등 불특정 다수가 이용하는 업소에 대해 당시 『전염병예방법』상 1종 전염병 및 3종 전염병을 가진 사람이 근로를 할 수 없도록 되어 있었다. 이는 2010 년에 『전염병예방법』이 『감염병의 예방 및 관리에 관한 법률』로 명칭이 바뀌고 해당 법 시행규칙이 개정될 때까지 유지되었다. 이런 배경이 감염병의 종류와 근로 제한 직종이 축소되었음에도 이후 국내 감염병 환자에 대한 일할 권리가 제한되는 주요한 근거로서 작용해 왔다.

2010년대 후반까지 HIV 감염인 당사자들 사이에는 식당, 소방관, 경찰관을 포함한 여러 직종에서 HIV 감염인은 일할 수 없다는 일명 '카더라'와 같은 근거 없는 정보가 떠돌았다. 감염병 환자를 격리하고 노동을 제한하던 과거 정책과 HIV/AIDS를 감시와 격리로 관리했던 1980~90년대 보건사회부의 정책이 결합하여 HIV 감염인 당사자에게 내재적 낙인으로서 작용하는 것이다. 실제 2016년부터 2017년까지 〈한국HIV/AIDS감염인연합회〉가 진행한 'UNAIDS 한국 HIV 낙인 지표 조사'에서 응답자의 44%가 월 100만 원 이하의 임금을 받고 있었으며, 응답자 중 '일을 그만두기로 함'을 선택한 사람은 21.2%, '구직이나 승진을 시도하지 않기로 함'을 선택한 사람은 21.2%이다. 응답자의 5분의 1이 자신의 직업적 능력과는 관계없이 HIV 감염 사실로 인해 발생할 수 있는 차별과 해고 위기를 마주하기도 전에 이를 회피하기 위해 노동 환경에서의 이탈을 선택한 걸 확인할 수 있었다.

HIV 감염인의 노동권에 관한 의제가 수면 위로 대두되기 시작된 것은 활발해진 HIV/AIDS 인권운동의 영향을 받은 것으로 추측할 수 있다. 대표적으로 『후천성면역결핍증 예방법』 전면 개정을 통해 2008년 "사용자는 근로자가 감염인이라는 이유로 근로관계에 있어서 법률로 정한 것 외의 불이익을 주거나 차별대우를 하여서는 아니 된다"라는 조항이 추가되었다. 이는 법률 개정 논의 과정에서 인권단체가 제안한 개정안[160]과 정부 개정안을 절충하여 개정 법률에 반영한 것이다. 이후 HIV 감염인의 노동권과 관련된 〈국가인권위원회〉의 권고와 함께 HIV/AIDS 인권운동은 노동권 침해 사례에 대해 활발히 대응하고, 이를 가시화하고자 노력했다. 2009년 외항 선원 취업제한 관련 〈국가인권위원회〉 진정 건[161]을 통해 『선원법』 시행규칙을 개정하는 것을 권고했고, 2019년에 〈국가인권위원회〉는 HIV 감염을 이유로 한 119 구조구급대원 사직 종용 건[162]에 대해 '병력을 이유로 한 고용 차별 인정 및 복직 등 구제 방안 조치', HIV 감염을 이유로 한 간호사 사직 종용 건[163]에 대해 "차별 행위에 해당하며 재발 방지 대책을 마련하라"

---

160) 현애자 의원 대표발의 개정안 제17조(고용상의 차별금지와 보호) ①사업주는 모집·채용·교육·훈련·승진·배치·해고·퇴직 등에 있어서 감염인을 차별할 수 없다.

161) 국가인권위원회 2009. 2. 23. 07진차704 결정

162) 국가인권위원회 2019. 1. 23. 18진정0180100 결정

163) 국가인권위원회 2019. 7. 24. 18진정0733000 결정

라는 권고를 내리기도 했다. 그 외 HIV 감염인의 가족이라는 이유로 부당 해고를 당한 노동자에 대해 〈국가인권위원회〉의 조정으로 종결한 건이 있었다. 현재 〈국가인권위원회〉에서 HIV를 키워드로 찾아볼 수 있는 노동권 관련 결정례는 3가지가 전부이다. 자칫 2009년과 2019년 사이에 HIV 감염인의 노동권 차별 사건이 생각보다 매우 적다고 생각할 수 있으나, 노동권 차별의 대응 방법으로서 〈국가인권위원회〉나 법적 대응 외 직접적인 대응을 선택한 사건도 분명히 존재했다. 회사에 HIV 감염 사실이 알려져 부당 인사이동을 당한 사례, 건강검진에 HIV가 포함되어 있던 사례 등 HIV/AIDS 인권운동이 HIV 감염인 당사자와 함께 회사나 검진 기관을 상대로 직접 대응한 사례들이 있다.

그러나 가시화되지 못한, 대응을 선택하지 않은 HIV 감염인 노동권 침해 및 차별 사건은 분명히 존재한다. 2011년 발족한 HIV/AIDS 인권단체이자 자조 모임을 운영하는 〈HIV/AIDS인권행동 알〉에서 진행한 상담 내용을 살펴보면 약 25%가 HIV 감염인의 노동권 관련 상담이다.[164] 직장 건강검진이나 취업 전 신체검사를 앞두고 검사항목에 HIV가 있을지 두려워하는 내용이 대부분이다. 이 경우 HIV 항목이 있는지 확인하는 방법을 알려주고, HIV/AIDS 인권운동과 함께 대응하는 방법을 안내하면 내담자 대부분이 느끼는 두려움을 해소할 수 있다. 그러나 대응 방법을 모르는 상태에서 건강검진 내 HIV 항목을 발견했거나 자신도 모르는 사이에 HIV 검사를 진행했을 경우에는 이야기가 달라진다. 내담자 대부분 법적 대응은커녕

---

164) 2023년 12월 31일 기준

인권위 진정이나 직접적인 대응조차 선택하는 것을 꺼리고 취업을 포기하거나 이직을 선택했다. 대응을 포기하는 것에는 여러 이유가 작용했겠으나, 대응 과정에서 HIV 감염 사실이 외부나 가까운 사람에게 알려질 가능성과 자신이 일하는 '업계'에 소문이 나게 되어 본인의 사회적인 지위나 커리어가 망가지는 것에 대한 두려움이 가장 크다. 결국 이들은 해고를 당하기 전에 퇴사를 선택하거나 이직을 선택하게 된다. HIV 감염인 스스로 고용 불안정성을 높이는 것이다. 이는 HIV 감염인의 잘못이 아니다. 자기 삶을 유지하기 위해 대응보다 자신의 사회적인 지위나 커리어를 선택하는 것이 잘못되었다고 비난할 수 있는 사람은 없거니와 비난해서도 안 된다. 사회 속 뿌리 깊게 자리 잡은 차별과 혐오를 방치하고 이를 심화시키는 국가의 방조로 인해 자신의 감염 상태를 숨길 수밖에 없는 환경을 비난해야 한다.

HIV 감염인의 노동권 보장이
모든 이의 노동 안전을 증진한다

사람이 아프면 병원에 갈 수 있어야 하고, 적절한 치료를 제때 받을 수 있어야 한다. 이는 국가와 사회가 책임져야 할, 시민으로서 누려야 할 건강권의 기본적인 조건 중 하나이다. 『산업안전보건법』에는 노동자의 건강을 증진하고 위험을 예방하기 위해 노동자의 권리로서 직장 건강검진을 받을 수 있고, 아프거나 질병이 발견된 노동자가 필요한 치료를 받고 적절한 휴식을 취한 후 노동 환경으로 복귀할 수 있도록 해야 하는 사업자의 의무가 규정되어 있다. 그러나 현재 한국의 노동 시장 속에서는 이야기가 달라진다. 실제 대다수의 일터에서는 건강검진으로 자기 신체가 건강하다는 것을 지속해서 증명해야 한다. 상병수당 제도가 갖춰지지 않은 한국에서 아픈 것, 감염병에 휘말리는 것 자체가 노동자의 결격 사유로 작용하기 때문이다. 만약 증명하지 못하면 취업의 제한이나 사직 강요, 부당해고 등 일터에서의 이탈을 강요받는다. 이는 업무를 수행할 능력이 있음에도 동일하게 적용된다.

결국 아픈 이들은 자신의 질병과 질병 이력을 감추고 몸을 돌보기 위한 최소한의 요건조차 포기한다. 채용이 되더라도 이후 따라오는 과도한 근무시간과 일의 양은 건강한 육체도 병들게 만들거나 기존에 가지고 있던 질병과 통증을 악화시킨다. 사회 전반적으로 쉬쉬하던 이 사실은 코로나19 팬데믹을 거치며 모두가 뼈저리게 체감하고 가까이에서 확인할 수 있었다. 예방 대책이라는 명목하에 국가는 코로나19 상황에서 최초 환자인 '페이션트 제로'를 찾으며 마치 모든 사태의 원인이 감염병 환자에게만 있는 것처럼 분위기를 조성했다. 발견된 코로나19 감염인 노동자들은 2주간 일터와 사회에서 강제 격리당했고, 사업주는 코로나19에 걸린 노동자의 잘못이라며 연차 사용이나 병가를 허가해주지 않았다. 심한 경우에는 감염병에 휘말린 노동자를 해고했다. 이러한 상황을 피하고자 치료가 필요했음에도 코로나19 감염 사실을 숨기는 경우도 있었다. 자본주의의 권력 앞에 아픈 몸을 가진 사람의 노동권과 건강권이 동시에 박탈당한 것이다. HIV 감염인은 코로나19 팬데믹 상황에서 코로나19에 휘말린 노동자들과 겹치는 부분이 상당하다. 감염병을 가졌으며, 국가에서 질병 예방을 목적으로 HIV 감염인을 격리하고 철저하게 감시했던 과거가 존재하고, 차별과 혐오를 방조하고 있는 국가로 인해 HIV/AIDS에 대한 부정적인 사회 인식은 과거와 하나도 달라지지 않았다. 아무리 HIV 감염인이 건강하고 노동 환경에서 그를 전파하지 않더라도 업무 적합성 및 업무 관련성과 관계없이 자본과 기업이 거부하는, 노동 환경에 부적합한 몸인 것이다.

우리는 인간의 기본권으로서의 건강권을 사유한다. 그러나 아프거나 질병이 있는 몸, 손상된 몸을 가진 사람의 노동권 역시 기본권으로 사고하여야 한다. 또한 권력과 자본을 가진 이들의 횡포로 매일 노동자가 다치는 사회에서 우리는 노동자가 다치지 않을 수 있는 안전한 환경을 조성하도록 사회에 요구해야 한다. 모두에게 건강할 권리와 기회가 주어지는 것이 '건강권'이라면, 건강에 도달하기 힘든 몸을 가진 사람이 삶의 목표로 건강을 우선시하지 않아도 됨을 존중받을 권리, '질병권' 또한 보장되어야 한다. 그와 동시에 아픈, 손상된 몸을 가진 사람들의 노동권 또한 보장되어야 한다. ILO는 노동 기본원칙과 권리 선언[165]을 통해 장애를 가진 사람이나 장애를 얻은 사람의 노동 환경에 대한 접근성을 개선하기 위한 조치를 취하고, 해당 노동자가 시설과 작업 과정, 작업 일정에 적응하도록 할 사업주의 의무를 권고하고 있다. 같은 맥락으로서 기준을 건강한 몸에 두는 것이 아닌, 질병과 손상을 가진 몸에 맞춰 노동 환경을 설계하고, 차별 없이 모두가 안전하게 노동할 수 있는 평등한 일터를 만들어야 한다. '건강한 몸, 건강한 노동자' 프레임으로 가득 찬 이 사회에 '아픈 노동자', '질병이나 장애를 가진 노동자'로서 균열을 만들어 내자. HIV 감염인의 노동권이 보장되는 것을 넘어 질병이나 장애가 있는, 아픈 사람들의 노동권이 보장되는 것이 곧 모든 이의 노동 안전을 증진할 것이다.

---

165) ILO Declaration on Fundamental Principles and Rights at Work.

우리 모두를 옥죄고 있는
'품행 단정'이라는 기준
소설 '나마스테' 실제 주인공 귀화불허처분 취소 사건

최정규[166]

모두를 옥죄는
'품행 단정'이라는 기준

품행品行, conduct은 인간의 도덕적 행위의 특징을 평가할 때 사용되는 말이다. 교육학 용어사전에서 품행은 "개별적인 행위를 평가하지 않는다는 점에서는 행위와 다르며, 행위자의 신념이나 가치관의 평가를 포함하지 않는다는 점에서는 인격과 다르다"[167]라고 설명된다. 그래서 이 단어는 학교에서 학생을 평가할 때, 장학생을 선발하는 기준(학업 성적이 우수하고 품행이 단정한 자)에 자주 등장한다.

'품행 단정'은 시민들을 섬기는 국가 또는 지방자치단체의 공무원 임용 기준 관련 규정에서 발견된다. "경찰공무원은 신체 및 사상이 건전하고 품행이 방정方正한 사람 중에서 임용한다"라는 『경찰공무원법』 제8조 이외에

---

166) 법무법인 원곡 변호사, 민주사회를 위한 변호사모임 이주노동팀장
167) [네이버 지식백과] 품행 [品行, conduct] (교육학 용어사전, 1995. 6. 29., 서울대학교 교육연구소)

도 『국가정보원직원법』, 『군인사법』, 『대통령 등의 경호에 관한 법률』, 『지방공무원 임용령』, 『법원공무원 규칙』, 『헌법재판소 공무원 규칙』 등에 비슷한 규정을 찾아볼 수 있다.

'품행 단정'은 외국인이 우리 사회 구성원이 될 수 있는지를 판단할 때도 하나의 기준으로 작동하고 있다. 대표적으로 『국적법』은 1948년 12월 20일 제정된 이래 지금까지 '품행 단정'을 귀화 요건으로 삼고 있다. 또한 외국인의 체류자격을 일반체류자격과 영주자격으로 대분류한 2018년 3월 20일 개정 『출입국관리법』에도 영주자격 요건으로 품행 단정이 포함되었다.[168] 외국인이 한국 국적을 취득하거나 영주권을 취득하기 위해서는 품행이 단정해야 한다는 요건을 충족해야 한다.

이미 한국에서 태어나 이 땅에 살고 있는 선주민이 국가 공무원이 되기 위해 갖추어야 할 '품행 단정'이라는 요건이 이 땅에 이주해 살고 있는 이주민에게는 계속 살아가기 위해 응당 충족해야 할 필수 조건이 된 것이다. 그렇다면 "무엇을 해야 품행 단정 요건을 충족하여 이 사회 구성원이 될 수 있습니까?"라는 이주민의 질문에 대한 정답을 선주민은 알고 있을까? 얼굴과 외모를 평가하는 '용모 단정'만큼이나 뜬구름 잡는 '품행 단정'으로 이주민을 심판하는 선주민은 이 땅에서 어떤 삶을 살고 있을까?

세계 최고의 자살률과 이혼율, 교통사고 사망률 및 알코올 소비율, 세계 최장의 노동 시간과 세계 최단의 휴가 기간, 세계 최대의 임금 격차와 산업재해, 비정규직 증가로 인한 고용의 불안정, 세계 최악의 사행^{射倖} 만연과 입

---

168) 제10조의 3, 제2항 제1호

시지옥, 세계 최하의 출산율과 사회 안전망으로 인한 생활 불안 등, 갖가지 세계 최악의 기록이 세계 최저의 행복지수를 결과하고 있다.[169]

용모나 품행이 단정해서가 아니라 존재 자체로 받아들여지길 원하는 마음은 선주민과 이주민 모두 똑같을 것이다. 사회 구성원으로 받아들여지기 위해 '품행 단정'이라는 기준을 충족해야 하는 이주민도, 그 기준으로 이주민을 심판해야 하는 선주민도 이 땅에서 불행하기는 마찬가지다. 이렇듯 '품행 단정'이라는 요건은 우리 모두를 옥죄고 있는 것이 아닐까?

"예뻐서가 아니다. 잘나서가 아니다. 많은 것을 가져서도 아니다. 다만 너이기 때문에 (…) 이유는 없다. 있다면 오직 한 가지, 네가 너라는 사실! 네가 너이기 때문에 소중한 것이고, 아름다운 것이고."

– 나태주 시인의 시 '꽃 3' 중에서

'품행 단정'하지 않다는 이유로
국적 취득을 거부당한 민수 씨

민수 씨(티베트명 라마 다와 파상)는 티베트계 네팔 국적자로서 1997년 한국에 입국했다. 2006년에는 한국인 여성과 혼인 신고를 하고 결혼이민(F-6) 자격을 취득했다. 장모님과 아내, 3명의 자녀를 이끄는 6인 가구의 가장이 된 민수 씨는 2013년 한국 국적을 취득하기로 마음을 먹었다. 필기시험을 통과했고, 동해에 있는 섬 이름과 3·1절, 개천절의 의미를 아는지 묻는

---

169) 박홍규(2014). 자유란 무엇인가(공존을 위한 '상관 자유'를 찾아서). 문학동네.

면접 질문에도 당황하지 않고 제대로 답해 면접시험을 거뜬하게 통과했다.

그러나 안타깝게도 민수 씨는 한국 정부로부터 귀화를 허가받지 못했다. 2011년에 발생했던 형사 사건 때문이었다. 2014년 2월 벌금 500만 원 판결이 확정되자 법무부는 기다렸다는 듯이 그해 3월 11일 범죄 경력과 품행 미단정을 이유로 귀화를 불허했다. 민수 씨는 도대체 무슨 일로 벌금 500만 원의 확정판결을 받게 된 것일까?

민수 씨는 2008년 6월 서울 명동에 티베트 음식점 '포탈라 레스토랑'을 개업했다. 간신히 자리를 잡고 이제야 좀 안정이 되나 싶었는데, 2011년 4월 25일 갑자기 편지 한 장을 받았다. 식당 건물이 재개발 대상이 되었으니 상가 임대차 계약을 해지하겠다는 일방적 통고였다. 민수 씨는 이 편지를 받고서야 "재개발 사업은 없다"라는 건물주의 약속은 거짓이었고, 이미 건물은 도시정비사업 시행사인 〈명동 도시환경정비사업 주식회사〉 소유가 되었다는 사실을 확인했다.

어렵게 자리 잡은 식당 건물이 곧 도시환경정비사업에 따라 철거 대상이 되었다는 소식은 민수 씨에게는 마른하늘에 날벼락 같았다. 3년 동안 애써 자리를 잡았는데 보증금만 달랑 돌려받고 쫓겨나는 현실을 민수 씨는 도저히 받아들일 수 없었다. 도시환경정비사업 관련 법률들이 상가 세입자에 대한 보상 대책은 제대로 마련되지 않은 채 철거부터 진행되는 구조라는 차디찬 현실을 맞닥뜨리게 된 민수 씨는 어떻게든 버텨야겠다고 생각했다.

그러나 건물 재개발 과정은 민수 씨가 파악하고 이해하기에는 너무 난해했다. 식당이 있는 건물의 정비사업 소속 지구(구역)는 2번이나 변경되었다. 민수 씨는 2011년 4월 25일 첫 건물명도 통지를 받고 놀라 중구청의 도

시정비과에 전화해 보았더니 4구역에 속한다는 대답을 들었다. 그런데 1주일 뒤에는 구청에서 2구역에 속한다고 다시 확답했다. 어느 구역에 속하는지조차 파악하기 어려운 민수 씨 입장에서는 하루하루가 정말 피를 말리는 시간이었다.

2011년 8월 3구역 상가들은 모두 철거되고, 9월이 되니 3구역과 2구역에 걸쳐져 있는 건물을 철거하기 위해 크레인이 들어오기 시작했다. 민수 씨를 비롯해 2구역에 속한 점포 상인들은 밀고 들어오는 크레인을 막아서며 목숨 걸고 싸웠다. 최소한의 보상도 없이 밀어붙이는 철거에 저항하는 건 생존을 위한 몸부림이었다. 결국 그 과정에서 업무 방해, 공무 집행 방해, 집시법 위반 혐의가 씌워졌고, 민수 씨는 범죄자가 되었다.

열거된 죄명만 보면 마치 민수 씨의 행동이 너무 과격했던 것처럼 보이지만, 정작 민수 씨는 현장에서 결코 폭력을 행사하지 않았다. 사건 당일 민수 씨는 크레인 위에 사람이 올라가 있는데 경찰이 크레인을 내리는 것을 보고 그것이 매우 위험한 행위임을 알리려고 했다. 그래서 "그러면 안 돼요, 그러지 말아요"라고 하며 경찰들에게 사정했을 뿐이다. 경찰이 민수 씨에게 밀쳐져서 옷이 찢어지거나 다치지도 않았다. 사건 당일 이루어진 집회는 우발적으로 발생한 것으로서 미리 공모한 적도 없었다.

형사소송 과정에서 민수 씨가 정확히 어떤 경위에서 어떤 자세로 누구를 밀쳤는지도 전혀 밝혀지지 않았다. 하지만 1심 판사는 민수 씨에게 전부 유죄를 선고해 벌금 300만 원을 선고했다. 다만, 판사도 겸연쩍었는지 양형 이유에 아래와 같은 내용을 기재했다.

"이 사건에서의 증거를 종합하여 보건대, 피고인은 이 사건이 발생하기까지는 성실한 시민으로서 뚜렷한 목적의식을 갖고서 생업에 종사하여 왔고, 이 사건 범죄는 방어적이어서 반사회적이거나 파렴치한 것은 아니므로 비난 가능성이 크지 않다는 점을 피고인을 위하여 지적해 둔다."

1심 판결에 대해 민수 씨와 검찰은 모두 항소하였고, 항소심 재판부는 원심의 형이 너무 가벼워 부당하다며 벌금 액수를 500만 원으로 상향 조정했다. 포탈라 레스토랑이 이 사건 철거 현장 바로 옆 건물도 아니고, 그로부터 약 150미터 떨어져 있을 뿐만 아니라 자신의 레스토랑 건물이 당장 철거되는 것이 아님에도 불구하고 이 사건 범행에 이르게 된 점이 불리한 양형 이유로 참작되었다.

'철거 현장으로부터 150미터'는 항소심 재판부에게는 아주 긴 거리라고 생각이 되겠지만, 하루하루 철거되는 재개발 현장에서 언제 밀고 들어올지 모르는 크레인 앞에 서 있는 민수 씨 등 철거 상인들에게는 너무나 짧고 절박한 거리였을 것이다. 1심보다 더 중한 선고를 받게 된 민수 씨는 상고했으나 대법원은 상고를 기각했고, 결국 민수 씨는 500만 원 벌금형이라는 전과를 안게 되었다. 결국 이 범죄 전력이 대한민국 국민이 되는 조건인 '품행단정' 조건을 충족하는 데 걸림돌이 된 것이다.

법과 제도에 익숙하지 않은 이주민은 민수 씨처럼 피해를 당할 가능성이 높다. 애초에 재개발이 될 건물이라면 거기서 장사를 시작할 이유가 없었다. 그러나 법과 제도는 점포 상인에게 너무 가혹하고, 이주민에 대해서는 더더욱 냉정하다. 정부의 피해 대책에서 이주민은 제외될 때가 많다. 요즘 문제 되는 전세사기 피해 대책에도 이주민은 제외되어 있다. 2023년 8월 재중동포들이 이를 문제 삼자 국토교통부는 부랴부랴 재외동포의 경우에만 우리 국민과 동일하게 긴급 주거지원을 받을 수 있다고 밝혔지만,[170] 재외동포가 아닌 외국인은 아직도 지원 대책에서 배제되어 있다.[171]

법무부로부터 귀화 불허 통지를 받은 민수 씨는 한 언론사와의 인터뷰에서 이런 말을 남겼다.

"한국인 아내 등 6식구 가장인데 한국 사람으로 살면 안 되는 건가요? 건설 현장, 미나리 농장에서도 일했어요. 식당을 하기까지 한국이제게 많은 것을 가르쳐줬고, 많이 행복했어요. 그리고 많은 걸 빼앗았고 많이 아프게 했어요. 저는 그냥 여기서 살고 있을 뿐인데…"[172]

귀화 불허가에 맞선
민수 씨의 싸움

형사처벌에 국적까지 취득하지 못하게 된 민수 씨는 하루하루 불안한 삶을 살게 되었다. 결혼비자(F-6)는 유지되고 있었지만, 『출입국관리법』에는

---

170) 송승윤(2023년 8월 18일). '전세사기 피해' 재외동포도 구제받는다…주거지원 첫사례. 연합뉴스.

171) 김동규(2024년 5월 8일). '구제 사각지대' 외국인 전세사기 피해자 구제방안 열릴까. 파이낸셜뉴스.

172) 최우리(2014년 4월 2일). 소설 '나마스테' 주인공 귀화불허…'품행 미단정' 때문?. 한겨레신문.

입국 후 "대한민국의 이익이나 공공의 안전을 해치는 행동을 할 염려가 있다고 인정할 만한 상당한 이유가 있는 사람", "경제질서 또는 사회질서를 해치거나 선량한 풍속을 해치는 행동을 할 염려가 있다고 인정할 만한 상당한 이유가 있는 사람"으로 전락한 외국인을 강제 퇴거시킬 수 있는 규정을 두고 있기 때문이다.

민수 씨는 〈천주교인권위원회〉가 운영하는 '유현석 공익소송기금'을 통해 백신옥 변호사를 만나 '품행 단정'이라는 요건을 갖추지 못해 귀화를 허가하지 않은 법무부 장관을 상대로 행정소송을 시작했다. 해당 요건과 관련해 이미 3년 전인 2011년 〈국가인권위원회〉의 권고 결정이 있었다는 사실도 확인했다.

『형의 실효 등에 관한 법률』에 따르면 모든 형벌은 일정한 기간이 지나면 실효된다. 벌금형의 경우에는 2년만 지나면 실효된다. 그러나 이미 실효된 전과도 국적 취득에 있어서는 '품행 단정'이라는 요건에 영향을 미쳐 귀화가 불허되는 부당한 현실에 대해 2011년 〈국가인권위원회〉는 "법무부가 외국인의 귀화 허가를 심사하는 과정에서 실효된 전과를 이유로 귀화를 불허한 것은 차별"이라 판단했다. 『국적법』 제5조 제3호 요건과 관련한 구체적 기준 규정이 전혀 없이, 또한 범죄 전력의 내용과 정도를 고려함이 없이, 더구나 이미 실효된 전과를 이유로 귀화에 의한 국적 취득 신청을 불허함은 합리적인 이유 없이 실효된 전과를 이유로 하는 『국가인권위원회법』 제2조 제3호 소정의 '평등권 침해의 차별행위'에 해당한다고 판단한 것이다. 이에 〈국가인권위원회〉는 법무부 장관에게 귀화 심사 시 실효된 전과에 의한 차별이 발생하지 않도록 『국적법』 제5조 제3호와 관련해 법령 등에 구체적인

기준을 마련할 것을 권고했다.[173)]

이를 근거로 민수 씨는 귀화 불허 통지를 받은 지 한 달도 지나지 않은 2014년 4월 4일 서울행정법원에 소장을 제출했다. 민수 씨가 운영하던 음식점 주변이 재개발로 철거되면 생업이 위협당할 수 있다는 위기감에 방어적이고 소극적으로 철거를 저지하는 과정에서 이루어진 것이어서 범행의 동기와 내용에 참작할 점이 있고, 대한민국 국민인 배우자와 결혼하여 세 명의 자녀까지 둔 점에 비추어 볼 때 귀화를 불허가한 이 사건 처분은 위법하다는 점을 강조했다.

반면 법무부 측은 귀화는 엄격한 기준으로 심사하여야 하고, 그 심사에는 광범위한 재량권이 부여된다고 주장했다. 그러면서 원고의 불법 체류 사실과 범죄 전력을 언급하며 민수 씨가 아직 대한민국의 구성원이 되기에 충분한 소양을 갖추지 못한 것으로 보아 귀화 불허가한 것은 적법하고도 타당한 처분이었다고 주장했다.[174)]

민수 씨를 대리하는 백신옥 변호사는 그 당시 현장 동영상 및 사진 등을 제출하며 민수 씨가 경찰에게 물리력을 행사하지 않았고, 다른 사람이 이미 올라가 있는 크레인을 움직이면 그 사람들이 다칠 수 있다는 것을 호소하기 위해 크레인에 올라간 것이라는 점을 상세히 설명했다. 그리고 법무부 측이 이 사건 처분의 이유로 제시한 '품행 미단정'이 구체적으로 무엇에 근거한 것인지를 밝혀달라고 요청했다. 이에 법무부 측은 한 차례 답변서를

---

173) 국가인권위원회 2011. 11. 17. 11진정 0098500 결정

174) 서울행정법원 2014구합6524 사건, 피고 법무부장관, 소송수행자 공익법무관 홍형근, 2014. 6. 2. 제출 답변서 내용 중 발췌

제출하였을 뿐 더 이상 어떤 서면도 제출하지 않았다.

　귀화를 불허한 법무부 측과의 치열한 싸움을 예상했던 민수 씨는 2014년 6월 20일 열린 첫 번째 재판 날에 모든 심리가 끝나고 2014년 7월 25일로 선고기일이 지정된 것이 너무나 당황스러웠다. 그냥 이렇게 아무것도 해 보지 못하고 패소하게 되는 것일까? 뭐라도 더 해봐야 하는 것이 아닌지 백신옥 변호사와 상의한 끝에 선고를 사흘 앞두고 숨겨 두었던 승부수를 던졌다. 바로 『국적법』 제5조 제3호 '품행 단정' 요건 자체가 헌법에 위반되니 헌법재판소가 헌법 위반을 심사하도록 재판을 정지하고 사건을 헌법재판소로 보내달라는 취지를 담은 '위헌법률심사제청 신청서'를 재판부에 제출한 것이다.

　재판부는 선고기일을 두 번이나 연기하며 고심한 흔적을 남겼으나, 안타깝게도 헌법재판소로 사건을 보내 『국적법』 제5조 제3호의 위헌 여부를 심사하게 해 달라는 위헌법률심판제청 신청과 귀화를 불허한 법무부 처분을 취소해달라는 청구를 모두 기각했다.[175] 당시 재판부는 민수 씨의 행동이 대한민국의 법정 안정성과 질서 유지를 심각하게 저해하는 것으로서 그 비난의 정도가 큰 점, 이 사건 처분 직전 유죄의 확정판결을 받았는데 귀화 허가 신청은 그 횟수나 시기 등에 제한이 없으므로 원고는 상당 기간 다른 문제를 일으키지 아니하는 방법 등으로 자신의 품행이 단정함을 입증함으로써 다시 귀화 허가 신청을 할 수 있는 점을 판결문상의 판결 이유에 담았다.

　이처럼 1심 판결문에는 상당 기간 다른 문제를 일으키지 아니하는 방법

---

175) 서울행정법원 2014구합6524

등으로 자신의 품행이 단정함을 입증해서 다시 귀화 허가 신청을 할 수 있다고 기재됐지만, 그 상당한 기간은 도대체 몇 년 후인지, 문제를 일으키지 아니한다는 건 억울한 일이 일어나도 그냥 당하고 무조건 참으라는 것인지, 민수 씨는 1심 판결문을 받아 들고도 도저히 용납할 수 없었다. 따라서 민수 씨는 가족들과 상의 끝에 이 싸움을 더 이어 나가 보기로 했다. 항소장을 제출했고, 『국적법』 제5조 제3호가 헌법 위반이라는 주장을 담아 직접 헌법재판소에 헌법소원을 제기했다.

항소심에서 백신옥 변호사는 민수 씨와 가족들의 간절한 마음을 담아 귀화 허가의 의미에 대해 아래와 같이 강조했다.

> "귀화 허가 여부는 원고 한 사람의 삶에도 영향을 주지만, 한국인들의 삶에도 결정적인 영향을 끼칩니다. 그렇기 때문에 귀화 허가 여부가 비록 피고의 재량행위이기는 해도 그 재량 행사에는 상당한 한계가 존재함을 잊어서는 안 됩니다. 피고는 마치 귀화 허가가 신청권 없는 외국인에게 베푸는 시혜적 행위인 것처럼 주장하고 있으나, 피고의 재량행위로 수 명의 한국인들이 수십 년간 이루어온 터전과 생활이 지켜질 수도, 완전히 망가질 수도 있다는 점을 유념해야 합니다. 따라서 귀화 허가는 결코 시혜적 행위가 아닙니다."

5차례 정성껏 준비하여 제출한 준비 서면을 통해 항소심 재판부를 설득하려고 애썼지만, 서울고등법원 항소심 재판부는 2015년 4월 2일 항소를 기각했다.[176] 항소 기각이라는 사실도 충격이었지만, 항소심 판결문에 항소 기각의 이유가 단 한 줄도 기재되어 있지 않은 채 "이 법원이 이 사건에 관하여 설시할 이유는 제1심 판결문 이유 기재와 같으므로 (…) 이를 그대로 인용한다"라는 문구만 기재되어 있는 것을 보고 민수 씨와 백신옥 변호사는 상고를 포기했다. 이제 남은 건 헌법재판소에서 진행 중인 헌법소원밖에 없었다.

『국적법』 소관 부처인 법무부의 황교안 당시 장관은 이 사건에 관한 법률 조항은 외국인에게 대한민국 국적을 취득하게 하는 시혜적인 규정에 불과하므로 '품행이 단정할 것'에 관한 구체적인 사항을 정하지 않았더라도 위헌이라고 단정할 수 없다는 취지의 의견서를 2015년 4월경 제출했다.

그 뒤 2016년 7월 28일 헌법재판소는 민수 씨의 헌법소원을 기각했다. '품행이 단정할 것'은 '귀화 신청자를 대한민국의 새로운 구성원으로서 받아들이는 데 지장이 없을 만한 품성과 행실을 갖춘 것'을 의미한다고 해석할 수 있고, 구체적으로 어떠한 경우가 이에 해당하는지는 귀화 신청자의 성별, 연령, 직업, 가족, 경력, 전과 관계 등 여러 사정을 종합적으로 고려하여 판단될 것이며, 특히 전과 관계도 단순히 범죄를 저지른 사실의 유무뿐만이 아니라 범죄의 내용, 처벌의 정도, 범죄 당시 및 범죄 후의 사정, 범죄 일로부터 귀화 처분 시까지의 기간 등 여러 사정들이 종합적으로 고려될 것이라는 점을 예측할 수 있기에 명확성의 원칙을 위반하지 않는다고 판단했다.[177]

---

176) 서울고등법원 2014누64065
177) 헌법재판소 2016. 7. 28. 선고 2014헌바421 결정

민수 씨의 2년 넘는 법적 투쟁은 여기서 종지부를 찍었다. 애초에 어려운 싸움이라고 생각했으나, 패배의 맛은 썼다. 민수 씨는 생각했다. 가족들이 모두 한국인이지만 나는 더 이상 한국인이 될 꿈을 꾸지 말아야겠다고….

민수 씨 싸움으로 얻어낸
국적법 개정

2017년 12월 19일 『국적법』 제5조 제3호는 "법령을 준수하는 등 법무부령으로 정하는 품행 단정의 요건을 갖출 것"으로 개정되어 2018년 12월 20일부터 시행되었다. 또한 법무부령인 『국적법 시행규칙』에 제5조의2(품행 단정의 요건)가 신설되어 '품행 단정' 여부를 판단하는 기준을 형사처벌의 정도에 따라 나누어 규정했다.

이로써 금고 이상의 형의 선고를 받은 사람은 10년이 지나서, 집행유예 선고를 받은 사람은 유예 기간이 끝난 후 7년이 지나서, 벌금형 선고를 받은 사람은 벌금 납부 후 5년이 지나서, 형의 선고유예나 기소유예 처분을 받은 사람은 2년이 지나서, 강제 퇴거 명령을 받은 사람은 출국한 날부터 10년이 지나서야 품행 단정의 요건을 갖춘 것이 되어 귀화 허가를 받을 수 있게 되었다.

또한 시행규칙 제5조의2 1호에 정한 기간이 경과되지 않아도 법무부 장관이 위 범행을 저지르게 된 경위나 그로 인한 공익 침해 정도, 대한민국 사회에 기여한 정도, 인도적인 사정 및 국익 등을 고려해 품행이 단정한 것으로 인정하는 경우에는 품행 단정의 요건을 갖춘 것으로 인정하는 예외 조항을 2호에 규정하였고, 그 결과 귀화불허처분이 2호에 의거하여 취소

되는 판결이 선고되고 있다.[178]

마치며

- 남의 눈에 티, 내 눈에 들보

리튬 배터리를 생산하는 경기도 화성 아리셀 공장에서 노동자 23명이 사망했다. 37초 만에 23명이 사망한 화재 사고에서 사망한 노동자 23명 중 18명이 이주노동자라는 사실이 밝혀졌다.

- 2024. 6. 24. 화성 아리셀 화재 사건

2023년 1년 동안 외국인 계절노동자 인권 침해 실태조사를 한 인권단체들은 국가인권위원회에 긴급 구제를 촉구하고 나섰다. 해남과 완도 지역에서 벌어진 브로커의 임금 갈취 의혹은 물론 폭행과 성추행, 열사병에 의한 사망 사례도 4건이나 확인되었기 때문이다.[179]

- 2024. 1. 15. 외국인 계절노동자 인권 침해 사건

'외국인등록증 수령을 위해 출입국관리사무소에 가야 한다'라는 안내를 받고 간단한 소지품만 지참한 채 버스에 오른 유학생 23명. 그들이 탄 버스에 느닷없이 경호원들이 탑승했고, 철석같이 믿었던 학교 직원들은 "한국에 다시 들어오기 위해서는 지금 미리 출국해야 합니

---

178) 서울행정법원 2021. 7. 20. 선고 2020구합3540 판결 등
179) 김정대(2024년 1월 15일). "노동자 사망·성추행까지"…'인신매매' 된 계절근로자. *KBS뉴스.*

다"라며 버스를 인천공항으로 돌렸다. 007 작전을 방불케 하듯 한신대 유학생 22명은 강제 출국당했다.

- 2023. 11. 27. 한신대 유학생 강제 출국 사건

"한국에는 인권이 없습니까? 그들은 짐승이 아닙니다."

사회관계망서비스(SNS)에 올라온 법무부 미등록 체류 이주민 단속 영상에 달린 한 타이 남성의 댓글이다. 2023년 11월 7일 오전 11시경 경북 경주시 한 공장에서 찍었다는 설명이 적힌 이 영상에는 법무부 남성 직원이 여성 이주노동자의 목을 조르는 장면이 고스란히 담겼다.[180]

- 2023. 11. 7. 여성 이주노동자 헤드락, 법무부 과잉 단속

HD현대중공업 외국인지원센터가 이주노동자의 여권을 '압수'해 보관한 것으로 확인됐다. 이주노동자의 여권을 압수하는 것은 '인신매매 식별지표 중 하나'이자 출입국관리법 위반 행위다. 외국인지원센터는 노동조합이 문제를 제기하자 이주노동자들에게 여권을 돌려줬다.[181]

- 2023. 7. 25. HD현대중공업 이주노동자 여권 압수

---

180) 이준희(2023년 11월 10일). [영상] 여성 이주노동자 헤드락…법무부 과잉 단속에 아시아 '부글'. 한겨레신문.
181) 김지환(2023년 7월 25일). 현대중공업 외국인지원센터, 이주노동자 여권 '압수'…"출입국 관리법 위반". 경향신문.

방금 소개한 다섯 가지 사건은 대한민국에서 살아가고 있는 우리의 이웃 이주민이 피해를 당한 대표적인 인권 침해 사건이다. 전 세계 시민들은 주요 외신을 통해 전해지는 대한민국 출입국 행정의 민낯을 보고 경악하고 있다. 그럼에도 대한민국은 민수 씨와 같은 선량한 시민을 '품행 미단정'이라는 사유로 배척하고 있다. 이주민의 작은 허물까지 끄집어내어 낙인찍은 대한민국 정부가 자신의 허물은 고칠 생각 없이 그냥 눈감고 있는 건 아닌지 묻고 싶다.

왜 당신은 형제 눈 속의 티는 보면서도 제 눈 속의 들보는 깨닫지 못합니까?

– 루카복음서 6장 41절(200주년 신약성서)

양심의 자유는
양심의 옳고 그름을 따지지 않는다

평화주의 신념에 따른 병역거부 사건의 첫 무죄 선고와 남은 과제

이용석[182]

2018년 헌법재판소가 대체복무제를 규정하지 않은 『병역법』에 대한 헌법불합치 결정을 내렸다. 그동안 대체복무제 입법과 병역거부권 인정을 위해서 싸워온 평화활동가들과 병역거부자들은 환호성을 질렀다. 〈전쟁없는세상〉이라는 단체를 설립해 2003년부터 대체복무제 도입을 주장해 왔으니, 장장 15년 만에 중요한 변화를 만든 것이다. 해방 이후 1만 9천 명이 넘게 이어지던 감옥행을 드디어 멈출 수 있을 것만 같았다.

아나나 다를까, 헌법재판소 결정을 기다리며 재판을 미뤄왔던 하급심 법원은 병역거부자들에 대한 무죄 선고를 쏟아냈다. 그해 11월에는 처음으로 대법원에서 병역거부자에 대해 무죄를 선고했다. 앞으로 〈전쟁없는세상〉이 할 일이 줄어들었다고 축하해주는 이는 물론이거니와 이제 단체를 해산해야 하는 거 아니냐며 걱정스레 놀리는 이도 있었다. 하지만 늘 그렇듯 변화의 속도는 우리의 기대만큼 빠르지 않고, 현실은 그 속도마저 따라오지 못

---

182) 전쟁없는세상 활동가

하기도 한다.

여호와의 증인이 아닌
병역거부자들

〈여호와의 증인〉 신자가 아닌 병역거부자들은 헌법재판소 결정 이후 재개된 재판에서도 여전히 실형을 선고받았다. 홍정훈은 2019년 9월의 2심 재판에서 1년 6개월 징역형을, 오경택도 넉 달 전에 열린 2심 재판에서 1년 6개월 징역형을 선고받아 2021년 2월 대법원에서 상고가 기각되며 결국 구속되어 수감 생활을 했다.

홍정훈의 경우 법원은 병역거부 관점에서 군사주의 문화에 대한 그의 성찰은 평화주의가 아니라 반권위주의이기 때문에 병역거부가 인정되는 양심이 될 수 없다며 실형을 선고했고, 오경택은 양심과 양심의 구체적인 실천에 대한 맥락적이고 입체적인 접근을 하지 않은 채 집회에 참여했다가 『폭력행위 등 처벌에 관한 법률』을 위반한 적이 있다는 단편적인 상황만을 가지고 실형을 선고했다. 홍정훈과 오경택이 주장한 양심은 병역거부가 인정되는 양심에 해당하지 않는다고 판단한 것이다.

하지만 이는 양심의 내용에 관해서는 판단할 수 없고, 양심의 존재 여부만을 가려야 한다는 헌법재판소의 결정에도 어긋나는 선고였다. 이렇듯 종교적 신앙에 따른 병역거부자들과 달리 평화주의 신념에 따라 정치적으로 병역을 거부하는 병역거부자들에게 사법부는 끝내 문을 열지 않았다.

마찬가지로 병역거부자 시우(활동명)의 재판도 전망이 썩 밝지만은 않았다. 아직 헌법재판소의 헌법불합치 결정과 대법원의 무죄 판결이 나오기 전인 2018년 2월 21일에 변호인의 조력 없이 진행된 1심 재판에서 재판부는 이미 1년 6개월의 징역형을 선고한 바 있었다. 당시 재판부는 『병역법』에 대한 2011년 헌법재판소의 합헌 결정과 대법원의 2004년, 2007년 유죄 확정 선고를 근거 삼아 그의 병역거부가 『병역법』 제88조 1항의 '정당한 사유'에 해당하지 않는다고 판단했다.

> "헌법재판소는 입영기피행위를 처벌하는 규정인 병역법 제88조 제 1항이 헌법에 위반되지 아니한다는 결정을 하였고(헌법재판소 2011. 8. 30. 선고 2008헌가22 결정 참조), 대법원은 양심에 따른 병역거 부가 위 조항에서 처벌의 예외사유로 규정한 '정당한 사유'에 해당하 지 않으며, 우리나라가 가입한 '시민적 및 정치적 권리에 관한 국제규 약' 제18조의 규정으로부터도 양심에 따른 병역거부자들에게 위 조 항의 적용을 면제받을 수 있는 권리가 도출되지 않고, 국제연합 자유 권규약위원회가 권고안을 제시하였다 하더라도 이것이 어떠한 법률적 구속력을 갖는 것은 아니라고 판결하였다(대법원 2004. 7. 15. 선고 2004도2965 전원합의체판결, 2007. 12. 27. 선고 2007도7941 판 결 등 참조). 위와 같은 헌법재판소 결정 및 대법원 판결의 취지에 비 추어 보면, 피고인이 종교적 양심 내지 정치적 신념에 따라 현역병 입 영을 거부하는 것이 병역법 제88조 제1항의 '정당한 사유'에 해당한 다고 볼 수 없다."
>
> — 2018년 2월 21일 1심 판결문 중에서

하지만 몇 달이 지나 헌법재판소는 『병역법』에 대한 헌법불합치 결정을 내렸고, 그해 11월 대법원에서 병역거부자에 대한 첫 무죄 선고가 나왔다. 그리고 바로 다음 날, 시우의 항소심 첫 공판 기일이 결정되었다. 하지만 항소심 재판은 한 차례 연기된 끝에 2019년 1월에 첫 공판이 열린 이후 다음 공판이 잡힐 때까지 무려 1년 반이 넘는 시간이 흘러서야 본격적으로 시작되었다.

〈전쟁없는세상〉과 시우는 변호인을 선임해 항소심에서 유무죄를 다퉈보기로 마음먹었다. 『병역법』에 대한 헌법재판소의 헌법불합치 결정과 대법원의 병역거부자 무죄 판결에 따라 1심의 유죄 판단 근거가 다 사라졌기 때문에 무죄를 다투는 것도 해볼 만하다는 심산이었다. 그래서 일단 그 자신이 병역거부자였고, 병역거부 재판을 여러 건 조력한 경험이 있는 임재성 변호사를 〈천주교인권위원회〉가 운영하는 '유현석 공익소송기금'의 지원을 받아 선임하고 재판에 임했다.

"일본군이 지인 여성들을 성노예로…"

하지만 무죄를 자신할 상황은 아니었다. 앞서 언급한 홍정훈과 오경택이 헌법재판소의 헌법불합치 결정과 대법원의 무죄 선고 이후 열린 재판에서 모두 유죄 선고를 받은 탓이다. 법원은 여전히 협소한 시선으로 양심을 바라보았고, 정치적 병역거부자들의 평화의 언어를 해석하지 못했다. 물론 시우의 재판부는 오경택, 홍정훈과 달랐지만, 불안한 마음은 지울 수 없었다. 우리는 기대하지 않으면 실망도 크지 않다고 스스로 주문을 걸었다.

재판 과정은 불안감을 더 크게 만들었다. 검사는 양심의 존재 유무를 판단한다는 명목으로 스스럼없이 인권을 침해했다. 성공회 신자인 시우가 주말마다 교회에 갔는지 확인하겠다며 압수수색 영장을 신청하여 위치 정보를 수집했고, 페미니스트인 병역거부자의 신념을 확인한다면서 여성혐오적인 질문을 쏟아냈다. 특히 변호인의 문제 제기로 재판부가 제지한 검사의 질문들 가운데는 "피고인은 일본군 위안부 피해 여성이 존재하게 된 이유가 무엇이라 생각하나요?", "피고인은 일본군이 성노예로 삼기 위해 피고인의 지인 여성들을 데려갈 경우 어떻게 행동할 것인가요?", "피고인이 주장하는 평화의 방법으로 제2의 위안부 문제가 발생하지 않을 수 있다고 말할 수 있나요?" 같은 질문이 포함되어 있었다. 재판에서 보여준 검사의 이러한 태도를 고려해 볼 때 무죄 선고를 전망하기는 쉽지 않았다.

그런 까닭에 2020년 11월 26일 항소심 재판부가 병역거부자 시우에게 무죄를 선고한 것은 무척이나 놀라운 일이었다. 물론 성공회 신자로서의 종교적인 신념 또한 시우의 병역거부 양심에 크게 자리 잡고 있지만, 공식적이고 공개적으로 정치적인 신념에 기반해 병역거부를 선언한 병역거부자의 첫 무죄 선고 사례라는 점만으로도 그날의 선고는 특별한 의미를 지니고 있었다. 하지만 〈전쟁없는세상〉이 특히나 주목한 지점은 오히려 판결문의 내용이었다.

재판부는 '팔레스타인의 평화를 염원하는 기독교단체 긴급 기도회', '용산참사 문제 해결 1인 시위', '제주도 강정마을 해군기지 반대 운동', '수요시위' 등 반전운동과 사회운동에 참여한 경력과 '퀴어 페미니스트'라는 정체성을 양심의 형성과 발현의 주된 근거로 보았다. 이것은 큰 변화였다. 이전까지 병역거부자들의 재판에서 재판부는 병역거부가 인정되는 양심을 집총거부로 협소하게 이해했다. 예컨대 병역거부자 홍정훈의 재판부는 권위주의적인 군사주의 문화를 거부하는 것은 병역거부의 정당한 사유로 인정할 수 없다고 했고, 오경택의 재판부는 양심이 형성되는 기나긴 맥락을 삭제한 채 어느 특정 사건의 한 단면만 가지고 그를 평화주의자가 아니라고 판단한 바 있다.

양심의 자유는
양심의 옳고 그름을 따지지 않는다

주목할 만한 지점은 더 있다. 헌법재판소는 다수자의 양심은 사회의 일반적인 상식과 어긋나지 않기 때문에 양심의 자유는 결국 다수자의 상식과 어긋나는 소수자의 양심을 보호하는 일이며, 따라서 병역거부자의 재판에서 다룰 수 있는 것은 병역거부자가 스스로 주장하는 양심을 진실하게 형성해 왔는가이지 양심에 담긴 내용의 옳고 그름을 다수자의 잣대로만 따져서는 안 된다고 판시하였다.

마찬가지로 의정부지법 항소심 재판부 역시도 병역거부자 시우의 양심의 내용에는 동의하지 않지만, 그것을 병역거부 인정의 판단 기준으로 삼지 않았다. 재판부는 판결문에서 "피고인이 주장하는 위와 같은 사고의 흐름은 국군에 대한 편향적인 인식에 기인한 것으로 보이나, 병역거부 사유에 있어서 '정당한 이유'의 존부 판단이 양심의 내용의 타당성에 따라 이루어지는 것이 아니고 (중략) 그와 같은 문제는 '정당한 이유'를 인정함에 장애사유가 되지는 않을 것이다"라고 판시했다. 즉 내용에 대한 동의 여부와 상관없이 양심의 존재/부존재를 따져야 한다는 헌법재판소의 결정에 충실했던 것이다. 이후 2021년 6월 21일 대법원이 검사의 상고를 기각하면서 병역거부자 시우는 최종적으로 무죄가 확정되었다.

'유현석 공익소송기금'의 지원으로 진행한 병역거부자 시우의 재판은 이처럼 시우 개인에게, 그리고 병역거부 운동과 한국 사회 전체에도 중요한 의미로 남았다. 그동안 양심의 자유는 헌법상의 권리임에도 우리 사회가 이를 감각할 기회가 별로 없었다. 그나마 사회적인 의제로 등장한 것이 군사독재 시절 비전향 장기수들에게 전향서를 강요했던 일, 혹은 양심적 병역거부자들의 구속 수감이었다. 우리 사회에서 양심의 자유를 지키기 위해선 감옥마저도 불사해야 했던 것이다. 특히 양심의 자유에 대해 양심의 내용에 개입하지 않고 양심의 존재 여부만 살핀 점, 양심의 형성 과정을 단편적인 사건이 아니라 한 개인의 연속적인 삶의 과정으로 바라본 점 등은 중요한 이정표가 될 지점들이라고 생각한다. 사회 보편적인 인식과는 다른 소수자의 양심을 지키는 일은, 감옥까지는 각오하기 힘든 우리 모두의 양심의 자유를 국가가 함부로 침해하지 못하게 만드는 일이기 때문이다.

남은 문제들(1) :
여전한 양심의 자유 침해와 모욕 주기

물론 여전히 남아있는 과제도 있다. 병역거부자 시우의 재판과 판결은 양심의 자유라는 측면에서 매우 중요한 의미를 가지지만, 사법부 전체를 봤을 때는 여전히 예외적인 판결로 존재한다는 점이다. 아주 소수지만 형사재판을 받는 병역거부자들, 그리고 대체복무 심사를 받는 병역거부자들 모두 여전히 양심의 자유를 침해당하기 일쑤고, 〈대체역 심사위원회〉의 일부 심사위원들과 재판부는 병역거부자들에게 심사를 가장한 모욕주기식 질문을 서슴지 않는다.

일례로 2024년 2월 13일 광주지법에서 유죄 선고를 받은 병역거부자에게 판사는 자신의 군 법무관 시절 경험을 꺼낸 뒤, "재판장이 법무관으로서 옆에서 지켜본 여러 현역병 군 복무는 고역 그 자체였다"라면서 "그러나 비무장지대 근무 병사도, 사망한 군인 유가족들도, 성폭력 피해 병사도, 자기 종교와 다른 종교 활동에 참여해야 했던 병사도, 그 누구도 고역이라는 이유로 군 생활이 징벌이라거나 위헌이라고 말하지 않았다"라고 말한다. 이는 현 대체복무제가 징벌적이기 때문에 곧 양심의 자유를 침해하는 위헌이고, 그래서 대체복무까지도 거부하겠다는 병역거부자의 재판에서 나온 발언이었다.

물론 판사도 사람인지라 개인적인 경험이 사건이나 피고인을 이해하는 데 영향을 끼칠 수는 있다. 하지만 그렇더라도 판결의 주된 근거는 헌법과 법률에 따라야 함에도 해당 판사는 자신이 갖고 있는 편견, 다시 말해 병역거부자들은 군 복무자들이 감당하는 고역을 피하려고만 하는 무임승차자라는 생각과 그에 대한 거부감을 판결문에까지 쓴 것이다. 판사가 예로 든 현역병들의 고역은 현역병의 인권을 가볍게 여긴 국방부를 꾸짖어야 할 부분이었지만, 그는 그것을 병역거부자의 양심을 공격하기 위한 수단으로 활용했다. 재판부가 할 수 있고, 또 해야 할 일은 피고인 병역거부자의 양심이 진실한 것인지를 판단하는 것임에도 그 판사는 양심을 검증한다는 명목 아래 자신의 편견에 기반해 공개적으로 병역거부자의 존재를 비난한 것과 다를 바 없는 판결을 내놓았다.

그뿐만이 아니다. 오래전부터 병역거부를 고민하던 나단은 사회주의자의 양심에 따라 병역을 거부하겠다며 2020년 10월 13일 〈대체역 심사위원회〉에 대체역 편입을 신청하였다. 그러나 〈대체역 심사위원회〉는 이듬해 7월 16일 전원회의에서 나단의 신청을 최종적으로 기각했다. 심사위원회는 "신청인은 사회주의 사상에 기반하여 군 복무를 거부하고 있으나, 모든 폭력과 전쟁을 반대하는 것이 아니라 정당하지 않은 주체, 목적, 방법으로 행하여지는 폭력과 전쟁에 한하여 반대하고 있다. 이러한 신청인의 신념은 헌법이 보장하는 양심의 자유에 해당한다고 보기 어렵다"라며 나단의 대체복무 신청 기각의 이유를 밝혔다.

사실 나단이 전원회의 심사에서 대답한 내용은 폭력에 대한 지극히 일반적인 통찰이었다. 하지만 폭력, 특히 국가의 폭력은 사회적이고 역사적인 맥락에서 구성된다는 것을 전제로 한 나단의 대답을 심사위원들은 제대로 이해하지 못했다. 더 나아가 일부 심사위원들은 심사 과정에서 나단을 향해 역사적 사건에 대한 가치 판단을 부당하고 무리하게 종용하기까지 했다. 구체적으로는 제주 4.3 사건에 대해 사회주의자들이 먼저 폭력을 쓴 거 아니냐는 식의, 나단의 병역거부를 판단하는 것과는 큰 상관이 없는 불필요한 모욕성 질문을 던졌다. 또한 부적절한 표현으로 나단의 양심을 묘사하며 모욕을 주는 심사위원도 있었다. 이런 모욕 주기식 심사는 명백하게 양심의 자유를 침해하는 것이다.

심사위원회의 모욕 주기는 이후 나단이 심사위원회의 결정에 대해 제기한 행정소송에까지 이어졌다. 심사위원회의 법률대리인이 행정소송 재판부에 제출한 서면에서는 병역거부자의 양심을 심사할 때 심사위원회나 사법부 같은 국가 기관이 판단할 수 있는 것은 양심의 내용이 아니라 그 신념이나 양심이 깊고, 확고하며, 스스로에게 진실한 것인지의 여부라는 주장을 반박하기 위해 미국의 인종차별주의자 집단인 'KKK단'을 예로 든다. 1957년 미국 남부 아칸소주에서 백인들만 다니는 고등학교에 흑인 학생의 신규 등록을 명령한 판결이 선고되자 이에 반발하는 인종차별주의자들이 불법적인 폭력 시위를 벌였고, 시위대 해산을 위해 아이젠하워 대통령이 연방군을 투입했던 역사적 사실을 언급하며 다음과 같이 이야기한다.

"이때 만일 위 연방군대 안에 KKK단원이 있는데 본인의 양심에 따라 위 시위대 진압 명령을 거부한다면 양심적 병역거부인가요? 원고의 주장대로라면 그 양심이 깊고 확고하며 진실하기만 하다면 당연히 양심적 병역거부의 양심이므로 그 병역거부는 허용되어야 할 것입니다."

이는 얼핏 그럴싸해 보일지 몰라도 병역거부자의 양심을 공격하기 위해 만든 불가능하고 비합리적인 가정을 무리하게 짜깁기한 질문이라는 점에서, 과거 사법부가 병역거부자들에게 "강도가 들어 네 여동생을 강간하려고 하는데 네 옆에 총이 있다면 쏘지 않을 거냐"라고 묻는 것과 크게 다를 것이 없다. 어떤 대답을 하든 병역거부자의 양심을 훼손하기 위한 덫을 놓은 것이다.

사실 양심이나 신념이 확고하고 스스로에게 진실한 것인지만을 판단해야 한다는 주장의 원본은 헌법재판소다. 2018년 6월 헌법재판소는 『병역법』에 대해 헌법불합치 결정을 내리는 결정문에서 병역거부자의 양심의 내용을 판단해서는 안 되고, 양심의 존재 유무만을 따져야 한다고 판시했다. 이는 병역거부자 시우의 재판에서도 재판부가 무죄 선고를 판결한 결정적인 이유였다. 심사위원회는 결국 병역거부자의 양심을 모욕하고 공격하기 위해 KKK단을 들먹이면서까지 헌법재판소의 결정을 반박한 셈이다.

　나단이 제기한 행정소송은 1심과 2심에서 잇달아 패소한 뒤 2024년 10월 25일 대법원에 의해 그대로 확정되었다. 이러한 대법원의 판결은 양심에 대해 기계적으로 해석하고 협소하게 판단했다는 점에서 양심의 자유에 대한 인식과 논의를 매우 후퇴시켰다. 한편 나단은 심사위원회의 심사가 있는 두 달 뒤인 2022년 9월 7일 입영일 당일에 병무청 앞에서 기자회견 형식으로 병역거부 선언을 했고, 입영을 거부해 고발되어 형사재판 1심이 진행 중이다.

　나단처럼 심사에서 기각된 경우는 아니더라도 많은 정치적 병역거부자들이 대체역 심사 과정에서 심사를 가장한 모욕 주기와 양심의 자유 침해를 당하고 있다. 예를 들어 동물권 활동을 하며 폭력을 거부하게 되었다는 비건vegan 병역거부자에게 그건 개인의 식생활 습관이라며 비꼬는 식이다. 이러한 양심의 자유 침해는 비단 정치적 병역거부자들만의 일도 아니다. 〈대체역 심사위원회〉 심사 과정에서 조사관들이 신청인들의 소셜네트워크서비스SNS와 각종 애플리케이션의 구독 목록까지 열람하는 일이 비일비재하다. 이처럼 병역거부자의 양심을 살펴본다는 명목으로 과도하게 개인의 자유까지 침해하고, 병역거부자를 피의자 대하듯이 양심을 취조하며 진행되는 심사는 양심의 보호라는 제도 도입의 본질을 훼손할 따름이다.

| 남은 문제들(2) :
| 징벌적인 대체복무 제도

　병역거부자 시우는 무죄 판결 이후 〈대체역 심사위원회〉에 대체역 복무를 신청해 2021년 10월 복무를 시작했고, 2024년 10월 소집 해제를 앞두고 있다. 지난한 재판을 거쳐 어렵게 시작한 대체복무였지만, 시우가 마주한 대체복무는 과연 이 제도가 양심의 자유를 보호하기 위해 도입된 제도가 맞는지 의심이 들 정도로 문제가 많았다. 과도하게 개인의 자유를 침해하고, 국제적인 기준에 맞지 않으며, 현역 군인과의 형평성을 강조하지만 정작 기계적인 형평성조차 지켜지지 않는 등 여러 문제가 산적해 있는데, 그중 핵심적인 문제들은 이미 대체복무제가 시행되기 전부터 지적된 것들이었다.

　전쟁없는세상, 참여연대, 민변 등 병역거부 운동을 해온 시민단체들은 헌법재판소의 2018년 6월 『병역법』에 대한 헌법불합치 결정 직후에 육군 현역병 복무 기간의 1.5배를 넘지 않는 복무 기간과 사회 공공성을 향상하고 시민 안전을 지키는 분야의 다양한 복무 영역에서 대체복무를 시행할 것, 현역 군인과 예비군의 병역거부권을 모두 인정할 것, 그리고 대체복무 심사를 수행하는 위원회를 국무총리실 혹은 보건복지부나 행정안전부에 두어 군사적 행위를 주관하는 국방부로부터 독립성을 유지해야 한다고 강조했다.

　국제 사회 또한 새로 도입될 한국의 대체복무에 대한 우려의 목소리를 전달했다. 유엔 의사·표현의 자유 특별보고관과 유엔 종교·신념의 자유 특별보고관은 2019년 당시 정부의 안으로 유력하게 검토되고 있던 '36개월'의 대체복무 기간이 현역 육군 병사 복무 기간의 두 배에 달할 정당한 근거를 찾기 어렵다며 우려를 표했다.

이러한 국내외의 비판에도 불구하고 국회는 징벌적인 성격을 그대로 유지한 채 헌법재판소가 정한 입법 기한의 마지막 날을 며칠 앞둔 2019년 12월 27일 본회의에서 『대체역 편입 및 복무 등에 관한 법률안』(이하 '대체복무법')을 통과시켰다. 합당하고 정당한 근거 없이 군인(육군 현역 병사 기준)에 비해 지나치게 길게 정한 복무 기간, 세계적으로 유례가 없을뿐더러 병역거부자들에 대한 일종의 낙인찍기 효과를 가져올 것이라는 비판의 대상이 된 교정시설로만 국한된 복무 영역, 현역 군인의 병역거부권을 인정하지 않은 점, 대체복무 심사 및 운영의 독립성을 해칠 우려를 자아내는 병무청 산하 〈대체복무 심사위원회〉 설치 등 독소조항이 그대로 유지되었고, 병역판정 검사 시 징집 대상자들에게 병역거부의 권리와 대체복무 신청 방법을 알리는 고지 의무 조항은 법안에서 삭제되었다. 법안이라는 것이 사회적 타협의 산물이기 때문에 어느 정도는 사회운동의 요구에 충족되지 못한 채 통과되는 경우가 많다는 것을 고려하더라도 이러한 대체복무법은 지나치게 입법 취지를 훼손시켜 가며 통과된 법이었고, 이는 어쩌면 당연하게도 많은 문제점과 개선 과제를 미래로 떠넘겨버린 처사였다.

결국 "사법적 처벌을 대신한 행정적 처벌"이라는 비판을 받으며 시작된 대체복무제는 그 징벌적 성격 때문에 국내외에서 거센 비판과 저항, 개선 요구에 직면한다. 개선을 요구받은 지점들은 대체복무제가 시작되기 전 지적받았던 핵심 쟁점들, 즉 정당한 근거 없이 지나치게 긴 복무 기간, 교정시설로만 한정된 복무 영역, 현역 군인의 병역거부권을 보장하지 않는 점들에 더해 합숙 복무만을 일괄적으로 시행하는 점까지 모두 아우른다. 이에 현역 군인은 신체적, 경제적인 이유 등 개개인의 상황에 맞춰 다양한 형태로 복무를 할 수 있는 방법이 있는 반면 대체복무를 하는 병역거부자들은 병역 판정 검사에서 신체 등급 4급을 받아도, 부양해야 할 자식이 있는 가장인 상황에도 무조건 합숙 복무만을 강요하는 것이 형평성에 어긋나고, 개인의 권리를 과도하게 침해한다는 지적이 잇달았다.

여기에는 시민단체들뿐만 아니라 국제기구나 국가기구들도 대체복무제의 징벌적 성격을 비판하며 개선해야 한다는 목소리를 보탰다. 〈국가인권위원회〉는 대체복무 기간을 단축하고 교정시설 이외에 복무 기관을 확대할 것을 국방부에 권고했고, 대체복무의 심사와 운영을 실질적으로 담당하는 〈대체역 심사위원회〉는 자체 연구를 통해 복무 기간의 단축과 복무 영역의 다변화, 예외적인 출퇴근 복무 도입을 골자로 하는 개선안을 발표했다. 2023년 11월 〈유엔 자유권위원회〉는 한국 정부에 지나치게 긴 대체복무 기간이 차별적이라고 지적하며 대체복무 기간 단축, 복무 영역 확대, 현역 군인의 병역거부권을 인정할 것을 권고했다.

병역거부자들은 징벌적인 대체복무를 거부하거나, 대체복무제의 징벌적인 성격이 양심의 자유를 침해하고 있다며 『대체역 편입 및 복무 등에 관한 법률안』에 대한 헌법소원을 청구했다. 대체복무를 거부한 병역거부자들은 기소되어 1심 재판에서 실형 1년 6개월을 선고받고 항소해 항소심이 진행 중이다. 그리고 123건의 헌법소원에 대해서는 헌법재판소가 2024년 5월 26일에 대체복무법에 대한 합헌결정을 선고했다. 현행 대체복무제가 징벌적이거나 차별적이지 않다는 이유에서였다. 하지만 9명의 헌법재판관 가운데 4명은 헌법재판소의 합헌결정에 반대했다. 반대 의견의 요지는 다음과 같다.

　"현행 대체복무제도가 양심적 병역거부자의 대체복무를 적극적으로 수용하기보다는 병역기피자의 증가를 억지하는 데에 일차적 목적을 두고 대체복무의 선택을 어렵게 함으로써 대체복무가 사실상 징벌로 기능하도록 한 것으로, 침해의 최소성 및 법익의 균형성 요건을 충족하지 못한다. (…) (심판 대상 조항들이) 과잉금지원칙을 위반하여 청구인들의 양심의 자유를 침해한다. (…) 나아가 입법자는 양심의 자유와 병역의무의 공평한 이행이 조화롭게 보장되도록 복무의 난이도를 고려하여 대체복무 기간을 조정하거나, 합숙 가능 여부 내지 복무에 필요한 자격 등을 고려하여 대체복무의 분야 및 복무 형태를 다양화하는 대안을 찾는 등 대체복무제도를 개선할 일차적 책임과 재량이 있다. (…) 입법자는 이러한 각계의 의견을 토대로 여러 정책적 대안을 숙고하고 충분한 사회적 합의를 거쳐 대체복무제도를 개선하여야 할 것이다."

무죄 판결이
길이 되려면

　세상은 수많은 노력 끝에 조금씩 바뀐다. 변화의 느린 속도 때문에 가까이에서 보면 대체 뭐가 달라진 건지 싶지만, 조금만 멀리 떨어져서 본다면 우리가 하는 노력만큼 세상이 조금씩 앞으로 나아가는 것이 보인다. 여기서 중요한 건 적절한 노력을 효과적으로 기울이는 것이다.

2만 명에 달하는 병역거부자들의 감옥행이 결국 대체복무제를 만들었다. 대체복무제 도입 이후에도 정치적 병역거부자들은 재판에서 실형이 선고되었지만, 병역거부자 시우의 무죄 판결을 계기로 또 다른 길을 열었다. 앞서 이야기한 것처럼 무죄 판결이라는 결과도 중요하겠으나, 양심의 자유를 마주하는 재판부의 태도라는 측면에서 시우의 재판은 중요한 의미를 남겼다.

그렇지만 모든 변화가 일직선으로 발전하는 게 아닌 것처럼, 사법부의 전반적인 분위기는 시우의 재판을 예외적인 상황으로 만드는 듯하다. 사법부에서도, 〈대체역 심사위원회〉에서도 병역거부의 양심의 자유는 온전히 존중받지 못하고 있다. 시우의 무죄 판결로 이뤄낸 성취가 보편적인 성취가 되려면 양심의 자유에 대한 한국 사회 전반의 이해도가 높아져야만 한다. 사법부는 인권의 마지막 보루로 여겨지기도 하지만, 사회의 변화를 앞서 이끌어가는 기관은 아니다. 양심의 자유에 대한 사회의 이해도가 낮다면 사법부의 변화 또한 요원할 것이다.

양심의 자유에 대한 사회의 이해도를 높이기 위해 우리는 무엇을 노력해야 할까? 과거 병역거부자들이 징집을 거부하며 『병역법』에 대해 시민불복종을 행한 것처럼, 징벌로 기능하며 양심의 자유를 침해하는 오늘날의 대체복무 제도를 거부하는 것도 중요한 노력 중 하나일 것이다. 물론 당사자들이 짊어져야 하는 몫이 너무 큰 것이 흠이지만, 그러므로 정부가 받는 압박도 그만큼 커지게 된다. 다른 한편으로는 유엔 등 국제 사회의 압박을 이끌어 내는 노력도 필요하다. 한국은 이미 국제 사회에서 주요 행위자고, 한국 정부는 국제법과 국제조약을 무턱대고 무시할 수만은 없다. 국제기구의 권고들에 지금까지처럼 온갖 핑계를 대며 상황을 회피하겠지만, 이 또한 정부에겐 큰 부담이 될 것이다. 국회에서 대체복무법을 개정하는 노력도 필요하다. 사법부나 행정부가 제대로 작동하지 않을 때 민의를 바탕으로 정치적인 해법을 찾는 것이 국회의 역할이다.

어쩌면 병역거부의 양심의 자유는 평화와 안보에 대한 사회적 논의 확대, 징병을 둘러싸고 있는 성별 고정 관념에 대한 젠더 분석과 성찰을 통하지 않고서는 제대로 구성되기 어려운 권리인지도 모르겠다. 징벌적인 대체복무를 거부하겠다는 병역거부자를 향해 법정에서 훈계하는 판사의 의식 속에, 대체복무는 집총을 하지 않고 군기가 없어서 현역 병사의 군 복무에 비교할 수 없다는 헌법재판관들의 무의식 속에는 '총을 든 남성 군인이 안보를 지킨다'라는 고정 관념이 도사리고 있다. 평화와 안보에 대한 새로운 접근과 이를 위한 사회적인 논의는 국방과 안보 분야에서 양심의 자유를 쟁취하기 위해 꼭 필요한 조건일 수 있다.

이처럼 다양한 노력이 다각적으로 이루어질 때만이 대체복무의 도입으로, 시우의 무죄 판결로 열린 길이 모두가 갈 수 있는 넓고 탄탄한 길로 변할 수 있을 것이다.

낮은 자를 위한 지혜

유현석 공익소송기금, 오늘의 소수가 내일의 다수를 꿈꾸다

ⓒ 천주교인권위원회 2024

초판 1쇄 인쇄	2024년 11월 27일
초판 1쇄 발행	2024년 12월 04일

엮은이	천주교인권위원회
펴낸곳	도서출판 경계
펴낸이	최재훈
책임편집	허웅

등록	2011년 1월 19일, 제2012-000279호
주소	서울시 마포구 동교로 129, 301-B
전화	02-3144-1313
팩스	02-3144-0852
이메일	gyeonggyebooks@gmail.com

ISBN	979-11-972002-3-6(03360)